MEJORA TUS VENTAS CON LA
PNL

Guido Granchi - Fabrizio Pirovano

MEJORA TUS VENTAS CON LA
PNL

dve
PUBLISHING

Agradecimientos

Deseo dar las gracias a Barbara Ongaro, compañera en el trabajo y la vida, por la tarea de supervisión y de investigación realizada además de la paciente comprensión que ha demostrado al soportar las noches que he dedicado a escribir.
Agradezco en especial a Shelle Rose Charvet —Success Strategies— haberme hecho descubrir y apreciar el gran potencial de aplicación del LAB Profile.

F.P.

Deseo dar las gracias a mi mujer Laura Marinovich por el apoyo sincero y constante, los valiosos consejos y la ayuda para elaborar los gráficos.
Doy las gracias también a Lucia Muzzalupo por haberme enseñado las fascinantes técnicas de la hipnosis ericksonianas.

G.G.

Studio Pirovano Consulenti Associati se ocupa en la actualidad de tareas de consultoría y formación empresarial, especialmente en el ámbito de los recursos humanos. La comunicación persuasiva y estratégica, y la formación empresarial creativa, estructurada según las técnicas de la formación para actores de teatro, representan las principales líneas de desarrollo e investigación del Studio. La formación externa constituye otro ámbito significativo de la oferta formativa: las pruebas prácticas propuestas a los participantes permiten el aprendizaje «sobre el terreno» de nuevas formas de interacción, nuevas habilidades comunicativas, nuevos modos de estructurar el trabajo y alcanzar objetivos. Studio Pirovano ha desarrollado además servicios innovadores en el ámbito del *coaching*, una auténtica «asistencia formativa» individual, que puede abarcar aspectos personales o profesionales.

PRÓLOGO

Es un auténtico placer poder escribir el prólogo de este libro de mis amigos Guido Granchi y Fabrizio Pirovano. Vender es una profesión prestigiosa y estimulante que requiere una notable habilidad. Un vendedor debe descubrir qué desea el cliente y qué es importante para él. Además, ha de constatar que los productos que ofrece se adecuen a sus necesidades, valores y objetivos.

Los buenos vendedores también tienen que saber gestionar sus propios estados emocionales: así pues, en caso de rechazo por parte del cliente, han de enfrentarse al siguiente sin que la desmotivación influya negativamente sobre su capacidad.

Los buenos vendedores cuidan de sí mismos y establecen buenas relaciones con sus clientes. No importa qué venden, dado que los clientes compran una relación tanto como un producto; pagan por la confianza y la credibilidad, cualidades que se reflejan en el número de ventas, aunque no sea fácil cuantificarlas.

Un buen vendedor debería utilizar las técnicas de la programación neurolingüística (PNL) descritas en este libro. Si no conoce la PNL, conseguirá grandes beneficios y si ya la conoce, con este libro refinará su habilidad.

Este trabajo le ayudará a vender más y a cuidar de sí mismo durante la venta. Aprenderá a crear una buena relación con el cliente y, al mismo tiempo, a estar en sintonía con sus valores. Aprenderá a tratar con los clientes difíciles y conseguirá concluir una conversación de trabajo con un lenguaje elegante, capaz de mantener la atención.

Para el vendedor que posee estos conocimientos de PNL cada cliente representa una nueva oportunidad. ¿Qué más se puede pedir a un libro?

JOSEPH O'CONNOR*

---

*Joseph O'Connor es uno de los más valorados instructores y autores de PNL. Entre sus textos destacan: *Introducing to NLP, best seller* mundial sobre PNL, traducido a 18 idiomas; *The Art of System Thinking*, uno de los mejores textos sobre pensamiento sistemático; *Successful Selling with NLP; Training with NLP, Practical NLP for managers*.

INTRODUCCIÓN

MAHATMA GANDHI Y EL AZÚCAR: PRIMER MOTIVO PARA COMPRAR ESTE LIBRO

¿Qué puede aportar este libro a la amplia gama de publicaciones existentes sobre la venta? Y, sobre todo, ¿por qué debería dedicar tiempo y dinero a comprarlo y leerlo? ¿Cómo podrá ayudarle esta publicación en su profesión, tanto si es un vendedor principiante como si ya dispone de una amplia experiencia en la venta y quiere saber más? Antes de satisfacer esta curiosidad deseamos explicarle una anécdota.

Un día se presentó ante el *mahatma* Gandhi una madre acompañada de su hijo y le dijo: «¡Mahatma, estoy muy preocupada porque mi hijo come cada día mucho azúcar!». Gandhi lo observó bastante tiempo, en un silencio cargado de significado, y después dijo simplemente: «Regresad dentro de quince días». Sorprendidos por la respuesta y curiosos por el resultado del siguiente encuentro, madre e hijo regresaron a su pueblo. Dos semanas después, se presentaron de nuevo frente al *mahatma* y este, mirando al niño a los ojos, le dijo con voz severa: «¡No debes comer tanto azúcar, porque perjudica la salud!». La madre, sorprendida, preguntó al maestro: «¿No podría habernos dicho lo mismo hace quince días y evitarnos así realizar este largo y fatigoso viaje?». Y él respondió: «¡Mujer, hace quince días yo también comía azúcar!».

Se estará preguntando ahora sobre qué relación existe entre Gandhi y el trabajo de vendedor. Pues bien, la anécdota ilustra un aspecto que consideramos fundamental para el éxito del vendedor: la capacidad para controlar su propio estado de ánimo de forma coherente con el objetivo que quiere alcanzar. Así como la eficacia del consejo de Gandhi reside en el hecho de haber comprobado personalmente la validez de su afirmación, también el vendedor que se encuentra en un estado de ánimo óptimo sabrá hacer aflorar las motivaciones de compra de su interlocutor.

Los manuales tradicionales prestan mucha atención a las fases de la venta, pero, en nuestra opinión, no afrontan adecuadamente el universo motivacional del vendedor y todo aquello que precede a su relación con el cliente. Por ese motivo, hemos dedicado la primera parte del libro a la preparación de la venta y al análisis de los estados de ánimo más adecuados para controlar eficazmente la relación con el cliente.

La segunda parte, en cambio, aborda dicha relación investigando las fases fundamentales de la venta en paralelo al «ciclo vital» del cliente, al que llamaremos «Sr. X». Aprenderá a construir con este último una estrecha y productiva relación basada en la comprensión recíproca. Le conduciremos de la mano por el fascinante mundo de la lingüística del comportamiento y de la persuasión, que le permitirá comprender, prever e influir sobre los comportamientos de quien tenga delante.

Se divertirá, finalmente, transformando cualquier tipo de objeción del cliente en una valiosa aliada que le ayude a cerrar positivamente el trato y, de este modo, fidelizarlo.

¿QUÉ ES LO QUE MARCA LA DIFERENCIA? SEGUNDO MOTIVO PARA COMPRAR ESTE LIBRO

A mediados de los años setenta dos estudiosos americanos, el matemático Richard Bandler y el lingüista John Grinder, entrevistaron y filmaron a algunos de los más reconocidos terapeutas estadounidenses.

La pregunta que se plantearon antes de iniciar el trabajo fue: ¿por qué algunos terapeutas triunfan allí donde sus colegas fracasan? ¿Qué es lo que marca la diferencia entre los mejores terapeutas y el resto de sus colegas? Los fundadores de la PNL lograron crear un modelo comunicativo extremadamente eficaz tomando como referencia las mejores capacidades de cada terapeuta. Con el paso de los años, la PNL también ha sido aplicada con buenos resultados en ámbitos no terapéuticos, como por ejemplo en el deporte, la enseñanza o el mundo de los negocios y las ventas. Por este motivo la hemos elegido como modelo de referencia de nuestro sistema de ventas.

CÓMO UTILIZAR ESTE LIBRO

Si hojea el libro que tiene en las manos, podrá observar de inmediato su organización práctica: junto a la teoría, se encuentran numerosos ejercicios prácticos con los que podrá pasar rápidamente de *saber* a *saber hacer*.

Para que pueda obtener el máximo beneficio de la lectura, cada capítulo se ha complementado con:

➡ una lista de palabras clave;
➡ las respuestas a las preguntas que se le pueden presentar con mayor frecuencia;
➡ algunos test que le ayudarán a conocerse mejor.

A la hora de plantear los ejercicios, hemos considerado que algunos lectores ya conocen la PNL, pero otros, en cambio, no saben de qué se trata; por este motivo, se combinan ejercicios introductorios y avanzados.

PRIMERA PARTE

PREPARACIÓN PARA LA VENTA

Capítulo 1

INTRODUCCIÓN A LA PNL

Qué aprenderá en este capítulo

• Los orígenes de la PNL.
• Los principios fundamentales de la PNL.

El principal modelo de comunicación en el que se basa este libro es la PNL.[1] Aunque en los siguientes capítulos se profundizará en los diferentes elementos del modelo PNL, deseamos ofrecer a continuación algunos datos generales sobre su metodología.

ORÍGENES DE LA PNL

La PNL nació a finales de los años setenta en Estados Unidos, gracias a los trabajos del matemático Richard Bandler y del lingüista John Grinder. Ambos estudiaron miles de horas de grabación de las sesiones del hipnoterapeuta Milton Erickson,[2] de la experta en terapia familiar Virginia Satir[3] y de Fritz Perls, creador del modelo terapéutico de la Gestalt, para intentar comprender los secretos de su eficacia comunicativa. El resultado de esta larga investigación fue la creación de un modelo avanzado de comunicación, denominado *programación neurolingüística*. Este modelo fue ampliado posteriormente por los estudios del antropólogo Gregory Bateson y los lingüistas Alfred Korzibsky y Noam Chomsky, y también, más tarde, por los de otros estudiosos como Robert Dilts, Judith DeLozier, Leslie Cameron-Bandler y David Gordon, que contribuyeron de manera determinante al desarrollo y la difusión de la PNL en todo el mundo.

La PNL, por tanto, es fruto de una síntesis entre psicología, lingüística y cibernética, aunque comenzó a gestarse en un contexto terapéutico. Ha ejercido, con el paso de los años, una gran influencia en diferentes ámbitos —salud, deporte, educación y mundo de los negocios— y ha contribuido a transformarlos profundamente. En la actualidad la PNL goza de gran prestigio en todos los países occidentales; millones de personas han experi-

---

1. R. Dilts, J. Grinder, R. Bandler, L. C. Bandler y J. DeLozier, *Programmazione Neurolinguistica*, Roma, 1982.
2. R. Bandler y J. Grinder, *I modelli della tecnica ipnotica di Milton H. Erickson*, Roma, 1984.
3. J. Grinder, R. Bandler y V. Satir, *Il cambiamento terapeutico della famiglia*, Roma, 1980.

mentado su eficacia en el mundo empresarial y comercial, en las escuelas y en los centros de formación y consultoría. El objetivo de este libro es darle a conocer las más avanzadas y eficaces técnicas de la PNL aplicadas a la venta.

DEFINICIÓN DE LA PNL

La PNL se define como *el estudio de la estructura de la experiencia subjetiva y del modelado de la excelencia.*

El término *programación neurolingüística* indica la integración de tres componentes diferentes:

- el componente «neuro», que corresponde al funcionamiento del sistema nervioso del hombre; la experiencia humana es la combinación de las informaciones que recibimos a través de los sentidos y de la respuesta que el sistema nervioso produce;
- el componente «lingüística», que considera el lenguaje como el instrumento principal de la representación de las elaboraciones mencionadas;
- el componente «programación», que indica que cada individuo se relaciona con el mundo externo a través de una serie de programas mentales que son diferentes para todas las personas.

La intuición de Bandler y Grinder consistió en comprender que el talento de los mejores terapeutas, analizados por ellos, tenía una *estructura* y era, por tanto, *reproducible*.

De dicha consideración surgió el concepto de «modelado»:[4] el modelado presupone comprender cómo funciona el cerebro (neuro) a través del análisis del lenguaje (lingüística) y de la comunicación no verbal. Los resultados de este análisis se organizan posteriormente en un programa (programación), o estrategia, que puede utilizarse también para transferir una determinada habilidad a otras personas en diferentes áreas de aplicación. La excelencia representada por los mejores terapeutas americanos se convirtió de este modo en un modelo que puede enseñarse a todos aquellos que deseen aprender sus secretos.

PRINCIPIOS DE LA PNL

Una vez definida la PNL, conoceremos a continuación sus principios fundamentales.

EL MAPA NO ES EL TERRITORIO

Un mapa geográfico, por detallado que sea, no coincidirá nunca con el territorio, sino que será sólo su representación. Del mismo modo, el menú que hojea en el restaurante es una descripción de la comida y no la comida en sí misma. Más allá de la metáfora se puede decir que cada individuo percibe el mundo a través de sus propios sentidos y crea, a través de «filtros» personales, una representación interna de la realidad que es única y diferente de la de los demás individuos.

Si se transfiere este principio al ámbito de la venta, se comprenderá que uno de los errores principales que afecta a muchos vendedores consiste en pensar que el cliente percibe el producto o el servicio exactamente como ellos mismos lo consideran. El vendedor que apli-

4. R. Dilts, *Modeling with NLP*, Capitola (Ca), 1998.

ca los principios de la PNL se esfuerza en cambio en «olvidar», momentáneamente, su propio mapa del mundo para concentrarse en la comprensión del mapa propio del cliente, para entender *sus* exigencias y qué es lo que *a él* le parece realmente importante.

NO SE PUEDE NO COMUNICAR

Todas sus acciones, incluso aunque no se dé cuenta, constituyen una forma de comunicación. La comunicación no verbal (o lenguaje del cuerpo: gestos, posturas, movimientos) representa una potente forma de comunicación. El silencio, además, en numerosas ocasiones, ¡vale más que mil palabras!

Precisamente porque todo comportamiento comunica e influye sobre los demás, una de las capacidades más importantes del buen vendedor consiste en controlar tanto como le sea posible la calidad de su comunicación. Trabajaremos conjuntamente las técnicas más avanzadas para comprender cómo comunican los mejores vendedores.

MENTE Y CUERPO FORMAN PARTE DEL MISMO SISTEMA

Desde la antigüedad el hombre se ha dado cuenta del estrecho vínculo que une la mente con el cuerpo. La PNL presta especial atención al aspecto físico para influir positivamente sobre estados de ánimo negativos. Cambiando algunos elementos de su condición física (por ejemplo, la postura o la expresión del rostro) podrá influir inmediatamente sobre sus sensaciones y emociones. La primera parte de este libro se dedica por completo a la gestión eficaz de sus estados de ánimo para preparar mejor el encuentro con el cliente.

EL RESULTADO DE LA COMUNICACIÓN NO RESIDE EN LA INTENCIÓN DE QUIEN COMUNICA, SINO EN LA RESPUESTA QUE SE OBTIENE

Este principio deriva de la afirmación de que el mapa no es el territorio. Cada cliente posee su propio «mapa del mundo», que le hace percibir la realidad de manera específica; por eso, si, por ejemplo, nos dirigimos a un cliente con intención de halagarlo (intención de quien comunica) y recibimos como contrapartida un insulto (respuesta obtenida), probablemente no sea el cliente quien no ha comprendido qué queríamos decirle, sino que somos nosotros quienes debemos modificar nuestra estrategia de comunicación, hasta lograr transmitir con claridad nuestro mensaje.

TRAS CADA COMPORTAMIENTO EXISTE UNA «INTENCIÓN POSITIVA»

Probablemente, durante el desarrollo de su trabajo como vendedor, en ocasiones no llega a comprender completamente algunos comportamientos de sus clientes. No obstante, en vez de calificarlos como incomprensibles o irracionales, intente considerar cuál es la «intención positiva»[5] que justifica dichos comportamientos. Que el cliente haya actuado de ese modo evidentemente tiene un significado preciso en su representación del mundo. Comprender dicha intención positiva podrá contribuir notablemente a aproximar su mapa del mundo al de su cliente, facilitando la recíproca comprensión.

---

5. R. Dilts, «The principle of positive intentions», publicado en *Anchorpoint*, Estados Unidos, diciembre de 1995.

CADA INDIVIDUO POSEE EN SU INTERIOR TODOS LOS RECURSOS QUE NECESITA

¿Alguna vez ha leído una palabra cuyo significado conoce perfectamente, pero no ha podido recordarlo en un momento determinado? Lo mismo sucede con los recursos internos: a pesar de disponer de grandes capacidades, no siempre sabemos cómo utilizarlas. Buena parte de los ejercicios de este libro le ayudarán a tomar conciencia de sus recursos y le indicarán cómo aplicarlos con eficacia durante la venta.

SI UN INDIVIDUO ES CAPAZ DE HACER ALGO, CUALQUIERA PUEDE APRENDERLO

Este principio es la base del modelado. Cualquier capacidad humana tiene una estructura: una vez comprendida esta, la capacidad puede ser transferida y enseñada a cualquier persona. Gracias a este libro aprenderá a hacer suyas la capacidad, las ideas y las estrategias de los mejores vendedores de todos los tiempos.

PALABRAS CLAVE

➡ orígenes y definición de la PNL
➡ mapa y territorio
➡ sistema mente-cuerpo
➡ intención positiva
➡ modelado

PREGUNTAS Y RESPUESTAS

P: ¿Todas las personas perciben la realidad del mismo modo?
R: No, cada individuo crea a través de los sentidos una representación personal de la realidad. Dicho concepto se expresa con absoluta claridad en la metáfora «el mapa no es el territorio».

P: ¿Cómo puedo valorar la eficacia de mi comunicación?
R: Gracias a la respuesta obtenida. Si las intenciones del comunicador no son percibidas correctamente por el destinatario del mensaje, es necesario modificar la estrategia comunicativa.

P: ¿Qué puedo hacer para comprender mejor a mi interlocutor?
R: El mejor modo de lograr una comunicación eficaz consiste en intentar percibir la realidad a través del mapa del mundo del interlocutor, prestando especial atención a su intención positiva.

P: ¿Qué es el modelado?
R: Cualquier comportamiento humano posee una estructura peculiar. A través del modelado se puede transferir a otras personas la capacidad necesaria para alcanzar la excelencia.

CAPÍTULO 2

¿HACIA DÓNDE VA?

QUÉ APRENDERÁ EN ESTE CAPÍTULO

- Cómo identificar las características que distinguen a los mejores vendedores.
- Cómo adoptar la fórmula del éxito de los mejores vendedores.
- Cómo proyectar y alcanzar sus objetivos más ambiciosos.
- Cómo fijar las prioridades y su caducidad.
- Cómo lograr dedicar más tiempo a las ventas.

ALICIA Y EL GATO

En el libro de Lewis Carroll[6] *Alicia en el país de las maravillas*, se lee el siguiente diálogo entre la niña y el gato:

— ¿Me podrías indicar, por favor, hacia dónde tengo que ir desde aquí? —dijo Alicia al Gato.
— Eso depende de a dónde quieras llegar —contestó el Gato.
— A mí no me importa demasiado a dónde... —empezó a explicar Alicia.
— En ese caso, da igual hacia dónde vayas —interrumpió el Gato.
— ... siempre que llegue a alguna parte —terminó Alicia a modo de explicación.
— ¡Oh! Siempre llegarás a alguna parte —dijo el Gato—, si caminas lo bastante.

Pues bien, querido lector, con la lectura de este libro está a punto de empezar un fascinante viaje, pero, como en cualquier viaje que merezca tener este nombre, en primer lugar debe establecerse la meta, que es a un tiempo el fin y la razón del mismo. En cambio, si, como Alicia, no sabe exactamente hacia dónde quiere ir, no vale siquiera la pena que emprenda el camino.

Por este motivo, el capítulo referido a los objetivos del vendedor se ha situado al inicio de la primera parte del libro. Dispondrá de este modo de la información necesaria para saber hacia dónde quiere ir y cuál es la meta de su viaje.

---

6. Lewis Carroll, *Alicia en el país de las maravillas*, Madrid, 1972.

EL VENDEDOR Y LOS OBJETIVOS

¿Qué distingue a un vendedor con éxito de otro que obtiene escasos resultados? De manera más general, ¿qué diferencia a un individuo «realizado» de otro que a duras penas encuentra su camino en la vida? En América existe desde hace años una floreciente literatura[7] centrada en entrevistas a las personas (empresarios, actores, campeones deportivos...) que han alcanzado las metas más elevadas en sus profesiones y actividades. Aunque cada entrevistado desvela algún secreto de su éxito particular, el denominador común que se manifiesta en las entrevistas es que todos aquellos que han alcanzado la excelencia han tenido siempre una idea muy clara y detallada de a dónde querían llegar. A este respecto, la Universidad de Yale llevó a cabo un interesante experimento que consistía en entrevistar a un determinado número de estudiantes preguntándoles qué querían hacer en la vida. De los estudiantes entrevistados, sólo el 3% puso sus objetivos por escrito, mientras que los demás prefirieron explicarlos verbalmente a los entrevistadores. Transcurridos veinte años los investigadores contactaron de nuevo con los entrevistados: el resultado de la investigación fue que los estudiantes que habían escrito sus objetivos no sólo los habían alcanzado, sino que también eran los individuos que vivían una vida más plena y satisfactoria.

Cuando durante nuestros cursos animamos a los participantes a describir sus propios objetivos personales y profesionales a corto y largo plazo, la mayor parte de las veces ofrecen respuestas vagas e imprecisas. Entre las más frecuentes se encuentran las siguientes: «Querría tener más éxito», o bien «No querría seguir teniendo problemas económicos» o «Deseo tener una salud de hierro». Estas respuestas, aun refiriéndose a aspectos importantes de la vida de las personas, como la autorrealización, la seguridad económica y la salud, se formulan de una manera tan genérica y vaga que no pueden representar ni una dirección ni un estímulo para actuar.

En el ámbito comercial, además, los objetivos normalmente vienen determinados por la empresa en términos de facturación o de volumen de ventas, pero lo que a menudo el vendedor olvida es establecer de manera precisa cómo actuar para alcanzar sus propios objetivos.

¿Tiene una idea clara de cuáles son sus objetivos? ¿Consigue alcanzar las metas que se ha marcado? El resultado del siguiente test le ofrecerá algunas indicaciones muy útiles.

TEST N.º 1		
¿SABE FIJAR SUS OBJETIVOS?		
1. ¿Le intimidan los proyectos a largo plazo?	SÍ (0)	NO (1)
2. ¿Se arrepiente a menudo de las compras que ha hecho?	SÍ (0)	NO (1)
3. ¿Valora siempre los pros y los contras de cada proyecto?	SÍ (1)	NO (0)
4. ¿Se considera una persona instintiva?	SÍ (0)	NO (1)
5. ¿Consigue conciliar los asuntos laborales con los no profesionales?	SÍ (1)	NO (0)
6. ¿Se ha sentido insatisfecho alguna vez al alcanzar un objetivo?	SÍ (0)	NO (1)
7. ¿Tiene siempre el control de la situación?	SÍ (1)	NO (0)
8. ¿Mantiene la palabra dada?	SÍ (1)	NO (0)
9. ¿Dedica mucho tiempo a desarrollar tareas que no le gustan?	SÍ (0)	NO (1)
10. ¿Piensa a menudo en el pasado?	SÍ (0)	NO (1)

7. Entre los diferentes títulos véase en especial E. De Bono, *L'arte del successo*, Roma, 1993.

RESULTADO

De 7 a 10 puntos: consigue fijar con precisión sus objetivos y los alcanza en el tiempo que se ha fijado previamente. Gracias a una eficiente organización, concilia bien el trabajo con las actividades no profesionales. Intente, sin embargo, afrontar los imprevistos con algo más de serenidad.

De 4 a 6 puntos: sobre el papel sus objetivos están bien definidos, pero las dificultades prácticas a menudo le impiden realizarlos. Para evitar que la situación se le escape de las manos, planifique mejor cómo sortear los obstáculos que le separan de la meta.

De 0 a 3 puntos: tiende a vivir al día y los proyectos a largo plazo le asustan. Dedica gran parte de su tiempo a actividades poco placenteras y tiene dificultades para cumplir sus compromisos. Intente dividir cada proyecto en objetivos más pequeños y establezca un estricto control sobre cada uno de ellos.

LA PNL Y LOS OBJETIVOS

Cuando Bandler y Grinder estudiaron a los terapeutas que lograban alcanzar resultados impensables por sus colegas, descubrieron que estas personas, aun practicando metodologías diferentes, compartían una misma estrategia. Su «fórmula de éxito» incluía tres grandes fases:

➡ Fase 1: establecer objetivos claros y bien definidos.
➡ Fase 2: prever un detallado procedimiento de comprobación.
➡ Fase 3: mantener un comportamiento muy flexible.

Para lograr que las diferentes fases de la «fórmula de éxito» funcionen, es necesario aclarar cómo formular cada aspecto por separado. Con este objetivo, resultan fundamentales las reglas para la buena formación de los objetivos. Dichas reglas representan un conjunto de parámetros que un objetivo, profesional o no, debe satisfacer para ser considerado como tal.

En PNL para que un objetivo se considere bien formado debe ser:

➡ formulado en términos positivos;
➡ definido con precisión en términos multisensoriales;
➡ verificado mediante un procedimiento preciso a corto y largo plazo;
➡ iniciado y mantenido bajo control por la persona que quiere alcanzarlo;
➡ coincidente con las creencias y valores más importantes del individuo.

A continuación, analizaremos detalladamente cada una de las condiciones para la buena formación de los objetivos.

1. FORMULACIÓN POSITIVA DEL OBJETIVO

Esta primera condición es muy importante por cuanto el cerebro no percibe las negaciones. Por ejemplo, si se encuentra en lo alto de una escalera para cambiar una bombilla fundida y alguien le dice: «¡Sobre todo, no piense que puede caer!», con toda probabilidad obtendrá el efecto opuesto, porque para no pensar en caer nuestro cerebro primero debe imaginar que caemos y después eliminar dicha imagen.

Esta operación, que se produce de manera muy rápida e inconsciente en nuestra mente, puede conducir paradójicamente al resultado opuesto al deseado. De aquí nace la importancia de formular en positivo los objetivos. Para lograrlo, imagine que responde a la siguiente pregunta (la llamaremos *pregunta de extracción*, porque sirve para «extraer» de nosotros mismos los criterios, valores y objetivos profundos): «¿Qué quiero obtener?, ¿qué deseo?». Por ejemplo, la respuesta «No quiero que me consideren un vendedor poco profesional» no satisface la regla de buena formación de los objetivos, porque está formulada en negativo. En este caso, la siguiente pregunta que debe hacerse es: «Si esto es lo que *no* quiero, entonces ¿qué es lo que deseo exactamente?». Continúe de este modo hasta que obtenga una formulación positiva del objetivo, como por ejemplo: «Deseo ser considerado un vendedor de gran éxito».

2. DESCRIPCIÓN EN TÉRMINOS MULTISENSORIALES

La total y profunda implicación de todos los sentidos en la descripción del objetivo logra que el cerebro se convierta en un precioso aliado para alcanzar las metas más ambiciosas.

La primera pregunta de extracción es: «¿Cómo sabré que he alcanzado mi objetivo?», y a continuación:

- ¿Qué veré cuando haya alcanzado mi objetivo?
- ¿Qué imágenes se formarán en mi mente?
- ¿Qué me diré cuando haya alcanzado el objetivo?
- ¿Qué sonidos escucharé?
- ¿Qué sensaciones especiales experimentaré al alcanzar el objetivo? ¿Serán de calor? ¿De energía? ¿De ligereza?
- ¿Dónde se localizarán dichas sensaciones en mi cuerpo? ¿En el estómago? ¿En el pecho? ¿En la cabeza?
- ¿Cómo sabrán las personas que conozco (por ejemplo, mis compañeros, mi jefe) que he alcanzado mi objetivo?
- ¿Qué sensaciones experimentarán? ¿Qué verán y sentirán?

Cuanto más se impliquen sus sentidos en la descripción precisa del objetivo, más fácil le resultará utilizar los recursos internos para alcanzar las metas profesionales; de este modo, transmitirá al cerebro indicaciones precisas sobre la dirección que debe seguir.

3. PROCEDIMIENTO DE VERIFICACIÓN PRECISO Y DETALLADO

Una vez que el objetivo ha sido descrito en términos positivos y multisensoriales, debe establecer un procedimiento a corto y largo plazo que le indique en qué momento se está encaminando o no hacia la meta. Las preguntas de extracción que ayudan a mantener la ruta son:

- ¿Cuál es el recorrido específico para alcanzar el objetivo?
- ¿En cuánto tiempo alcanzaré el objetivo?
- ¿Dónde, cuándo y con quién quiero alcanzar el objetivo?
- ¿Qué es lo primero que hoy puedo hacer para aproximarme al objetivo?

Si el objetivo que se ha prefijado es especialmente ambicioso o lejano en el tiempo, puede resultarle muy útil descomponerlo en subobjetivos más fáciles de alcanzar, estableciendo para cada uno de ellos un procedimiento de verificación a corto y largo plazo.

4. CONTROL SOBRE EL OBJETIVO

Haber formulado el objetivo en positivo con la implicación de los sentidos y de acuerdo con un procedimiento preciso de verificación es inútil si la tarea no se mantiene bajo control. Un objetivo del tipo «Quiero ser multimillonario ganando la lotería de Navidad y para ello compraré diez billetes cada día, desde hoy hasta el sorteo» se ha formulado en positivo y prevé un procedimiento específico, pero no es fácil de alcanzar porque contiene un gran componente aleatorio que escapa a cualquier control. Para comprobar si el objetivo que quiere alcanzar se encuentra bajo su control, puede preguntarse:

➡ ¿Qué puedo hacer para alcanzar mi objetivo?
➡ ¿Cómo puedo conseguirlo y mantenerlo?
➡ ¿Necesito de alguien para alcanzar el objetivo?
➡ ¿Qué recursos (conocimientos, capacidad, dinero...) necesito para lograrlo?
➡ ¿Qué me falta? ¿En qué áreas debo mejorar?

5. ALINEACIÓN CON CREENCIAS Y VALORES

Otro requisito fundamental del objetivo es que coincida con sus creencias y valores más importantes y profundos. Imagine, por ejemplo, que la empresa en la que desempeña su trabajo le ofrece, con un considerable aumento de las comisiones, ir a trabajar al extranjero durante un año pero sin poder viajar con la familia. Si el afecto y el apoyo de los suyos son para usted uno de los valores más importantes, aceptar la propuesta de trabajo podría influir negativamente sobre la calidad de sus relaciones interpersonales. Por este motivo es importante aquello que en PNL se define como *procedimiento de control ecológico*, es decir, la valoración de las consecuencias y repercusiones que la consecución del objetivo deseado tendrá no sólo en el ámbito profesional, sino también en los demás aspectos de la vida del individuo.

En una perspectiva «ecológica», cada persona se considera parte de un sistema más amplio (por ejemplo, la familia, la comunidad, el ambiente de trabajo, la sociedad). El aspecto básico consiste en que cualquier cambio en el sistema repercutirá en los demás componentes del mismo. No prever las consecuencias de dichas repercusiones puede, por ejemplo, llevar a considerar de manera positiva unos cambios que, a largo plazo, podrían resultar negativos si se valorasen desde un punto de vista sistémico más amplio.[8]

Para valorar si su objetivo es ecológico, pregúntese:

➡ ¿Qué cambios ocasionará en mi vida la consecución de mi objetivo?
➡ ¿Existen posibles contraindicaciones en la consecución de mi objetivo?
➡ ¿Cuál es el reverso de la medalla? ¿Qué precio estoy dispuesto a pagar?
➡ ¿El hecho de que alcance mi objetivo podría ocasionar daños a otras personas a las que quiero?
➡ ¿Mis valores más profundos están en consonancia con mi objetivo?
➡ ¿Cuáles de mis creencias se oponen a mi objetivo?
➡ ¿Existen motivos que me harían no desear alcanzarlo?
➡ ¿Debo interrumpir algo que considero importante para poder alcanzar el objetivo?

---

8. Sobre el pensamiento sistémico véase: P. M. Senge, *La quinta disciplina*, Milán, 1992; J. O'Connor, *The art of system thinking*, Londres, 1997.

FIJAR LAS PRIORIDADES

Una vez que ha comprobado que sus objetivos satisfacen las reglas de buena formación y que las tareas más complejas pueden dividirse en subobjetivos más fáciles de alcanzar, el siguiente paso consiste en fijar las prioridades.

Todo proyecto, especialmente si es a largo plazo, necesita una cuidadosa planificación que distinga las actividades que deben emprenderse de inmediato de aquellas otras que pueden desarrollarse más tarde. En la organización diaria de la actividad vendedora, ¿consigue identificar fácilmente las tareas que debe desempeñar primero?, ¿reconoce enseguida la secuencia temporal de las diferentes actividades o tiende a considerarlas todas en un mismo nivel?

Sobre este tema, se pueden leer valiosos consejos en un interesante libro de Stephen R. Covey,[9] uno de los principales expertos americanos en gestión del tiempo. El autor aconseja, en primer lugar, dividir las diferentes actividades en:

➡ urgentes;
➡ no urgentes.

Las primeras representan tareas que deben desarrollarse para alcanzar el objetivo, a las cuales debe dedicarse una atención inmediata. El concepto de urgencia está íntimamente relacionado con el tiempo disponible. Las actividades no urgentes son, por el contrario, todas aquellas que no entran en la primera categoría.

El segundo consejo consiste en dividir las tareas en dos nuevas categorías:

➡ importantes;
➡ no importantes.

Las primeras son actividades directamente relacionadas con el objetivo; el concepto de importancia está estrechamente vinculado con los valores más profundos de cada individuo. Las actividades no importantes son, por el contrario, todas aquellas que no se agrupan en la primera categoría.

Combinando las cuatro categorías de actividad se obtienen las siguientes hipótesis:

URGENCIA E IMPORTANCIA: LOS CUATRO CUADRANTES DE COVEY

	Urgente	*No urgente*
IMPORTANTE	**1.er cuadrante: crisis** Actividades: • problemas urgentes • plazos no respetados • situaciones críticas de estrés	**2.º cuadrante: equilibrio** Actividades: • programar la actividad de venta para el próximo semestre • consolidar las relaciones con los clientes más importantes • prepararse para un congreso
NO IMPORTANTE	**3.er cuadrante: discontinuidad** Actividades: • interrupciones de los compañeros • llamadas telefónicas recibidas sin relación con lo que se está haciendo • reuniones inútiles	**4.º cuadrante: irresponsabilidad** Actividades: • parte de las llamadas telefónicas • lectura de parte de la correspondencia • interrupciones inútiles

9. S. R. Covey, *I sette pilastri del successo*, Milán, 2001.

1. ACTIVIDADES IMPORTANTES Y URGENTES

Es el área denominada de crisis, donde el estrés y la presión se dejan sentir principalmente. Si observa que la mayor parte de su actividad se concentra en este cuadrante, significa que su capacidad de programación necesita mejorar. Las emergencias continuas hacen difícil establecer una adecuada actividad organizativa. Para evitarlo debe prestar especial atención a las actividades importantes y no urgentes.

2. ACTIVIDADES IMPORTANTES Y NO URGENTES

Es el cuadrante de los mejores resultados, obtenidos con el menor esfuerzo porque estas actividades son aquellas que le llevan directamente hacia su meta. Con una atenta planificación de las tareas que corresponden a este cuadrante, reducirá drásticamente las situaciones de crisis, enemigas de la calidad de vida y de la salud. Algunos ejemplos de actividades importantes y no urgentes son: programar las actividades de venta durante el siguiente semestre, invertir tiempo y energía en consolidar la relación con los clientes más importantes, organizar un congreso para una determinada categoría de clientes.

3. ACTIVIDADES URGENTES PERO NO IMPORTANTES

En este cuadrante se sitúan las actividades que más tiempo le «roban». Suelen ser a corto plazo y solicitadas por otros (por ejemplo, por compañeros, el jefe de área o inspectores). Se engaña creyendo que son importantes, pero en realidad llevarlas a cabo no hace sino alejarlo de sus objetivos. ¿Cuántas veces, mientras está en la oficina, atareado en un importante trabajo de planificación de la actividad de venta, no ha resistido la tentación de responder a la enésima llamada telefónica?, ¿cuántas veces se ha sumergido en la lectura del correo o de documentos no relacionados con las tareas que se había propuesto?, ¿qué decir, por último, de las continuas solicitudes de ayuda por parte de algunos compañeros que parecen disfrutar interrumpiendo su trabajo? Esto son sólo algunos ejemplos de la larga lista de «ladrones de tiempo» que amenazan la consecución de sus objetivos: ser consciente de su existencia puede ser el primer paso para reducir el impacto.

4. ACTIVIDADES NO URGENTES Y NO IMPORTANTES

Son todas aquellas actividades que no comportan ningún resultado útil para la consecución de los objetivos y que provocan ser una pérdida de tiempo y energía. Los pasatiempos, las actividades que desarrollamos durante el horario laboral con la ilusión de que lo hacemos para relajarnos y recargar energías para afrontar mejor las situaciones de crisis, los contactos y las comunicaciones irrelevantes, son todos ellos ejemplos de actividades «del cuarto cuadrante». ¿Cómo evitarlos? Por ejemplo, las videoconferencias han conseguido eliminar viajes de trabajo costosos y muchas veces inútiles. Pero muchas otras pérdidas de tiempo y recursos dependen de su organización y de su voluntad...

Siguiendo los consejos de Covey, ahora será capaz de clasificar sus actividades en urgentes e importantes, y sabrá también cómo reducir al mínimo las pérdidas de tiempo.
   La PNL le ofrece además otro instrumento para optimizar la gestión del tiempo. La técnica que le permitirá no desperdiciar el mejor recurso para un vendedor se denomina *línea del tiempo*.

LOS OBJETIVOS Y LAS LÍNEAS DEL TIEMPO

Un hombre paseaba por un bosque cuando en un determinado punto vio a un leñador afanado en cortar un árbol. La sierra, sin embargo, tenía los dientes desgastados y el hombre resoplaba y maldecía por la dificultad que encontraba para cortar la madera. Tras observar el trabajo, el hombre se sintió obligado a decirle: «¿Por qué no para algunos minutos y afila la sierra? ¡Verá cómo la calidad de su trabajo mejora notablemente y se cansa menos!». Pero el leñador, con el rostro enrojecido por el esfuerzo, respondió: «No tengo tiempo para afilar la sierra, ¡tengo que cortar la leña!».

Esta anécdota, que se incluye a menudo en los textos sobre gestión de tiempo, pone el acento, al margen de la metáfora, en la importancia —también para el vendedor— de invertir en el incremento de la propia capacidad productiva: es decir, en «afilar» los instrumentos más adecuados para optimizar su recurso más valioso, el tiempo. En la sociedad actual, siempre veloz, que impone a todos un ritmo desenfrenado, una de las cualidades que caracteriza a los mejores vendedores es la capacidad para planificar cualquier acción aprovechando del mejor modo posible el tiempo disponible. El gran número de vendedores que compran textos o asisten a cursos sobre optimización del tiempo es la mejor muestra de cómo parece que las horas disponibles nunca son suficientes.

Pero una de las limitaciones de los métodos tradicionales de gestión del tiempo consiste en creer que todos los individuos perciben el paso del tiempo del mismo modo. Desde sus orígenes la PNL ha prestado una especial atención a cómo el cerebro codifica el tiempo, ya que cada individuo posee una percepción subjetiva. Los investigadores Tad James y Wyatt Woodsmall[10] han identificado dos modos diferentes de codificación del tiempo, denominadas precisamente *líneas del tiempo*.[11] Para comprender mejor este concepto, puede efectuar el siguiente ejercicio.

EJERCICIO N.º 1

LAS LÍNEAS DEL TIEMPO

1. Siéntese en un lugar tranquilo en el que pueda trabajar sin ser molestado durante un cuarto de hora como mínimo y dedique algunos minutos a relajar la mente y el cuerpo, ayudándose de una respiración profunda y regular.
2. Mientras se mantiene relajado, quizá con los ojos cerrados, piense en un episodio sucedido hace tres años que esté relacionado con una actividad que desarrolle habitualmente (por ejemplo, ir a la oficina o leer el periódico). Piense a continuación en otro similar acaecido hace un año y en la misma acción realizada ayer.
3. Al rememorarlos, procure captar de qué dirección provienen estos recuerdos e intente colocarlos en el espacio junto a usted.
4. Piense ahora en la misma actividad e imagine desarrollarla mañana, dentro de un año y dentro de tres años. También en este caso podrá colocar los tres ejemplos en el espacio y percibir de qué dirección proceden.
5. Podrá comprobar que su cerebro codifica con una colocación espacial diferente las experiencias vinculadas con el pasado y las relacionadas con el futuro.
6. Piense ahora en realizar hoy la actividad seleccionada y observe dónde la coloca en el espacio: en este caso la posición será diferente a la del pasado y a la del futuro.
7. Intente ahora unir con una línea imaginaria su pasado, presente y futuro, y obtendrá de este modo su línea del tiempo.

---

10. T. James y W. Woodsmall, *La ristrutturazione dell'esperienza temporale*, Roma, 2001.
11. Sobre las líneas del tiempo véase también Steve y Connirae Andreas, *Cambiare la mente*, Roma, 1993.

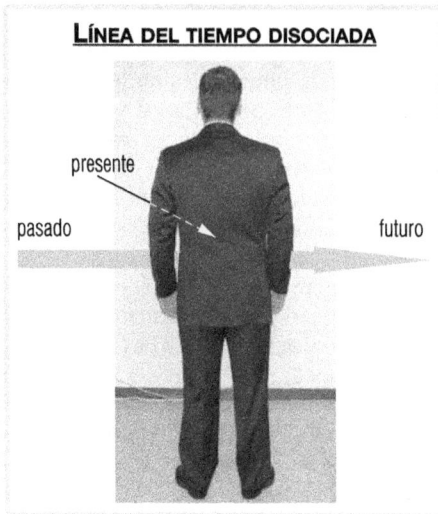

La línea del tiempo puede ser de dos tipos:

➡ línea del tiempo disociada: podrá ver frente a usted el pasado, el presente y el futuro (normalmente el pasado se sitúa a la izquierda, el presente en el centro y el futuro a la derecha);

➡ línea del tiempo asociada: su línea del tiempo le «atraviesa» (generalmente, el pasado se sitúa a su espalda y el presente y el futuro enfrente).

La diferente percepción del tiempo se acompaña con características específicas que pueden resumirse del siguiente modo.

VENDEDORES CON LÍNEA DEL TIEMPO DISOCIADA

➡ Ven frente a ellos el pasado, el presente y el futuro.
➡ Observan su línea del tiempo desde fuera (están disociados).
➡ Normalmente son puntuales y tienden a respetar los plazos.
➡ Están disociados de sus recuerdos y por ello participan con una menor implicación emotiva.
➡ Generalmente son buenos planificadores porque la disociación les permite captar la secuencia de los sucesos en progresión respecto al tiempo.

VENDEDORES CON LÍNEA DEL TIEMPO ASOCIADA

➡ La línea del tiempo atraviesa su cuerpo y, por tanto, no pueden ver su propio pasado a menos que giren la cabeza; esto les lleva a utilizar frases del tipo «No veo el momento de superar este triste periodo» o «Un día, cuando todo haya acabado, miraré hacia atrás y podré reírme de estos malos momentos».
➡ A menudo no se dan cuenta de que van con retraso y tienen dificultad para respetar los plazos; están asociados a sus recuerdos, que reviven con una gran implicación emotiva.
➡ Suelen ser personas creativas, pero, al vivir inmersas en el presente, tienen dificultad para programar y planificar el futuro.

Para comprender cómo planifica el tiempo su cerebro, responda las preguntas del siguiente test.

TEST N.º 2		
¿CUÁL ES SU LÍNEA DEL TIEMPO?		
1. ¿Es puntual en las citas?	SÍ (A)	NO (B)
2. ¿Revive sus recuerdos con gran emotividad?	SÍ (B)	NO (A)
3. ¿Es un buen planificador?	SÍ (A)	NO (B)
4. ¿Olvida a menudo los plazos?	SÍ (B)	NO (A)
5. ¿Tiene una imagen clara de su futuro?	SÍ (A)	NO (B)
6. ¿Se distancia a menudo de lo que está haciendo?	SÍ (A)	NO (B)
7. ¿Tiene dificultad para recordar hechos del pasado?	SÍ (B)	NO (A)
8. ¿Soluciona bien los problemas?	SÍ (B)	NO (A)
9. ¿Se considera una persona creativa?	SÍ (A)	NO (B)
10. ¿Durante el trato con el cliente consigue mantener con facilidad la concentración?	SÍ (B)	NO (A)
RESULTADO		
Predominio de respuestas «A»: con toda probabilidad su línea del tiempo es disociada. **Predominio de respuestas «B»:** con toda probabilidad su línea del tiempo es asociada.		

¿Se reconoce en las características enumeradas anteriormente? ¿Se ha sorprendido al descubrir cómo su cerebro codifica el tiempo de manera natural?

Debemos señalar que no existe una línea del tiempo «mejor» que la otra: asociarse o disociarse de la línea del tiempo presenta ventajas e inconvenientes. Lo que puede marcar la diferencia entre un vendedor hábil y uno mediocre es conseguir la flexibilidad mental que permite adaptar la propia línea del tiempo a la actividad que se desarrolla y a los objetivos que se desea alcanzar. Durante una actividad de venta ardua, seguramente es mejor permanecer asociado al presente para comprender con profundidad cuáles son las exigencias y necesidades del cliente, y captar plenamente las señales verbales y no verbales de acuerdo y de rechazo. Pero si se debe programar la actividad de venta de la semana, es más conveniente utilizar una línea de tiempo disociada.

Suponga que, al finalizar el ejercicio de «extracción» de su línea del tiempo, se da cuenta de que codifica el tiempo de forma asociada y que esto representa para usted un obstáculo en el momento de programar eficazmente sus citas. Tenga en cuenta, en primer lugar, que las líneas del tiempo no son inmutables, sino que, por el contrario, la PNL ha elaborado una eficaz técnica que permite modificar temporalmente la línea del tiempo de acuerdo con las propias necesidades.

Si ha seguido las indicaciones ofrecidas a lo largo de este capítulo, debería haber escrito sus objetivos y comprobado que satisfacen las reglas de buena formación. Habrá dividido sus tareas en subobjetivos más fáciles de alcanzar y para cada uno de ellos habrá fijado las prioridades y los plazos relativos. El último paso consiste en transferir dicho proyecto del papel a su línea del tiempo, para obtener de esta la energía necesaria para una planificación auténticamente eficaz. Para ayudarse, puede realizar el siguiente ejercicio, que le permitirá cambiar temporalmente su línea del tiempo de asociada a disociada y planificar mejor su actividad de venta.[12]

---

12. El siguiente ejercicio se ha extraído del texto de J. O'Connor y R. Prior, *Successful selling with NLP*, Londres, 1995.

EJERCICIO AVANZADO N.º 1

EL CAMBIO TEMPORAL
DE LA LÍNEA DEL TIEMPO

1. Con su plan escrito, que incluye el objetivo bien formado, la división en subobjetivos y el listado de prioridades y plazos, siéntese en un lugar tranquilo donde pueda trabajar como mínimo 20 minutos sin ser interrumpido.
2. Imagine mentalmente que da un paso fuera de su línea del tiempo y observe esta última desde un punto correspondiente al presente: tendrá el pasado a la izquierda, el presente enfrente y el futuro a la derecha.
3. Basándose en su plan escrito, coloque mentalmente sobre la línea del tiempo sus tareas, teniendo en cuenta las prioridades y los plazos: las actividades que deban acometerse inmediatamente han de situarse más cerca de usted, mientras que las futuras se situarán a su derecha, siguiendo un orden cronológico. (Si tiene dificultad para visualizar las tareas situadas en la línea del tiempo, puede obtener los mismos resultados disponiendo frente a usted las hojas que describan los subobjetivos y las prioridades y plazos, organizados secuencialmente).
4. Una vez colocadas todas las tareas sobre la línea del tiempo, imagine que está en el futuro y que ha realizado todo lo que se había propuesto. Disfrute la agradable sensación que le proporciona saber que ha desarrollado todas las tareas que se había marcado y piense en la satisfacción de haber alcanzado sus metas más ambiciosas.
5. Con estas agradables sensaciones en la mente, piense ahora en su jornada normal de trabajo e imagine cuándo y dónde mirará su plan escrito. Observe mentalmente mientras lee con atención.
6. Cuando haya terminado, cambie su línea del tiempo reasociándose a ella y disponiéndola exactamente como era antes de iniciar el ejercicio.

Lleve consigo al trabajo su plan escrito y durante la jornada léalo con frecuencia, imaginando cada tarea situada sobre la línea del tiempo. Conforme desarrolle las actividades previstas, estas se colocarán a la izquierda, en el pasado, mientras que las tareas pendientes de desarrollo se encontrarán a la derecha, en el futuro, organizadas cronológicamente según los plazos, que de este modo podrá controlar. Refuerce diariamente la conexión entre su plan escrito y la línea del tiempo disociada, utilizando la energía derivada de la agradable sensación de satisfacción que produce imaginar que ya se ha desarrollado con éxito cualquier tarea.

Además, si su línea del tiempo es naturalmente asociada, con este ejercicio conseguirá planificar satisfactoriamente sus actividades profesionales, mientras mantiene bajo control los plazos y consigue reducir notablemente el estrés debido a la propia programación.

Al finalizar este capítulo ya debería saber la manera correcta de gestionar las prioridades para formular y alcanzar sus objetivos más ambiciosos, distinguiendo entre actividades urgentes e importantes.

También tiene conciencia de cómo codificar el tiempo y de cómo puede cambiar temporalmente esta percepción de acuerdo con sus objetivos.

Además, está preparado para conocer el notable poder de los estados de ánimo, que será el tema del próximo capítulo.

PALABRAS CLAVE

⇒ la fórmula del éxito
⇒ principios de buena formación de los objetivos
⇒ descripción positiva y multisensorial del objetivo
⇒ procedimiento de comprobación a corto y largo plazo
⇒ esfera de control del objetivo y eventual división en subobjetivo
⇒ control ecológico
⇒ objetivo y sistema-individuo
⇒ urgencia e importancia de las tareas pendientes: cómo fijar la prioridad
⇒ líneas del tiempo asociadas y disociadas
⇒ cambio temporal de las líneas del tiempo

PREGUNTAS Y RESPUESTAS

P: ¿Cuándo un objetivo profesional es alcanzable?
R: Una meta profesional puede alcanzarse si satisface las reglas de buena formación de los objetivos.

P: ¿Puedo organizar el tiempo dedicado a la venta si no conozco mis prioridades?
R: No, sólo distinguiendo entre actividades urgentes e importantes se puede lograr que el tiempo sea productivo.

P: ¿Todos los vendedores perciben el tiempo del mismo modo?
R: No, la PNL ha elaborado un instrumento muy eficaz que ayuda a comprender cómo lo percibe cada individuo: las líneas del tiempo. En cada persona esta puede ser asociada o disociada.

P: ¿Puedo modificar temporalmente mi línea del tiempo?
R: Sí, las líneas del tiempo pueden modificarse temporalmente en función de los objetivos que deban alcanzarse. La línea del tiempo disociada favorece una programación eficaz, mientras que adoptando una línea del tiempo asociada aumenta la creatividad.

CAPÍTULO 3

NIVELES NEUROLÓGICOS
Y CONTEXTO DE LA VENTA

QUÉ APRENDERÁ EN ESTE CAPÍTULO

- Cómo beneficiarse del increíble poder de los estados de ánimo.
- Cómo identificar los estados de ánimo más productivos.
- Cómo utilizar la fisiología para cambiar el estado de ánimo.
- Cómo cambiar las representaciones internas y acceder a sus recursos interiores.
- Cómo utilizar con eficacia los niveles neurológicos.

EL PODER DE LOS ESTADOS DE ÁNIMO

Como se ha indicado en la introducción, el buen vendedor debe considerar el estado de ánimo como más importante que el producto, el mercado o la competencia. Si no se encuentra en el estado ideal para ver al cliente, de poco le servirán sus conocimientos y capacidades.

Pero ¿qué es un estado de ánimo?

Para responder a esta pregunta, reviva mentalmente la jornada de ayer. En vez de considerarla como una sucesión de acontecimientos, piense en ella como en una concatenación de estados de ánimo.

⇒ ¿Qué emociones y sensaciones experimentó ayer?
⇒ ¿Cómo se sintió al despertarse: motivado y decidido o torpe y a medio gas?
⇒ ¿Cómo se sintió durante el camino para ver al primer cliente? ¿Lleno de entusiasmo o distraído?
⇒ ¿Encontrar inesperadamente sitio para aparcar le puso de buen humor?
⇒ ¿Recibió alguna llamada telefónica imprevista que hizo cambiar repentinamente su estado de ánimo?
⇒ ¿Qué sucede si un cliente del que no tenía noticia desde hace tiempo le telefonea de improviso y le hace un gran pedido?
⇒ ¿Y si, en cambio, le dicen que un contrato que consideraba ya prácticamente cerrado se esfuma repentinamente?

Si reconsidera desde este punto de vista la jornada de ayer se dará cuenta, quizá por primera vez, del increíble número de diferentes estados de ánimo por los que pasa cada día.

Los estados de ánimo son, por tanto, el conjunto de todos los pensamientos y emociones que cada individuo experimenta en un determinado momento.

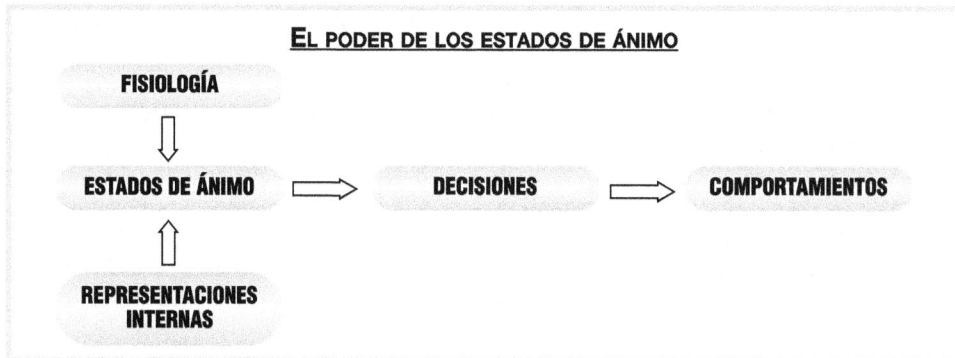

EL PODER DE LOS ESTADOS DE ÁNIMO

FISIOLOGÍA

⇩

ESTADOS DE ÁNIMO ⟹ DECISIONES ⟹ COMPORTAMIENTOS

⇧

REPRESENTACIONES INTERNAS

¿CÓMO SURGEN LOS ESTADOS DE ÁNIMO?

Dado que la influencia de los estados de ánimo es tan profunda en todos nosotros, intentaremos comprender cómo surgen.[13] La PNL ha identificado los dos componentes que determinan los estados de ánimo:

➡ componentes físicos (fisiología);
➡ representaciones internas.

Naturalmente los *componentes físicos* influyen de manera directa sobre el cuerpo. Entre los principios fundamentales de la PNL citados en la introducción, recordaremos aquel que dice: «La mente y el cuerpo forman parte del mismo sistema y están unidos indisolublemente». Piense, por ejemplo, en la última vez que sintió un dolor físico relativamente intenso. ¿Cuál era su humor? Con toda probabilidad se sentía bajo de moral. También es cierto que cuando se siente feliz y eufórico, incluso los eventuales problemas físicos desaparecen casi por arte de magia. El ejercicio número 2 confirma lo que acabamos de decir.

FISIOLOGÍA DE LOS ESTADOS DE ÁNIMO

Fisiología	*Estado de ánimo positivo*	*Estado de ánimo negativo*
Posición de la cabeza		
Posición de los hombros		
Posición del tronco		
Posición de brazos y manos		
Posición de piernas y pies		
Respiración		
Movimientos y gestos		
Expresiones del rostro		
Otros parámetros		

13. A. Robbins, *Come ottenere il meglio da sé e dagli altri*, Milán, 2000.

EJERCICIO N.º 2

EL COMPONENTE FÍSICO DE LOS ESTADOS DE ÁNIMO

1. Piense en cinco estados de ánimo positivos que haya experimentado recientemente (por ejemplo, satisfacción, confianza en sí mismo, motivación, euforia y optimismo).
2. Para cada estado de ánimo positivo, escriba en el espacio reservado de la ficha sobre los estados de ánimo anterior cuál era la posición de la cabeza, del tronco, de los hombros, cómo era la respiración, etc.
3. Piense ahora en cinco estados de ánimo negativos que haya experimentado recientemente (por ejemplo, falta de confianza en sí mismo, desmotivación, pesimismo, rabia y resignación).
4. Para cada estado de ánimo negativo, escriba en el espacio reservado de la ficha sobre los estados de ánimo anterior cuál era la posición de la cabeza, del tronco, de los hombros, cómo era la respiración, etc.
5. Compare las respuestas; con toda probabilidad, observará que la postura física que adopta cuando se encuentra en un estado de ánimo positivo es muy diferente a la que caracteriza el estado de ánimo negativo.
6. Intente ahora revivir un estado de ánimo negativo pero adoptando una postura física propia de un estado de ánimo positivo.

¿Consigue, por ejemplo, sentirse deprimido si yergue la cabeza y el tronco, y luce una amplia sonrisa? Probablemente el cambio físico le impedirá acceder a un estado de ánimo negativo. Y, al contrario, ¿es capaz de sentirse eufórico respirando profundamente con el abdomen y relajando al mismo tiempo los hombros?

La conclusión de este simple pero eficaz ejercicio es que, dado que el cuerpo y la mente son una unidad, cambiando la postura física se influye inmediatamente sobre el estado de ánimo.

De aquí deriva una importante regla práctica: cada vez que se sienta inmerso en un estado de ánimo negativo, puede cambiar en primer lugar su postura física, y notará de este modo que la sensación negativa empieza a cambiar.

Otro componente que determina la calidad de los estados de ánimo es el de las representaciones internas.

Cada día las imágenes que visualiza mentalmente, aquellas que sugiere su voz interior, los sonidos escuchados en el interior de su cabeza, influyen de manera inconsciente en su humor.

La PNL ha prestado especial atención al estudio del funcionamiento del cerebro humano; en esa línea, la mayor parte de los ejercicios de esta primera parte del libro están dedicados a la gestión consciente de las representaciones internas, que se efectúa en dos fases:

⇒ toma de conciencia de las representaciones internas;
⇒ modificación de las representaciones negativas mediante las técnicas más avanzadas de PNL.

El objetivo de la primera parte del libro es precisamente transformar el círculo vicioso negativo en uno virtuoso más funcional.

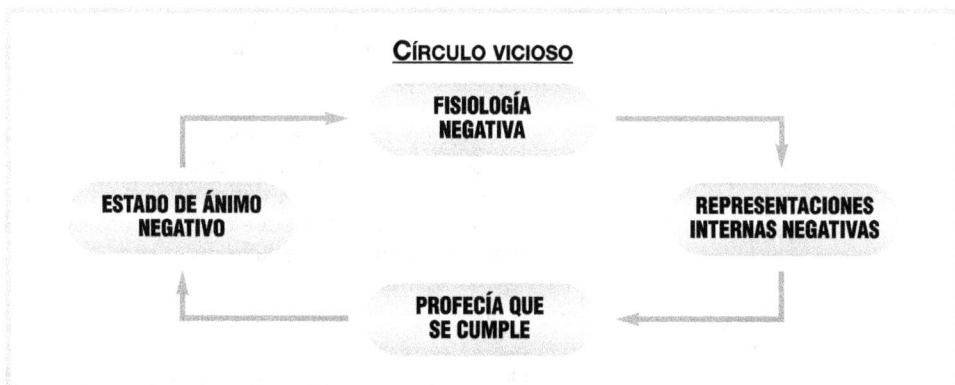

CÍRCULO VICIOSO

FISIOLOGÍA NEGATIVA

ESTADO DE ÁNIMO NEGATIVO

REPRESENTACIONES INTERNAS NEGATIVAS

PROFECÍA QUE SE CUMPLE

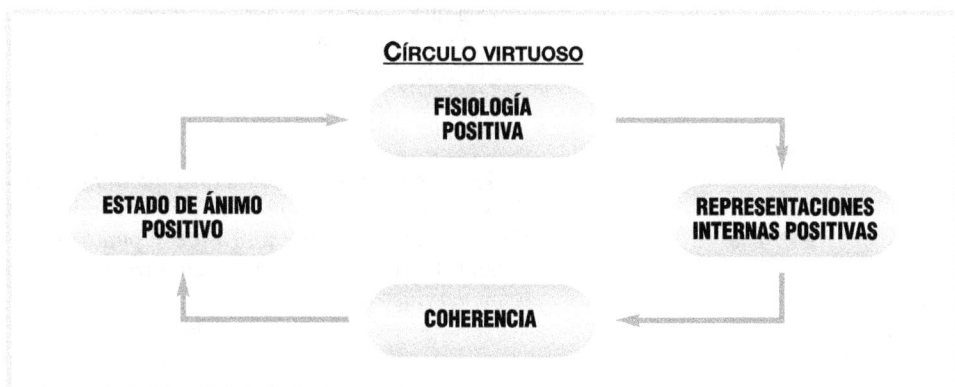

CÍRCULO VIRTUOSO

FISIOLOGÍA POSITIVA

ESTADO DE ÁNIMO POSITIVO

REPRESENTACIONES INTERNAS POSITIVAS

COHERENCIA

Si crea conscientemente el estado apropiado, podrá utilizar con eficacia todas sus potencialidades, hasta las más ocultas: ¡los estados de ánimo tienen un gran poder y usted puede controlarlo!

ESTADOS DE ÁNIMO Y NIVELES NEUROLÓGICOS

Hemos visto cómo los estados de ánimo pueden influir profundamente en nuestra existencia. Por lo general, el vendedor tradicional es víctima de sus propios estados de ánimo negativos; a menudo los utiliza, involuntariamente, como coartada para justificar los fracasos comerciales. ¡Que no se haya concluido una venta se atribuye entonces al cliente! ¡La dificultad para alcanzar los objetivos de venta se debe a la acción de la competencia, a las fluctuaciones del mercado y de la bolsa mundial...!

En cambio, el buen vendedor logra adoptar conscientemente el estado más funcional para alcanzar sus propios objetivos y utiliza el estado de ánimo resultante para ofrecer sus productos y servicios al cliente de la mejor manera posible.

¿Qué instrumento puede conducir a semejante meta? ¿Cómo se puede elegir conscientemente el estado de ánimo más productivo? La PNL pone a su disposición un instrumento de increíble eficacia para cambiar en cualquier momento su estado de ánimo, apelando a sus recursos más profundos. Dicho instrumento está representado por los niveles neurológicos, ideados por el doctor Robert Dilts,[14] uno de los principales expertos mundiales en PNL.

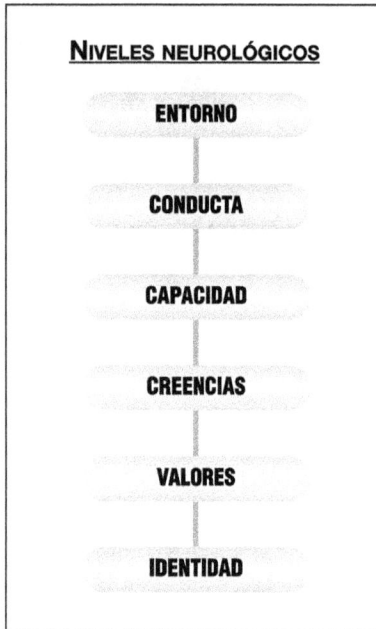

NIVELES NEUROLÓGICOS

ENTORNO

CONDUCTA

CAPACIDAD

CREENCIAS

VALORES

IDENTIDAD

Según dicho modelo, toda experiencia humana puede considerarse a partir de diferentes niveles neurológicos, que se definen de este modo por cuanto están relacionados con la neurología (el aspecto neurológico de la PNL).

ENTORNO

Describe el contexto y el marco temporal en el que usted actúa.

➡ ¿En qué contexto comercial opera?
➡ ¿Qué caracteriza al mercado en el que actúa?
➡ ¿Dónde se encuentran sus clientes?
➡ ¿Cuándo va a visitarlos?
➡ ¿Cómo utiliza el tiempo dedicado a la venta?

Respondiendo a estas y a otras preguntas relativas a «dónde» y a «cuándo» actúa describirá el nivel neurológico *entorno*. Desde el punto de vista neurológico, este es percibido a través del sistema nervioso periférico.

CONDUCTA

Describe las acciones y los comportamientos de los que se sirve usted para actuar en el entorno descrito en el nivel anterior.

➡ ¿Qué acciones prácticas realiza durante la venta?
➡ ¿Qué hace mientras vende?
➡ ¿Qué responden los clientes a lo que usted les dice?
➡ ¿Qué responde usted a las objeciones del cliente?
➡ ¿Qué hace la competencia?

Respondiendo a estas y a otras preguntas relativas a «qué» hace cuando se desenvuelve en su entorno describe el nivel neurológico *conducta*. Desde el punto de vista neurológico, la conducta se relaciona con el sistema motor.

CAPACIDAD

Describe la capacidad y las estrategias que le permiten llevar a cabo su conducta en el entorno en el que opera.

➡ ¿Qué capacidades tiene que le distinguen de otros vendedores?
➡ ¿Cuáles son sus puntos fuertes?

---

14. R. Dilts, *Changing belief systems whith NLP*, Capitolia (Ca), 1990.

➠ ¿Qué estrategias utiliza para presentar de la mejor manera posible su producto o servicio?
➠ ¿Cómo consigue comunicar mejor con los clientes?

Respondiendo a estas y a otras preguntas relativas a «cómo» utiliza sus cualidades describe el nivel neurológico *capacidad*. Desde el punto de vista neurológico, la capacidad se vincula con el sistema cortical.

CREENCIAS

Describen sus convicciones más profundas, aquellas que sustentan su capacidad y su conducta.

➠ ¿Cuánto cree que vale?
➠ ¿Qué opina de su empresa y del producto o servicio que ofrece?
➠ ¿Qué cree que los clientes piensan de usted?
➠ ¿Por qué piensa que desarrollar las capacidades descritas en el nivel anterior es importante?

Respondiendo a estas y a otras preguntas relativas a «por qué» cree en sus convicciones describe el nivel neurológico *creencias*. Desde el punto de vista neurológico, las creencias son elaboradas por el sistema nervioso autónomo.

VALORES

Describen aquello que para usted es importante y que le da energía para automotivarse.

➠ ¿Qué hay en la venta que sea importante para usted?
➠ ¿Qué aspectos esenciales de su vida se ven satisfechos por su profesión?
➠ ¿Qué le motiva a vender cada día?
➠ ¿Cuáles son los valores de su empresa?

Respondiendo a estas y a otras preguntas relativas a «por qué» hace aquello que considera importante describe el nivel neurológico *valores*. Desde el punto de vista neurológico, los valores se relacionan con el sistema nervioso autónomo.

IDENTIDAD

Describe su identidad, el sentido del ser del cual deriva su posición en la sociedad.

➠ ¿Quién es como vendedor?
➠ ¿Con qué metáfora se identifica?
➠ ¿Cuál es su misión profesional y personal?

Respondiendo a estas y a otras preguntas relativas a «quién» es describe el nivel neurológico *identidad*. Desde el punto de vista neurológico, la identidad se percibe a través del sistema inmunitario y endocrino.

Íntimamente relacionada con el nivel neurológico identidad, se encuentra la parte más espiritual de su persona, que corresponde a su visión de la vida.

Cada individuo forma parte de un sistema más amplio, mayor que él, que puede identificar respondiendo a la pregunta: «¿Para quién o para qué actúo?».

¿QUÉ HAY MÁS ALLÁ?

MERCADO MUNDIAL

MERCADO NACIONAL

EMPRESA

GRUPO DE COMPAÑEROS

VENDEDOR

Para ofrecer un ejemplo práctico de los niveles neurológicos como descripción eficaz de cualquier experiencia humana imaginemos los niveles que podrían caracterizarle a usted, lector de este libro, en este momento.

EJEMPLO N.º 1

Entorno: está sentado, en su casa, por la tarde. La habitación está en silencio y se escuchan algunos ruidos leves procedentes de otras habitaciones o del exterior.

Conducta: tiene el libro entre sus manos; hojea algunos capítulos, se detiene sobre las tablas y las imágenes, intenta comprender qué capítulos pueden ser más interesantes para su actividad.

Capacidad: ciertamente posee la capacidad de leer, y su amplia experiencia de venta le permite comprender de inmediato cuáles de las sugerencias contenidas en el libro son aplicables a su situación concreta.

Creencias: cree que la lectura de un buen libro puede ofrecerle valiosas sugerencias para mejorar su capacidad de comunicación con los clientes. Está convencido, además, de que las experiencias de otros vendedores descritas en el texto podrán adaptarse a su situación, y de que serán una fuente de valiosos consejos para usted.

Valores: forman parte de sus valores el deseo de conocer nuevos datos y el crecimiento personal como vendedor y como persona.

Identidad: es un vendedor al que le gusta leer y ponerse al día.

El siguiente ejemplo presenta, en cambio, de manera más general, los niveles neurológicos aplicados a la venta.

<hr>

EJEMPLO N.º 2

Entorno: los responsables de su empresa le han confiado la gestión de una nueva zona.

Conducta: acaba de cerrar su primera venta importante en la nueva zona.

Capacidad: es capaz de presentar del mejor modo posible su producto o servicio a los clientes que todavía no conoce. Es capaz, además, de optimizar los desplazamientos en la nueva zona.

Creencia: cree que si vende mucho y hace rentable la nueva zona asignada, conseguirá un aumento de las comisiones.

Valores: entre sus valores se encuentran la autoestima y el reconocimiento por parte de sus superiores, junto al hecho de que el aumento de comisiones le dará una mayor seguridad económica.

Identidad: es un vendedor al que le entusiasma su trabajo.

PRINCIPIOS GENERALES DE LOS NIVELES NEUROLÓGICOS

Una vez conocidas las características fundamentales de cada nivel neurológico, probablemente se preguntará cuáles son las relaciones existentes entre ellos. No todos los niveles tienen la misma importancia, pues unos tienen un impacto mayor que otros. La identidad es el nivel del que dependen los valores y las creencias de cada individuo. A su vez, los valores y las creencias influyen sobre la capacidad y la conducta que cada persona desarrolla en el entorno en el que vive.

Los principios que regulan las interacciones entre los diferentes niveles son: un cambio en un nivel superior supone cambios en los niveles inferiores. Por ejemplo, un cambio de sus creencias influirá en su conducta y sus acciones. Del mismo modo, un cambio en el nivel neurológico entorno difícilmente influirá sobre un valor o sobre el sentido de identidad; un cambio en un nivel superior (por ejemplo, identidad), aunque sea más abstracto que otro (por ejemplo, entorno), ejerce un impacto mayor en cada individuo; el estado de ánimo óptimo se alcanza cuando todos los niveles neurológicos están alineados: la coherencia que nace de la alineación de los niveles hace que pueda acceder a sus mejores recursos.

Este último principio nos lleva de nuevo al poder de los estados de ánimo tratado al inicio del capítulo. El instrumento para alcanzar el estado de ánimo deseado está representado por los niveles neurológicos. El procedimiento que permite alcanzar dicho estado es la alineación de todos los niveles: podrá, por tanto, alinear su conducta y su capacidad con las creencias y los valores más profundos para alcanzar sus objetivos profesionales en línea con su misión personal.

Si examina el índice de la primera parte, podrá observar que cada capítulo corresponde a un nivel neurológico diferente, a excepción del nivel del entorno, que corresponde al contexto específico de venta de cada lector y, por tanto, resulta imposible describirlo con detalle.

En el capítulo 8, con el que finaliza la parte dedicada al vendedor, conseguirá efectuar con eficacia la alineación de todos los niveles neurológicos y conseguir de este modo el estado de ánimo deseado para dirigirse al cliente con toda su potencialidad. Una vez comprendidos el poder de los estados de ánimo y la eficacia de la alineación de los niveles neurológicos, en el próximo capítulo, dedicado a la conducta óptima del vendedor, aprenderá a utilizar la PNL para motivarse y aumentar la confianza en usted mismo y en sus capacidades.

PALABRAS CLAVE

➡ estados de ánimo
➡ fisiología
➡ representaciones internas
➡ niveles neurológicos: entorno, conducta, capacidad, creencias, valores, identidad
➡ relaciones entre los diferentes niveles neurológicos

PREGUNTAS Y RESPUESTAS

P: ¿Qué son los estados de ánimo?
R: Son el conjunto de todos los pensamientos y emociones que cada individuo experimenta en un determinado momento.

P: ¿Puede el vendedor exponer de la mejor manera posible su producto si no se encuentra en el estado de ánimo más productivo?
R: No, sólo predisponiéndose para el mejor estado de ánimo (por ejemplo, motivación, determinación, concentración, entusiasmo) el vendedor puede presentar del mejor modo posible su producto o servicio al cliente.

P: ¿Qué componentes determinan los estados de ánimo?
R: Los componentes físicos y las representaciones internas. Modificando dichos elementos, se produce necesariamente un cambio del estado de ánimo.

P: ¿Qué significa que la mente y el cuerpo forman parte del mismo sistema?
R: Desde la antigüedad el hombre se ha dado cuenta de la estrecha vinculación existente entre la mente y el cuerpo. Decir que forman parte del mismo sistema significa que cualquier modificación de un componente del sistema ocasiona necesariamente un cambio en el otro. Pensamiento y emociones influyen sobre la fisiología, y viceversa.

P: ¿Qué son los niveles neurológicos?
R: Son un instrumento de la PNL, ideado por Robert Dilts, que describe con precisión cualquier experiencia humana. Los niveles neurológicos son los siguientes: entorno, conducta, capacidad, creencias, valores e identidad. Un componente importante de la identidad está representado por la espiritualidad.

P: ¿Qué relaciones existen entre los diferentes niveles neurológicos?
R: Cualquier cambio en un nivel superior comporta inevitablemente cambios en los niveles inferiores. El nivel más elevado es el de la identidad, del cual dependen los valores y las creencias de cada individuo, y estos últimos influyen, a su vez, sobre la capacidad y la conducta que cada persona desarrolla en el entorno en el que vive.

Capítulo 4

LA CONDUCTA DEL VENDEDOR

QUÉ APRENDERÁ EN ESTE CAPÍTULO

- Cómo utilizar la fuerza de la motivación.
- Cómo transformar una experiencia desmotivadora en motivadora.
- Cómo sentirse en todo momento muy motivado.
- Cómo vender con entusiasmo y determinación.
- Cómo aumentar la autoestima.

INICIO DEL VIAJE

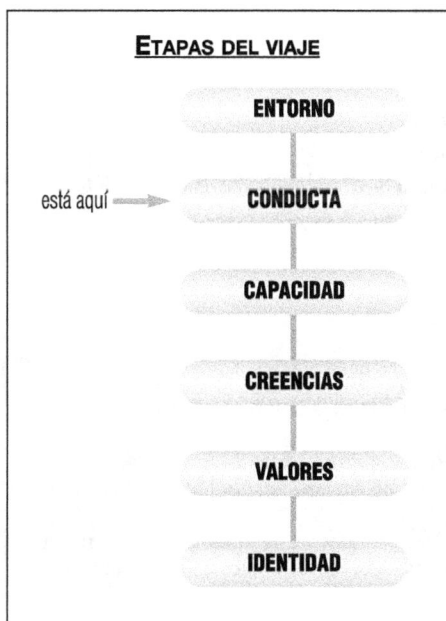

ETAPAS DEL VIAJE

ENTORNO

está aquí → CONDUCTA

CAPACIDAD

CREENCIAS

VALORES

IDENTIDAD

En el capítulo anterior hemos visto que disfrutar de un estado de ánimo positivo es la premisa para que el buen vendedor pueda efectuar del mejor modo posible su presentación del producto al cliente. También sabemos que el objetivo de la primera parte de este libro consiste en conseguir dicho estado de ánimo a través de la alineación de los niveles neurológicos.

Estamos preparados, por tanto, para emprender un viaje durante el cual aplicaremos las más eficaces técnicas de PNL a las ventas, pasando a través de cada uno de los niveles neurológicos señalados.

Cada día el vendedor debe enfrentarse a un enemigo mucho más peligroso que la competencia: los estados de ánimo negativos. Los capítulos siguientes de esta primera parte le ayudarán a identificar a estos temibles adversarios y le ofrecerán los instrumentos necesarios para afrontarlos y alcanzar el estado de ánimo deseado. En este capítulo se tratarán los primeros tres «enemigos» del estado de ánimo óptimo del vendedor:

⇒ la falta de motivación;
⇒ la falta de entusiasmo y determinación;
⇒ la falta de autoestima.

EL PRIMER ENEMIGO DEL VENDEDOR: LA FALTA DE MOTIVACIÓN

La falta de motivación es uno de los más peligrosos enemigos del vendedor profesional: el buen vendedor se distingue de sus compañeros mediocres por su gran capacidad para encontrar en sí mismo la energía que le permite presentar de manera adecuada el producto o servicio al cliente. El empuje está representado por el entusiasmo con que afronta cada trato y que a menudo contagia incluso al propio cliente.

¿Realmente piensa que podrá convencer al cliente de la validez de su propuesta si ni siquiera usted lo cree? ¿Cómo puede llegar a cerrar un trato si usted es el primero que no está convencido?

El siguiente test le ofrecerá algunas indicaciones para valorar su nivel actual de motivación ante la venta.

TEST N.º 3

¿ESTÁ MOTIVADO PARA VENDER?

1. ¿Le gustan los desafíos?	SÍ (1)	NO (0)
2. ¿Piensa que la mejor venta será la que hará mañana?	SÍ (1)	NO (0)
3. ¿Piensa que el entusiasmo es importante para vender?	SÍ (1)	NO (0)
4. ¿Se propone cada mes nuevas metas profesionales?	SÍ (1)	NO (0)
5. ¿Cree en el dicho «querer es poder»?	SÍ (1)	NO (0)
6. ¿Las críticas de compañeros y clientes le afectan?	SÍ (0)	NO (1)
7. ¿Piensa que el destino de cada persona está ya escrito?	SÍ (0)	NO (1)
8. ¿Tiene dificultad para levantarse por la mañana?	SÍ (0)	NO (1)
9. ¿Dedica suficiente tiempo al ocio y a sus aficiones?	SÍ (1)	NO (0)
10. ¿Antes de encontrarse con un nuevo cliente, intenta imaginar qué aspecto tiene?	SÍ (1)	NO (0)

RESULTADO

De 8 a 10 puntos: está muy motivado y consigue transmitir su entusiasmo a clientes y compañeros. Asegúrese, sin embargo, de que esta motivación le deja tiempo para dedicarse a actividades no laborales.

De 5 a 7 puntos: está bastante motivado, pero, frente a dificultades e imprevistos, tiende a perder el ánimo. Utilice la confianza que tiene en su propia capacidad para encontrar la energía de los mejores días.

De 0 a 4 puntos: le cuesta afrontar la vida con desenvoltura y a menudo se siente presa de la incomodidad. Piense con frecuencia en los éxitos pasados, profesionales o no, e intente identificar los puntos fuertes de su carácter.

Si, a partir del resultado del test, llega a la conclusión de que su motivación tiene que mejorar, he aquí un formidable instrumento para aumentar inmediatamente su motivación: las submodalidades.

SUBMODALIDADES Y MOTIVACIONES: ¡SILENCIO, SE RUEDA!

En el capítulo introductorio a los estados de ánimo ha visto que estos vienen determinados por los componentes físicos y las representaciones internas. La PNL ha dedicado una atención especial[15] a cómo se forman las representaciones internas en la mente de cada persona y ha identificado su estructura. Esta se compone de las denominadas *submodalidades*.

Para comprender correctamente qué son las submodalidades, puede realizar el siguiente ejercicio, durante el cual se transformará en un experto director de cine y tendrá a su disposición los más modernos y sofisticados efectos especiales: ¡el estudio es su propio cerebro!

EJERCICIO N.º 3

¡SILENCIO, SE RUEDA!

1. Siéntese en un lugar tranquilo donde pueda trabajar sin ser molestado durante diez minutos, relájese y piense en un episodio muy agradable de su vida, no necesariamente relacionado con la actividad de venta.
2. Mientras retrocede mentalmente hasta esa situación, intente revivirla como si hubiese viajado en el tiempo: vuelva a ver lo que vio entonces, escuche en su mente las mismas palabras y sonidos, e intente, por último, sentir de la manera más completa las mismas sensaciones agradables; tómese el tiempo necesario para revivir la situación con la misma intensidad que cuando la experimentó en la realidad.
3. Mientras reviva el episodio agradable, con toda probabilidad notará cómo su cerebro le propone una imagen mental. Dirija ahora su atención hacia esta imagen, concéntrese en sus características y pregúntese:

- ¿Es en blanco y negro o en color?
- ¿Es una imagen en movimiento (filme) o una imagen fija (diapositiva)?
- ¿Está enfocada o desenfocada?
- ¿A qué distancia de su rostro está la imagen?
- ¿Dónde está colocada en el espacio?
- ¿Está enmarcada o no tiene borde?
- ¿Es una imagen bidimensional o tridimensional?
- ¿Se ve usted en la imagen (disociado) o la ve a través de sus propios ojos (asociado)?
- ¿De dónde proceden los sonidos?
- ¿Dónde localiza la sensación positiva: en la cabeza, en el pecho o en el estómago?
- ¿Cuál es la dirección de la sensación positiva?, ¿de arriba abajo?, ¿en todo el cuerpo?

Después de realizar este ejercicio posiblemente se habrá sorprendido por la facilidad con la que ha respondido a las preguntas y por cómo dichas informaciones sobre las imágenes mentales permanecen a menudo al margen de la conciencia.

---

15. R. Bandler y W. MacDonald, *Guida per l'esperto alle submodalità*, Roma, 1991.

CÓMO SE PERCIBE LA REALIDAD

Cada individuo percibe la realidad externa a través de sus cinco sentidos: vista, oído, gusto, tacto y olfato. Según la PNL, cada persona construye una representación interna de la realidad externa en forma de imágenes, sonidos y sensaciones.

La PNL agrupa los cinco sentidos, a los que denomina* modalidades sensoriales*, en tres grandes categorías:

- ***modalidad visual (V): representada por el sentido de la vista corresponde a las imágenes externas (lo que ve) y a las internas (lo que imagina);***
- ***modalidad auditiva (A): representada por el sentido del oído corresponde a los sonidos externos (lo que oye) y a los internos (lo que se dice a sí mismo);***
- ***modalidad cinestésica (C): representada por el sentido del tacto corresponde a las sensaciones externas (por ejemplo, calor/frío) y a las emociones internas. La modalidad cinestésica agrupa también los sentidos del gusto y del olfato. Las* submodalidades *son los elementos que componen las modalidades sensoriales.***

Durante los últimos años los realizadores de televisión, para hacer aún más espectaculares las carreras de fórmula 1, han instalado cámaras en el interior de los coches, con el objetivo de hacer sentir al espectador el frenesí de la velocidad. Cuando en la pantalla se muestran las imágenes de una cámara colocada en el vehículo, la perspectiva del espectador es asociada, en el sentido de que asume la misma perspectiva del piloto. En cambio, cuando el realizador ofrece, por ejemplo, las imágenes de los bólidos que atraviesan la meta, entonces la perspectiva del telespectador es disociada y se ve menos implicado emotivamente.

Submodalidad visual asociada

Cuando piensa en episodios del pasado, el cerebro instintivamente los reproduce tanto de manera asociada como disociada, y esto, naturalmente, supone una percepción diferente del suceso. Con un poco de práctica se puede pasar de una perspectiva a la otra. Si, por ejemplo, tiene recuerdos poco agradables que su cerebro revive asociado, la sensación negativa puede disminuir simplemente disociándose de ellos, pero si, en cambio, tiene dificultades para vivir las emociones relacionadas con los episodios agradables porque los revive disociado, asociándose a ellos podrá

Submodalidad visual disociada

disfrutar plenamente de todas las sensaciones positivas. Uno de los secretos para estar predispuesto a experimentar un estado de ánimo productivo consiste en asociarse a recuerdos positivos y disociarse de los negativos.

Para familiarizarse con el modo de codificar la realidad de su cerebro, puede realizar el siguiente ejercicio con la ficha de las submodalidades visuales, auditivas y cinestésicas.[16]

Submodalidad visual desenfocada

Submodalidad visual enfocada

SUBMODALIDADES VISUALES

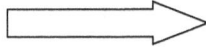

SUBMODALIDADES VISUALES ⟹
- en color/blanco y negro
- quieta/en movimiento
- enmarcada/panorámica
- enfocada/desenfocada
- perspectiva asociada/disociada
- bidimensional/tridimensional
- posición en el espacio
- distancia
- luminosidad
- número de imágenes

SUBMODALIDADES AUDITIVAS

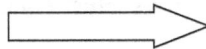

SUBMODALIDADES AUDITIVAS ⟹
- estéreo/mono
- palabras/sonidos
- volumen
- distancia en el espacio
- duración
- velocidad
- pausas
- procedencia
- ritmo
- tono agudo/grave

16. Para otros ejercicios sobre submodalidades véase Richard Bandler, *Usare il cervello per cambiare*, Roma, 1986.

SUBMODALIDADES CINESTÉSICAS

**SUBMODALIDADES
CINESTÉSICAS** ⟹

- localización en el cuerpo
- intensidad
- temperatura
- presión
- área y extensión del área
- dirección
- constante/intermitente

EJERCICIO N.º 4

LAS SUBMODALIDADES

1. Regrese al episodio positivo del ejercicio número 3, teniendo cerca la lista de las submodalidades visuales, auditivas y cinestésicas.

2. Intente cambiar una cada vez y anote si dicho cambio influye sobre las demás. Por ejemplo, imagine que tiene un mando a distancia mental e intente variar la luminosidad de la imagen: observe si se modifica la sensación positiva.

3. Una vez realizado el cambio de una submodalidad y comprobadas las consecuencias, regrese de nuevo a la imagen original y efectúe entonces el cambio de otra submodalidad.

4. Al finalizar el ejercicio indique junto a cada submodalidad cuáles de ellas, si han variado, han influido automáticamente sobre las otras. Las submodalidades que al modificarse tienen un efecto sobre las demás son conocidas con el nombre de submodalidades críticas.

Generalmente, el hecho de aproximarse y hacer mayor y más luminosa una imagen aumenta y mejora las sensaciones positivas relacionadas con ella; en cambio, si la imagen se aleja y se hace más pequeña y oscura, también las sensaciones vinculadas con ella se debilitan.

No obstante, si a usted no le sucede así, no se preocupe: las submodalidades son muy «personales» y subjetivas.

Puede continuar manipulando sus efectos especiales mentales hasta que encuentre una o más submodalidades que, al ser modificadas, influyan sobre las demás.

Esas submodalidades cambiadas e influyentes serán, entonces, sus submodalidades críticas.

Para realizar este ejercicio le recomendamos que libere tranquilamente su fantasía: dado que todo sucede en el interior de su cabeza, nadie más —excepto usted— lo sabrá. ¡Pruébelas todas!

Una vez se haya familiarizado con sus modalidades y haya descubierto cuáles son sus submodalidades críticas, estará preparado para utilizar dicha información con el fin de aumentar su motivación para la venta.

El siguiente ejercicio le ayudará a afrontar con gran motivación una tarea que no le atrae ni estimula.

FICHA PARA LA COMPARACIÓN DE LAS SUBMODALIDADES

SUBMODALIDADES VISUALES	EXPERIENCIA 1	EXPERIENCIA 2
en color/en blanco y negro	....	....
quieta/en movimiento	....	....
enmarcada/panorámica	....	....
enfocada/desenfocada	....	....
perspectiva asociada/disociada	....	....
bidimensional/tridimensional	....	....
posición en el espacio	....	....
distancia	....	....
luminosidad	....	....
número de imágenes	....	....

SUBMODALIDADES AUDITIVAS	EXPERIENCIA 1	EXPERIENCIA 2
estéreo/mono	....	....
palabras/sonidos	....	....
volumen	....	....
distancia en el espacio	....	....
duración	....	....
velocidad	....	....
pausas	....	....
procedencia	....	....
ritmo	....	....
tono agudo/grave	....	....

SUBMODALIDADES CINESTÉSICAS	EXPERIENCIA 1	EXPERIENCIA 2
localización en el cuerpo	....	....
intensidad	....	....
temperatura	....	....
presión	....	....
área y extensión del área	....	....
dirección	....	....
constante/intermitente	....	....

EJERCICIO AVANZADO N.º 2

LAS SUBMODALIDADES

1. Siéntese en un lugar tranquilo donde pueda trabajar sin ser molestado durante unos veinte minutos; dedique algunos minutos a relajar su cuerpo y su mente.
2. Una vez relajado, piense en un momento de su vida en el que se haya sentido verdaderamente motivado para realizar algo, no necesariamente en el ámbito profesional.
3. Tómese el tiempo necesario para revivir del modo más completo posible esta experiencia en la que sintió que nada ni nadie hubiese podido obstaculizar su motivación. Vea de nuevo mentalmente lo que vio en aquel preciso momento, escuche

en su interior los mismos sonidos y las mismas palabras, sienta los olores y los gustos de entonces. Deléitese y abandónese sin temor a la maravillosa sensación de motivación que experimentó en aquella ocasión. Intente revivir el episodio de su gran motivación de la manera más completa y rica posible, utilizando para ello sus cinco sentidos.

4. Cuando considere que ha conseguido revivir el episodio motivador en toda su plenitud, lea la ficha de comparación de las submodalidades y señale todas las de tipo visual, auditivo y cinestésico que caracterizan su experiencia motivadora (experiencia 1).

5. Una vez finalizado el listado, levántese y efectúe con tranquilidad una pausa durante unos minutos, pensando en alguna cosa agradable que no esté relacionada con el ejercicio.

6. Siéntese de nuevo y piense en una tarea que deberá afrontar en un futuro próximo y que le motiva poco o no le estimula en ningún sentido. Podría ser, por ejemplo, citarse con un cliente que se queja de su producto o servicio, o bien escribir un aburrido informe para su jefe de área: cualquier cosa que, al pensar en ella, le haga sentir poca motivación.

7. Tómese el tiempo necesario para describir con todo detalle, mentalmente, la experiencia desmotivadora (experiencia 2). Extraiga también en este caso todas las submodalidades visuales, auditivas y cinestésicas relacionadas y a continuación escríbalas en la ficha.

8. Comparando ambas experiencias, dispondrá de una valiosa indicación sobre cómo su cerebro codifica las experiencias motivadoras y las no motivadoras.

9. Concentre su atención en las submodalidades diferentes de ambas experiencias: por ejemplo, podrá observar que la experiencia motivadora pasada es luminosa, grande y en movimiento, mientras que la tarea desmotivadora futura es más oscura, pequeña y con la imagen fija.

10. Utilizando sus «efectos especiales mentales» transforme, como si utilizase un mando a distancia, las submodalidades de la experiencia desmotivadora de manera que estas coincidan con las de la experiencia motivadora y observará cómo esto enriquece e influye positivamente sobre su motivación para la tarea futura que le espera.

11. Una vez sustituidas las submodalidades, levántese y efectúe una pausa durante algunos minutos, pensando en algo agradable que no esté relacionado con el ejercicio.

12. Piense de nuevo en la tarea que le espera y observe qué tipo de sensaciones se relacionan con ella: si se siente más motivado para desarrollarla significa que el ejercicio ha tenido éxito al primer intento. En caso contrario, relájese y repita todos los pasos hasta que perciba que su motivación efectivamente ha aumentado.

Cuando los participantes en nuestros cursos realizan este ejercicio sobre la motivación, casi siempre se muestran inicialmente desorientados; alguno además manifiesta abiertamente su escepticismo sobre los buenos resultados de la técnica. Se trata de un comportamiento comprensible, que usted, lector, también podría sentir en este momento. En realidad, la eficacia de este ejercicio ha sido demostrada por millones de personas que utilizan la PNL en todo el mundo. El principal obstáculo para los buenos resultados no reside en la técnica en sí misma, sino en la creencia de que esa técnica no funcione, antes incluso de probarla en la práctica. Le aconsejamos, por tanto, que realice el ejercicio como si fuese un juego o un curioso experimento: comprobará así personalmente su notable eficacia.

Además de las submodalidades, la PNL ha elaborado otra técnica útil que le permitirá acceder a sus más productivos estados de ánimo; se denomina anclaje y se explicará en el siguiente apartado.

CÓMO CONSEGUIR EL MEJOR ESTADO DE ÁNIMO PARA VENDER

EJEMPLOS N.ᵒˢ 3, 4 Y 5
LOS BEATLES, EL RADAR Y EL PAN

Se encuentra en un local público durante la pausa para comer cuando de repente escucha como música de fondo una vieja canción de los Beatles que para usted tiene un significado especial y, casi sin darse cuenta, se ve proyectado hacia su pasado...

Recorre la misma carretera donde hace algunos meses le pusieron una costosa multa con el radar y, de improviso, casi sin darse cuenta, reduce la velocidad, aunque ahora no exista motivo.

Se dirige a ver a un cliente para cerrar un trato y, al pasar frente a una panadería, el aroma del pan recién horneado le transporta, casi por arte de magia, a su infancia.

Estos son algunos de los innumerables ejemplos extraídos de la vida diaria de lo que la PNL define como anclaje. ¿Recuerda al investigador ruso Ivan P. Pavlov? En la escuela sus profesores le habrán explicado el experimento que realizó Pavlov[17] con varios perros hambrientos a los que les mostraba un recipiente con alimento. En el momento en que los perros, al ver la comida, salivaban, el científico hacía sonar una campanilla, siempre la misma, y el sonido tenía siempre la misma duración e intensidad. Después de repetir varias veces el experimento, bastaba con que Pavlov hiciese sonar la campanilla para que los perros salivasen, aunque no se les mostrase el alimento. Pues bien, por efecto de la repetición se había creado una conexión que era tan fuerte entre el sonido de la campanilla y la salivación que la presencia del alimento se había convertido en secundaria para activar la respuesta al estímulo (la salivación, precisamente).

Partiendo de experimentos similares, Bandler y Grinder[18] han desarrollado y perfeccionado la técnica del anclaje, que constituye para los buenos vendedores una formidable herramienta para acceder en cualquier momento a sus mejores recursos internos. Ya se ha comentado anteriormente la importancia de saber adoptar los estados de ánimo más productivos dependiendo de los objetivos: el anclaje es el instrumento práctico más eficaz que permite acceder, casi a voluntad, al estado de ánimo deseado.

Piense en cómo podría mejorar su vida si tuviese a disposición un recurso interno que le permitiese revivir al instante sus mejores estados de ánimo: relajación, concentración, determinación, pasión, alegría y diversión — por citar sólo algunos— se encontrarían a su alcance en el momento que desease.

17. I. P. Pavlov, *Reflejos condicionados e inhibiciones*, Barcelona, 1986.
18. R. Bandler y J. Grinder, *La metamorfosi terapeutica*, Roma, 1980.

La PNL define el anclaje como el procedimiento que vincula un estímulo sensorial a uno o más estados de ánimo. Remitiéndonos a la división en los tres sistemas de representación, clasificamos las tipologías de anclaje en visuales, auditivas y cinestésicas. Por otro lado, cada tipo de ancla puede ser externo o interno.

DIFERENTES TIPOS DE ANCLAS

Anclas visuales externas: al ver un objeto, a una persona o un lugar, el sujeto recupera inmediatamente la experiencia y las sensaciones con ellos vinculadas. El ejemplo anterior del radar corresponde a esta categoría.

Anclas visuales internas: al observar mentalmente la imagen interna de un suceso pasado, el sujeto revive las emociones vinculadas con dicha experiencia. Piense de nuevo en el primer trato que concluyó con una venta, revivirá la sensación de euforia unida a aquel episodio.

Anclas auditivas externas: al escuchar una voz, sonidos o una canción, el sujeto revive la experiencia relacionada con dicho estímulo auditivo externo. La canción de los Beatles es un ejemplo de ancla auditiva externa.

Anclas auditivas internas: al escuchar mentalmente la voz de un cliente, el sujeto recuerda inmediatamente su rostro.

Anclas cinestésicas externas: una sensación táctil, un perfume o un sabor determinados pueden despertar en el sujeto imágenes o sonidos relacionados con ellos. El aroma del pan recién horneado corresponde a esta categoría.

Anclas cinestésicas internas: una intensa emoción revivida por el sujeto puede hacerle recordar imágenes o sonidos vinculados a ella. Piense en la alegría que sintió al recibir un premio por sus resultados de venta y verá los rostros y escuchará las voces de sus compañeros y superiores.

CARACTERÍSTICAS DE LAS ANCLAS

Si lo piensa bien, todas las personas vivimos rodeadas de anclas, de las que pocas veces somos conscientes: una fotografía, el estribillo de un anuncio o un determinado gesto pueden provocar el cambio imprevisto del estado de ánimo.

¿Cuáles son las principales características de las anclas? ¿Cuál es el procedimiento de anclaje eficaz?

Partiendo del experimento de Pavlov, la PNL ha aumentado la eficacia del procedimiento de anclaje hasta establecer las reglas de buena formación de las anclas.

Para ser eficaz, el ancla debe ser:

➡ **multisensorial:** el ancla se lanza en los tres canales de representación; una imagen (V), una palabra (A) y un gesto determinado (C) serán el conjunto detonante útil para conducir al estado de ánimo deseado;

➡ **repetida varias veces:** una vez establecida el ancla multisensorial, debe repetirse muchas veces de manera que se establezca una intensa vinculación con el estado de ánimo relativo. La repetición crea el automatismo deseado;

➡ **asociada a un intenso estado emotivo:** cuanto más intenso y absorbente sea el estado emotivo, tanto más eficaz y duradera resultará el ancla (el estado de ánimo se vive asociado);

➡ **unívoca y cómoda:** el ancla debe ser individualizada mediante un gesto que sea unívoco, es decir, un gesto que no se repita muchas veces durante el día. Para familiarizarse con el procedimiento del anclaje puede apretar el puño de la mano que prefiera, dosificando la intensidad en proporción al estado de ánimo sentido (dicho gesto además tiene que ser cómodo: rascarse la planta del pie derecho es, seguramente, un gesto unívoco que no se realiza con frecuencia durante el día, ¡pero que no satisface, ciertamente, el requisito de comodidad!);

➡ **lanzada en el momento más emotivo:** para que el ancla resulte eficaz ha de lanzarse necesariamente en el momento exacto en que la implicación emotiva es mayor. Sólo de este modo representará para el cerebro un mensaje inequívoco;

➡ **comprobada posteriormente:** una vez «instalada» el ancla de acuerdo con las condiciones anteriores, su eficacia debe comprobarse posteriormente. La forma más correcta de hacerlo es imaginando una situación futura en la que desearía encontrarse en aquel estado de ánimo.

EL ANCLAJE

Para instalar eficazmente un ancla se debe:

➡ identificar con precisión el estímulo, que debe ser unívoco;
➡ asociar el ancla a un estado emotivo intenso;
➡ elegir un ademán que se pueda repetir fácilmente;
➡ seleccionar un gesto que pueda ser verificado con facilidad;
➡ instalar el ancla durante un momento de máxima emotividad.

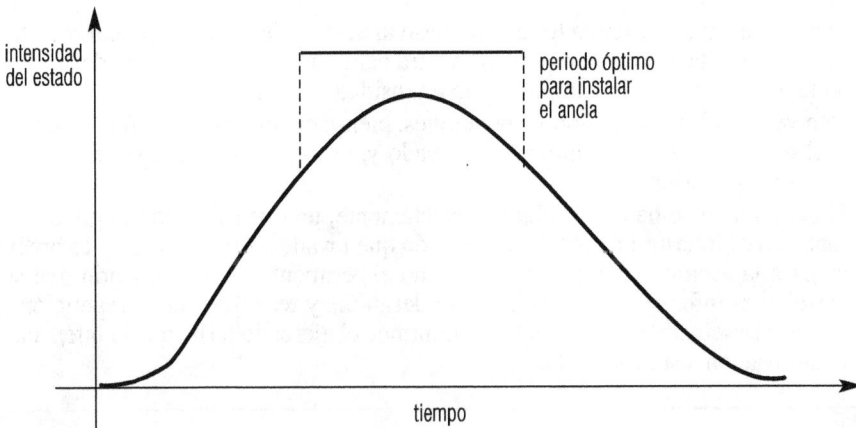

intensidad del estado — periodo óptimo para instalar el ancla — tiempo

---

Por último, tras la teoría pasaremos a la aplicación práctica, creando nuestra ancla personal que nos dará motivaciones para vender, que nos permitirá —cuando sea necesario— encontrar en muy pocos segundos la energía y el empuje necesarios para ofrecer de la mejor manera posible y más eficaz nuestro producto o servicio al cliente, incitándolo y motivándolo a comprar.

EJERCICIO N.º 5

ANCLAJE DE LA MOTIVACIÓN

1. Siéntese en un lugar tranquilo donde pueda trabajar sin ser molestado durante al menos 20 minutos y relaje progresivamente su cuerpo y su mente.

2. Intente localizar en su memoria algún momento de su vida en el que se notó auténticamente motivado, cuando sintió que nada ni nadie hubiese podido amenazar o disminuir su total determinación.

3. Una vez identificado en su archivo mental un episodio de este tipo, tómese el tiempo necesario para revivir la experiencia de manera asociada. Observe mentalmente las imágenes que percibió durante esta experiencia motivadora. Preste la máxima atención a las voces y sonidos unidos a ella buscando un efecto potenciador, concentrándose en el diálogo interno: ¿qué dijo y qué tono utilizó mientras estaba tan motivado?

4. Reviva con la mayor precisión posible las sensaciones táctiles y las emociones vinculadas a la motivación, observando en especial cuál era su postura y cómo respiraba. Recuerde finalmente los posibles olores o sabores relacionados con dicha experiencia.

5. Mientras revive los detalles de ese momento, cuando considere que ha alcanzado el punto más emotivo, apriete el puño de la mano derecha con la misma intensidad con que está viviendo el estado de ánimo de la motivación. En ese momento pronuncie internamente una o más palabras que considere motivadoras con un tono entusiasta y cautivador.

6. Mantenga dicha ancla durante diez segundos, a continuación levántese y dé una vuelta alrededor de la silla para interrumpir momentáneamente el estado de ánimo de la motivación.

7. Siéntese de nuevo y repita todo el proceso al menos cinco veces, procurando levantarse de la silla entre una repetición y otra para interrumpir el estado de ánimo. Intente en cada repetición amplificar la intensidad de la motivación.

8. Una vez finalizadas las cinco repeticiones, piense en una situación futura durante la cual deba sentirse especialmente motivado y, lanzando su ancla, verifique qué sucede en su interior.

9. Si el ejercicio se ha desarrollado correctamente, una vez apretado el puño, deberá sentir en su interior una ola de motivación que invade todo su cuerpo y lo predispone para la acción. Si, por el contrario, no experimenta dicha sensación o si su intensidad es inferior a la deseada, no se desanime y recuerde que la repetición es la base imprescindible del aprendizaje: continúe el ejercicio hasta que la intensidad de la motivación sea la deseada.

EL SEGUNDO ENEMIGO DEL VENDEDOR: LA FALTA DE ENTUSIASMO Y DETERMINACIÓN

Con el ejercicio anterior ha creado un ancla personal para poder alcanzar cuando lo desee un estado de ánimo de gran motivación. Es probable que para desarrollar mejor su actividad como vendedor desee disponer también de otros estados de ánimo, como pueden ser, por ejemplo, el entusiasmo y la determinación. Puede crear entonces un ancla diferente que le sirva para cada uno de estos estados de ánimo, si quiere acceder a ellos de forma individualizada. También podría ser aún más útil crear una única superancla que le permita acceder fácilmente, al mismo tiempo y con la mayor intensidad posible a todos los estados de ánimo productivos.

La técnica de PNL que le permite realizar su superancla es el círculo de la excelencia, al que se dedica el próximo ejercicio. A dicho círculo se asocian, mediante repetición, diferentes estados de ánimo potenciadores que le pueden ayudar enormemente a aumentar su capacidad como vendedor.

EJERCICIO AVANZADO N.º 3

EL ANCLAJE: EL CÍRCULO DE LA EXCELENCIA

1. Siéntese en un lugar tranquilo donde pueda trabajar sin ser molestado durante al menos veinte minutos y relaje progresivamente su cuerpo y su mente.
2. Elija un estado de ánimo que desee recuperar a menudo (por ejemplo, la determinación).
3. Identifique un momento específico que recuerde de su vida en el que haya experimentado una gran determinación. No tiene por qué ser necesariamente del ámbito de su vida profesional.
4. Imagine que ve frente a usted, en el suelo, un círculo: ¿qué tamaño tiene?, ¿de qué color es?
5. Regrese mentalmente al momento en el que experimentó una gran determinación y revívalo de manera asociada: vuelva a ver lo que observó y escuche de nuevo los sonidos que oyó, como si retrocediese en el tiempo.
6. Mientras está reviviendo la determinación en su máxima intensidad (cumbre emotiva), entre en el círculo con este recurso, para pasar a formar parte del círculo mismo.
7. Una vez dentro, observe qué representaciones internas se vinculan con el estado de ánimo de la determinación (imágenes internas, sonidos, diálogo interno, posición, respiración...).
8. Mejore el recurso utilizando los oportunos cambios de las submodalidades críticas.
9. Salga del círculo e interrumpa el estado de ánimo relacionado con él.
10. Entre de nuevo en el círculo y compruebe a qué velocidad y con qué intensidad logra revivir el estado de determinación.
11. Repita todo el procedimiento al menos en cinco ocasiones, interrumpiendo en un momento determinado el estado entre una prueba y otra, hasta que consiga disponer del recurso con gran facilidad.
12. Repita el mismo procedimiento con el estado de ánimo de gran entusiasmo.
13. Piense en una situación futura en la que desee experimentar una gran determinación y un entusiasmo contagioso. Construya el escenario mentalmente: ¿cuándo necesitará estos recursos al mismo tiempo?, ¿dónde?, ¿con quién?, ¿en qué contexto?
14. Cuando, en la realidad, vea que necesita disponer inmediatamente de los dos recursos que ha anclado en el círculo, le bastará con entrar en su círculo imaginario y experimentará automáticamente que recupera los estados de ánimo positivos de determinación y entusiasmo.

EL TERCER ENEMIGO DEL VENDEDOR: LA FALTA DE AUTOESTIMA

¿Qué opinión tiene de sí mismo? ¿Cómo se valora como vendedor? ¿Qué tipo de persona se considera?

La autoestima es uno de los aspectos fundamentales del proceso de crecimiento de cada individuo, tanto que a menudo se cita junto con el alimento: ¡la autoestima es para la mente lo que el alimento para el cuerpo!

El vendedor que siente poca estima por sí mismo probablemente no podrá desarrollar bien la actividad de venta, porque transmitirá al cliente indecisión e inseguridad.

¡Vender no es una tarea fácil! Cada día el vendedor, como ya sabe, debe encontrar en su interior la energía y fuerza necesarias para motivarse, para ir al encuentro de potenciales clientes interesados en el producto o servicio, o para atender las quejas de los clientes ya conseguidos. Por no hablar de las duras leyes del mercado y de la incesante actividad de la competencia...

A dichas dificultades se añade otro enemigo, quizá más insidioso, representado por la imagen pública del vendedor. Aunque las páginas de ofertas de trabajo de los periódicos más vendidos correspondan en su mayor parte a anuncios destinados a reclutar vendedores, la consideración que la sociedad moderna tiene de esta profesión se vincula todavía a menudo con el estereotipo de la persona insistente que quiere que pague un precio demasiado elevado por cualquier cosa inútil. En muchas empresas, además, algunos directivos insisten en la necesidad de incrementar las ventas, pero consideran a los vendedores como manipuladores o personas poco fiables.

LA PODEROSA INFLUENCIA DEL DIÁLOGO INTERIOR

¿Alguna vez, mientras se encamina a ver a un nuevo cliente, se dedica a pensar en cómo será el trato? Mientras intenta imaginar el rostro del cliente, su indumentaria o la inflexión de su voz, de improviso su cerebro comienza a enviarle imágenes en las que se siente nervioso y pierde su usual lucidez durante la exposición de las ventajas del producto. Mientras estas imágenes se hacen cada vez mayores y más luminosas, he aquí que, desde algún lugar de su cabeza, su voz interior le repite en tono áspero y despreciativo: «¡No conseguirás cerrar este trato, resígnate y regresa a casa!». La mayor parte de veces este «sabotaje interno» se convierte en una profecía que se acaba cumpliendo: no consigue cerrar el trato y regresa a casa apesadumbrado.

Las imágenes mentales y el diálogo interior son los dos componentes principales que forman la autoestima: la percepción generalmente inconsciente que cada uno tiene de sí mismo surge de la calidad de las propias representaciones visuales y la voz interior. Si sus imágenes internas no le gustan, sepa que cambiando las submodalidades puede reducir el impacto negativo. Con la experiencia se dará cuenta de que la mayor parte de las veces simplemente reduciendo y oscureciendo dichas imágenes internas, y alejándolas de usted, también las emociones negativas vinculadas con ellas desaparecerán o, como mínimo, se reducirán.

En lo que respecta al diálogo interior, le aconsejamos que realice el siguiente ejercicio, que tiene como finalidad transformar la crítica de su voz interior en una fiel aliada. Tenga en cuenta que la eficacia de esta técnica reside en comprender en primer lugar cuál es la intención positiva de la crítica que su voz interior expresa y en hallar después nuevas alternativas más creativas que satisfagan dicha intención positiva. Las protagonistas del siguiente ejercicio son, por tanto, su voz crítica y su creatividad.[19]

---

19. Este ejercicio se ha extraído del texto de S. Andreas y C. Faulkner, *NLP: the new tecnology of achievement*, Londres, 1996.

EJERCICIO AVANZADO N.º 4
LA GESTIÓN DEL DIÁLOGO INTERIOR

1. Siéntese en un lugar tranquilo donde pueda trabajar sin ser molestado durante al menos 20 minutos y relaje progresivamente su cuerpo y su mente.
2. Piense en un momento reciente o pasado en el que su voz interna se mostrase especialmente crítica con usted y reviva dicho episodio de la manera más completa posible.
3. Mientras mentalmente vuelve a escuchar las críticas, imagínese que se dirige a su voz interior, como si fuese otra persona, y pregúntele:
   • ¿Qué intención positiva se esconde detrás de tu crítica?
   • Criticándome así, ¿qué haces de positivo por mí?
   • ¿Qué objetivo tienes en mente cuando me criticas?
4. Después de plantear estas preguntas, relájese, permanezca en silencio y escuche las palabras de su voz interior. Algunas de las respuestas más frecuentes suelen ser: «Quiero evitarte dolorosas desilusiones», o bien: «Deseo animarte a pasar a la acción» o «No quiero que pierdas el tiempo con actividades inútiles».
5. Continúe preguntando hasta que encuentre la intención positiva que le permitirá convertir su voz crítica en una aliada; en ese momento dispondrá de un elemento en común que ambos aprobarán. Agradezca a su voz interior su colaboración.
6. Pregunte ahora a la voz: «Si existiesen otros modos de satisfacer la intención positiva que tuviesen la misma eficacia, o incluso mayor, que los que ahora empleas, ¿estarías dispuesta a probarlos?». Con toda probabilidad la respuesta será positiva.
7. Pida ahora a su parte creativa que genere diferentes alternativas de comportamiento, entre las cuales la voz interior seleccionará las tres que considere más adecuadas.
8. Analice cada una de las tres opciones e imagine en qué contextos puede aplicarlas con buenos resultados. Si considera que una de ellas no funciona, pida a su parte creativa que formule otras alternativas. Cuando disponga de tres opciones que satisfagan a su voz interior, solicítele que las utilice en los contextos apropiados.

Hemos llegado al final del capítulo y ahora ya sabe cómo utilizar sus mejores recursos para adquirir motivación, entusiasmo, determinación y autoestima. Esta habilidad es el paso previo para aprender otras capacidades que caracterizan al buen vendedor. El siguiente capítulo le explicará cómo aplicar las técnicas más eficaces de PNL para obtener provecho de cada experiencia y aprender de los fracasos, cómo gestionar las críticas y a los clientes «difíciles», y cómo transformar el estrés en un valioso aliado.

PALABRAS CLAVE

➡ estados de ánimo negativos
➡ submodalidades visuales, auditivas y cinestésicas
➡ submodalidades críticas
➡ asociación y disociación
➡ anclajes
➡ círculo de la excelencia
➡ autoestima y venta
➡ negociación con la voz interior

PREGUNTAS Y RESPUESTAS

P: ¿Cuáles son los peores enemigos del vendedor?

R: Los más temibles adversarios del vendedor son los estados de ánimo negativos. Desmotivación, falta de entusiasmo y escasa autoestima no permiten al vendedor exponer con eficacia su producto o servicio al cliente.

P: ¿Qué son las submodalidades?

R: Son los elementos que componen las modalidades sensoriales. A través de los cinco sentidos, el individuo percibe y codifica la realidad (el territorio) creándose una representación interna (el mapa) de esta.

P: ¿Se pueden utilizar las submodalidades para aumentar la propia motivación?

R: Sí; utilizando las submodalidades críticas, cada persona puede hacer más motivadora cualquier experiencia, como se ha explicado en un ejercicio del capítulo.

P: ¿Se puede alcanzar cuando se desee un estado de ánimo positivo?

R: Sí; el anclaje y el círculo de la excelencia son dos instrumentos muy eficaces que permiten a cualquiera acceder inmediatamente a sus emociones más productivas, como, por ejemplo, la determinación, el entusiasmo, la concentración y la relajación.

P: ¿Se puede mejorar la propia autoestima?

R: Sí; mediante una eficaz gestión del diálogo interior el vendedor puede mejorar notablemente su autoestima. Sólo el vendedor que sabe apreciar sus cualidades es capaz de ser plenamente eficaz frente al cliente.

Capítulo 5

LAS CAPACIDADES DEL VENDEDOR

Qué aprenderá en este capítulo

- Cómo enmarcar adecuadamente cada suceso.
- Cómo transformar los anteriores fracasos en futuras oportunidades de venta.
- Cómo aprender de los tratos que no llegaron a buen puerto.
- Cómo reaccionar de manera constructiva frente a las críticas de los clientes.
- Cómo convertir a los clientes «difíciles» en los mejores y más rentables.
- Cómo transformar el estrés de la venta en un valioso aliado.

ETAPAS DEL VIAJE

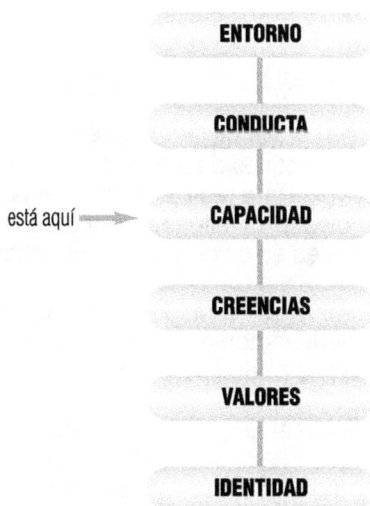

ENTORNO

CONDUCTA

está aquí ➡ CAPACIDAD

CREENCIAS

VALORES

IDENTIDAD

En el capítulo anterior ha utilizado las técnicas de PNL para reducir el impacto negativo de dos peligrosos enemigos del vendedor: la falta de motivación, determinación y entusiasmo, y la escasa autoestima. En este capítulo se tratan otras situaciones de la vida cotidiana que pueden provocar en el vendedor estados de ánimo igualmente negativos. Se trata especialmente de:

➡ la incapacidad para gestionar los fracasos de venta que pueden condicionar negativamente las ventas futuras;
➡ la dificultad para gestionar las críticas de los clientes;
➡ la imposibilidad de vender a clientes «difíciles»;
➡ el fracaso en la gestión del estrés.

En las siguientes páginas encontrará eficaces consejos prácticos para afrontar con buenos resultados estas situaciones y alcanzar de este modo un estado de ánimo positivo.

CÓMO TRANSFORMAR LOS ANTERIORES FRACASOS EN FUTURAS OPORTUNIDADES DE VENTA

EJEMPLO N.º 6
DEPENDE... (EN LA ANTIGUA CHINA)

En la antigua China, hace más de 1000 años, vivía un campesino con su hijo. Su fuente de riqueza era un campo cultivado con hortalizas y un viejo caballo. Un día el caballo desapareció de improviso. Los vecinos se acercaron al hombre y le dijeron: «¡Qué desgracia que tu único caballo haya desaparecido!». Este, tras pensar un poco, respondió: «Depende».

Unos días más tarde el caballo regresó a la granja, acompañado de un espléndido caballo salvaje. Los vecinos se acercaron al campesino y le dijeron: «¡Qué suerte, ahora posees dos caballos!», y el hombre, después de pensar un poco, respondió: «Depende».

Al día siguiente, el hijo, intentando montar el caballo salvaje, se cayó y se rompió una pierna. Los vecinos se acercaron al padre y le dijeron: «¡Qué desgracia que tu hijo no pueda ayudarte en el campo porque se ha roto una pierna!». Y el campesino, tras pensar un poco, respondió: «Depende».

Sucedió después que los soldados del rey llegaron al pueblo para reclutar a los jóvenes para una nueva guerra; el hijo del campesino fue descartado debido a su pierna rota. Los vecinos se dirigieron al padre y le dijeron: «¡Qué suerte que tu hijo no deba ir a la guerra porque se ha roto una pierna!». ¿Imagina que respondió el sabio campesino?

Esta instructiva historia, que podría continuar hasta el infinito, nos ofrece una valiosa enseñanza: cualquier hecho que sucede no es, en sí mismo, ni positivo ni negativo; lo que hace que nos guste o no es el modo en que lo enfocamos.

EJEMPLO N.º 7
DEPENDE... (EN LA EUROPA ACTUAL)

Para citar un ejemplo relacionado con el mundo de la venta, un empresario del sector del calzado se da cuenta de que pronto, por motivos de edad, deberá ceder la dirección de su empresa a uno de sus dos hijos. Para realizar la mejor elección decide enviarlos a dos lejanos países del trópico, prometiéndoles que quien haya vendido más zapatos en un mes se convertirá en su digno sucesor al frente de la empresa.

El primer hijo, tan pronto llega a su destino, observa sorprendido que todos los habitantes del lugar van descalzos. Telefonea inmediatamente al padre y le dice: «Todo el mundo va descalzo, no tenemos ninguna posibilidad de vender zapatos, así que mañana regreso a casa».

También el segundo hijo, al llegar a su destino, observa que los habitantes no utilizan zapatos. Telefonea de inmediato a su padre y le dice: «Papá, por suerte ninguno de los habitantes de este país tiene zapatos: ¡así que mándame inmediatamente una gran cantidad porque preveo realizar grandes ventas!».

He aquí cómo el mismo acontecimiento (los habitantes que no utilizan zapatos) puede ser visto por unos como una desgracia y por otros como un hecho muy positivo.

LA PNL Y EL REENCUADRE

Una de las técnicas más eficaces de la PNL es la denominada **reencuadre** *(o reestructuración).[20] Parte del supuesto de que ninguna experiencia es positiva o negativa en sí misma: todo depende del modo en que la representemos. Enmarcando de nuevo la experiencia y considerándola desde otro punto de vista, se pueden cambiar su significado y su contexto. La finalidad de este reencuadre es enviar al cerebro estímulos diferentes y más intensos que influyan positivamente en los estados de ánimo y los comportamientos vinculados con ellos.*

Gracias al reencuadre el buen vendedor consigue colocar cada hecho o acción en el contexto óptimo para alcanzar sus objetivos.

La PNL ha identificado dos tipos diferentes de reencuadre o reestructuración:

➡ reencuadre del significado de un suceso;
➡ reencuadre del contexto de un suceso.

En el primer caso, el contexto externo no cambia, sino que se reencuadra el significado del suceso. Imagine, por ejemplo, que recibe una severa crítica de su jefe porque han descendido sus ventas. Si se lo toma como una falta de confianza en su capacidad, este pensamiento puede hacerle perder la tranquilidad y serenidad en el desarrollo de su trabajo, con consecuencias negativas sobre el volumen de ventas. ¿Cómo se puede salir de este círculo vicioso?

La reestructuración del significado le puede ayudar a modificar el estado de ánimo negativo en que ha caído.

Plantéese estas preguntas:

➡ ¿Existe un marco de significado más amplio o diferente en el que el comportamiento del jefe pudiera resultar útil?
➡ ¿Qué otro significado podría tener la crítica del superior?
➡ ¿De qué otro modo puede describirse el comportamiento de su responsable?

Respondiendo a dichas preguntas reestructurará el significado de la crítica de su jefe y podrá descubrir, por ejemplo, que el jefe le critica porque confía en usted; de otro modo, hubiera podido despedirlo sin decirle nada.

Esta nueva perspectiva positiva puede proporcionarle la energía necesaria para transformar su estado de ánimo de negativo en positivo y reemprender el trabajo con nuevos ánimos y entusiasmo.

La reestructuración del contexto, en cambio, deja inalterado el significado del comportamiento, pero lo inserta en un nuevo contexto en el cual dicho comportamiento tiene un valor más positivo. Por ejemplo, si piensa que es demasiado emotivo para vender y vive esta situación como algo negativo, intente reencuadrar dicho comportamiento preguntándose:

20. R. Bandler y J. Grinder, *La ristrutturazione*, Roma, 1983.

➡ ¿En qué contexto puede resultar útil el comportamiento del que me lamento?
➡ ¿Qué contexto cambia la valoración del comportamiento?
➡ ¿Cuándo y dónde dicho comportamiento puede resultar útil?

La capacidad para reestructurar positivamente los hechos es una de las características más importantes del buen vendedor: centrándose en un significado o un contexto diferentes puede encontrar cada día el empuje necesario para desarrollar las ventas del mejor modo posible, aprovechando nuevas opciones y perspectivas.

El siguiente ejercicio, ideado por Robert Dilts,[21] le resultará de gran ayuda para reencuadrar sus anteriores fracasos. Mientras que el vendedor tradicional tiende a sepultarlos en su mente y, si alguna vez afloran, dedica todas sus energías a alejarlos, el buen vendedor sabe que de cada fracaso se puede aprender mucho para el futuro y que cualquier revés del pasado contiene en sí el germen de un próximo éxito.[22]

EJERCICIO N.° 6

CÓMO EXTRAER VALIOSAS ENSEÑANZAS DE LAS VENTAS FRACASADAS

1. Siéntese en un lugar tranquilo donde pueda trabajar sin ser molestado durante 20 minutos, relájese y piense en un anterior episodio profesional que considere un fracaso; puede ser un trato que concluyó negativamente o bien la imposibilidad de establecer contacto con un importante cliente o cualquier dificultad de relación con sus compañeros.

2. Concentre su atención en las sensaciones vinculadas con el episodio fallido y pregúntese:

   • ¿Esta sensación, considerada en sí misma, qué significado tiene?
   • ¿Cuál es la intención positiva de esta sensación?

3. Piense a continuación en qué se dijo, como diálogo interior, durante la pasada experiencia negativa y pregúntese:

   • ¿Qué mensaje positivo contiene este diálogo interior, en relación con aquel hecho?
   • ¿Qué puedo aprender de este diálogo interior?

4. Piense de nuevo en el suceso acontecido y pregúntese:

   • ¿Hay algo nuevo que podría aprender del fracaso?
   • ¿Qué perspectiva más realista podría adoptar?
   • ¿Cómo podría ampliar y enriquecer mi perspectiva?
   • ¿Qué recursos tengo a mi disposición con los que no había contado?

5. Con ayuda de la fantasía imagine en qué le gustaría transformar el fracaso: en el trato que concluye positivamente con gran satisfacción para usted y para el cliente, en

---

21. R. Dilts, *Changing belief systems with NLP*, Capitolia, (Ca), 1990.
22. Sobre la reestructuración de los fracasos de venta véase G. Granchi, «Se il KO può servire», publicado en *Investire*, abril de 2002.

el contacto con el cliente importante que no sólo se establece sino que genera grandes contratos o, incluso, en el clima de confianza y colaboración que se establece con sus compañeros. Construya esta imagen teniendo en cuenta lo que ha aprendido ahora sobre aquel fracaso, creando de este modo una conexión entre este y su objetivo (su imagen positiva sustitutiva del hecho).

6. Identifique ahora un resultado positivo que desearía alcanzar en el futuro. Esta experiencia positiva de referencia puede no estar conectada directamente con su actividad profesional (como, por ejemplo, las vacaciones del próximo verano).

7. Extraiga las submodalidades visual, auditiva y cinestésica de la experiencia positiva de referencia. Cada vez que extraiga la submodalidad de un determinado canal sensorial, apriete el puño derecho, de manera que cree un ancla cinestésica positiva. Cuanto mayor sea la sensación agradable que viva pensando en la experiencia positiva de referencia, tanto mayor será la fuerza de su mano.

8. Transforme las submodalidades de la imagen del éxito formada en el punto cinco de manera que coincidan con las de la experiencia positiva de referencia. Si la transformación de las submodalidades no se produce de forma natural, lance su ancla cinestésica positiva y el cambio se manifestará automáticamente.

El ejercicio le ofrece la posibilidad de pensar en su objetivo futuro aprovechando la experiencia negativa pasada, pero manteniendo la misma estructura de la experiencia positiva de referencia.

En conclusión, el buen vendedor no sólo no se atormenta con el recuerdo de los anteriores fracasos que haya tenido, sino que obtiene de ellos valiosas enseñanzas gracias a la técnica del reencuadre, y las utiliza, sin dudas, como nueva referencia potenciadora para alcanzar sus objetivos.

CÓMO REACCIONAR MEJOR FRENTE A LAS CRÍTICAS

En la mayor parte de textos dedicados a la venta se afirma que uno de los factores fundamentales del éxito de un vendedor es su capacidad para soportar el lastre de una palabra de tan sólo dos letras que pesa enormemente sobre los hombros de quien la recibe; esta palabra tan temida es no.

El buen vendedor es aquel que consigue encajar el mayor número de noes sin perder la motivación, encontrando en sí mismo cada vez la fuerza y la determinación necesarias para proponer el producto o servicio a un nuevo cliente.

A veces el miedo al rechazo y a la crítica del cliente puede inducir al vendedor a adoptar dos tipos de estrategias que comportan repercusiones negativas sobre su propia autoestima y salud.

El primer tipo consiste en dar siempre la razón al cliente que expresa la crítica: el vendedor evita de este modo el desencuentro directo a corto plazo, pero con toda probabilidad tendrá dificultad para gestionar la relación con el cliente a medio y largo plazo. Seguir «tragando» sin rechistar puede tener graves repercusiones sobre su propia autoestima y su salud debido a las posibles somatizaciones.

El vendedor que posee un carácter y una personalidad más fuerte, en cambio, puede elegir una segunda vía: rebatir las críticas del cliente; en este caso se preserva la autoestima, pero el reverso de la moneda está representado por un fuerte estrés y una tensión creciente.

¿Ha recibido alguna vez críticas por parte de un cliente? ¿Cómo ha reaccionado? ¿Ha adoptado una posición defensiva o ha atacado, rebatiendo punto por punto cada una de las críticas que recibía?

Antes de aprender las técnicas más eficaces de PNL para gestionar las críticas, puede resultarle útil responder a las preguntas del siguiente test.

TEST N.º 4

¿CÓMO REACCIONA FRENTE A LAS CRÍTICAS?

1. ¿Comparte el dicho «de los errores se aprende»?	SÍ (1)	NO (0)
2. ¿Cree que tiene una personalidad flexible?	SÍ (1)	NO (0)
3. ¿Se aviene con personas de carácter diferente del suyo?	SÍ (1)	NO (0)
4. ¿Tiene dificultades para mantenerse al margen de los sucesos?	SÍ (0)	NO (1)
5. ¿Se siente atraído por culturas y religiones diferentes a las suyas?	SÍ (1)	NO (0)
6. ¿Le cuesta comprender a menudo los motivos de las críticas de los clientes?	SÍ (0)	NO (1)
7. ¿Se considera una persona que sabe escuchar?	SÍ (1)	NO (0)
8. ¿Normalmente se considera mejor que aquel que tiene próximo?	SÍ (0)	NO (1)
9. ¿Le gusta el deporte de competición?	SÍ (1)	NO (0)
10. ¿Piensa con frecuencia en el pasado?	SÍ (0)	NO (1)

RESULTADO

De 7 a 10 puntos: está dotado de una gran flexibilidad mental que le permite adoptar un distanciamiento frente a las críticas. Sabe escuchar y antes de responder a la crítica se asegura de que ha comprendido verdaderamente las causas. Distingue entre las críticas constructivas y aquellas a las que no vale la pena responder.

De 4 a 6 puntos: se esfuerza por comprender los motivos de las críticas de los clientes, aunque alguna vez responde a ellas de manera demasiado impulsiva, antes de tener todos los datos. Reflexione más antes de responder e intente distanciarse de la crítica.

De 0 a 3 puntos: sufre mucho cada vez que se le critica y lo considera como un ataque a su persona. Piensa que es mejor que la mayoría de personas que le rodean y se entiende sobre todo con quienes le dan la razón. Para aprender a encajar las críticas, debe escuchar más las razones de los demás y esforzarse por comprender sus puntos de vista.

LA GESTIÓN ÓPTIMA DE LAS CRÍTICAS

En las páginas anteriores ha aprendido a gestionar mejor la voz interior, transformándola de crítica en aliada. Ahora le presentamos algunas técnicas útiles para tratar los rechazos y las críticas procedentes de los clientes. Veámoslas en orden:

➡ intención positiva de la crítica y formulación de preguntas constructivas;
➡ distinción entre crítica al producto y crítica al vendedor (círculo de la depresión);
➡ estrategia en tres fases para responder a las críticas.

INTENCIÓN POSITIVA DE LA CRÍTICA Y FORMULACIÓN DE PREGUNTAS CONSTRUCTIVAS

El primer instrumento que le ayudará a gestionar del mejor modo posible las críticas de los clientes deriva de un principio fundamental de la PNL: «Tras cada comportamiento existe una intención positiva». Se puede aprender mucho de las críticas, siempre que estas sean constructivas y no meramente destructivas.

En consecuencia, el primer paso que debemos dar consiste en descubrir cuál es la intención positiva que se esconde en la crítica, qué la motiva y la justifica en la mente del cliente.

Consideremos, por ejemplo, una típica crítica dirigida al vendedor: «Su producto/servicio es demasiado caro, no es competitivo en términos comerciales, pretende engañarme...». La pregunta que debe hacerse al cliente para extraer la intención positiva que acompaña a la crítica es: «¿Qué intenta obtener o evitar mediante esta crítica?». La respuesta del cliente podría expresarse en términos lingüísticos negativos, como por ejemplo: «Evitar malgastar el dinero»; en cualquier caso, le ofrece una pista para comprender la razón positiva que la ha motivado.

Una vez captada la intención positiva, el segundo paso consiste en transformar la formulación lingüística negativa en positiva, preguntando: «Si eso es lo que no quiere, entonces ¿qué es lo que quiere?», o bien «¿Qué ventajas obtendría si evitase malgastar el dinero?».

Estas preguntas obligan al cliente a formular la intención que sostiene su crítica en términos lingüísticos positivos.

El tercer y último paso consiste en transformar la crítica en una pregunta determinada relacionada con el «cómo»: con frecuencia este tipo de preguntas contiene la respuesta en sí misma.

Para finalizar el ejemplo, si el cliente ha transformado la frase «Evitar malgastar el dinero» en «Asegurarme de que hago una inversión conveniente», la pregunta relativa al «cómo» podría ser: «¿Cómo puede estar seguro de que mi producto no representa una inversión conveniente? Veamos juntos las ventajas...».

Gracias a esta técnica lingüística ha pasado de una crítica que parecía inapelable a una posibilidad de mostrar al cliente cómo su producto o servicio, en cambio, puede resultarle útil.

DISTINCIÓN ENTRE CRÍTICA AL PRODUCTO Y CRÍTICA AL VENDEDOR (CÍRCULO DE LA DEPRESIÓN)

Otro frecuente error de perspectiva en la valoración de las críticas es el que atañe al vendedor que, en ocasiones, tiende a considerar el rechazo al producto o servicio como si estuviera dirigido a su propia persona. Se crea de este modo en la mente del vendedor la siguiente igualdad:

rechazo del producto (servicio) = rechazo del vendedor

Aunque raramente dicha ecuación sea cierta, representa una insidiosa amenaza para la autoestima del vendedor, que se ve erosionada progresivamente por cada nuevo fracaso que experimenta.

Con el paso del tiempo puede ocurrir que el vendedor, para recibir menos rechazos, disminuya el número de visitas a los clientes, generando de este modo una reducción de los ingresos que contribuye a la depresión.

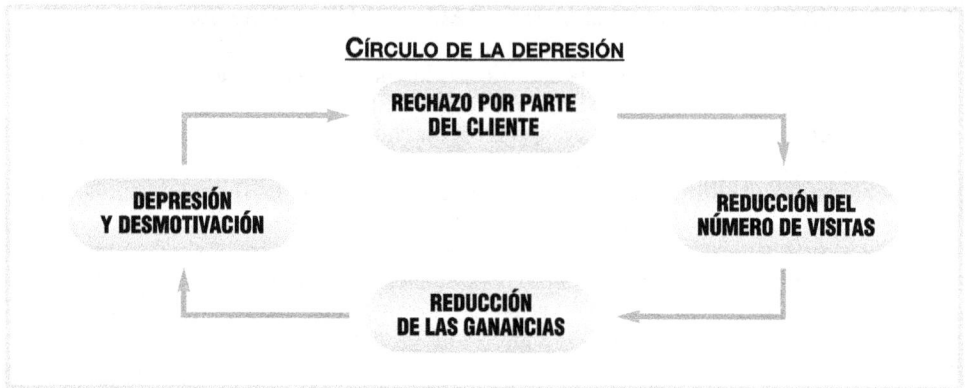

ESTRATEGIA EN TRES FASES PARA RESPONDER A LAS CRÍTICAS

¿Qué se puede hacer, por tanto, para interrumpir este círculo vicioso que amenaza a buena parte de los vendedores? Le proponemos un ejercicio que presenta una estrategia estructurada en tres fases eficaz para responder a las críticas:

⇒ fase 1: escuchar atentamente las críticas;
⇒ fase 2: valorar con objetividad dichas críticas;
⇒ fase 3: decidir cómo responder de acuerdo con los propios objetivos.

EJERCICIO AVANZADO N.º 5

REDUCCIÓN DEL IMPACTO EMOTIVO DE LAS CRÍTICAS

1. Siéntese en un lugar tranquilo donde pueda trabajar sin ser molestado durante 30 minutos, relájese y piense en un episodio de su vida profesional en el que haya experimentado una gran satisfacción y seguridad en sí mismo: puede ser un contrato importante firmado con un nuevo cliente o bien haber logrado el primer puesto en la clasificación de vendedor del mes o un elogio recibido de su jefe. Asóciese plenamente al recuerdo, reviviendo por completo las emociones positivas a él vinculadas. Para recordar mejor puede transformar la imagen interna del episodio haciéndola mayor y más luminosa y acercándola o bien puede utilizar otros cambios de las submodalidades críticas. Cuando alcance el punto de máxima emotividad, lance un ancla personal que le permita revivir en pocos segundos el estado de ánimo, satisfacción y confianza en sí mismo. Si en el curso del ejercicio, mientras piensa en las críticas de los clientes, experimentase el estado de ánimo negativo vinculado a ellas, podrá interrumpirlo, lanzar el ancla positiva y volver a sentirse mejor.

2. Piense ahora en el episodio en el que recibió una crítica por parte de un cliente. Si cuando accede al recuerdo le vienen a la mente más «diapositivas», imagine que las coloca en fila hasta obtener una película (en movimiento).

3. Imagine ahora que está cómodamente sentado en la primera fila del cine y que ve proyectada sobre la pantalla la película del episodio en el que recibió la crítica, sólo que en su lugar esta vez no está usted, sino «su imagen», rodeada por una sólida

campana de vidrio. Las críticas del cliente chocan contra la campana y «su imagen» dispone de tiempo para comprender la auténtica motivación del comportamiento del cliente.

4. Si le faltan datos, «su imagen» puede plantear al cliente todas las preguntas necesarias para llegar a comprender completamente la crítica desde su punto de vista.

5. Compare ahora su recuerdo del episodio de la crítica con los datos obtenidos desde la perspectiva del cliente. ¿Ambas versiones coinciden o son diferentes? ¿En qué se diferencian principalmente? ¿Existe algún dato que se le había escapado? ¿Qué puede aprender, de cara al futuro, de las críticas anteriores?

6. Gracias a la comparación de las dos versiones del episodio obtendrá todos los datos necesarios para decidir cómo responder a las críticas del cliente. Por ejemplo, podría darse cuenta de que:

   • se equivocó completamente y, en su mente, pedirá excusas al cliente;
   • no había comprendido el auténtico motivo de la crítica del cliente y adoptó un comportamiento en parte erróneo; en este caso, ofrezca al cliente nuevos datos que le ayuden a comprender las razones de su comportamiento;
   • la crítica del cliente era únicamente destructiva y decidirá de este modo no dedicarle más tiempo y energía.

7. Una vez establecido cómo reaccionar, imagínese en el futuro en una situación similar de reproche utilizando diferentes comportamientos: en vez de sufrir por la crítica imprevista, podrá adoptar casi de inmediato un comportamiento más constructivo. Esta proyección en el futuro sirve para programar su cerebro en otra dirección, donde tendrá a su disposición automáticamente nuevos comportamientos para afrontar de manera positiva las posibles críticas.

8. Repita varias veces los siete puntos anteriores con otros ejemplos de crítica —no necesariamente en el ámbito profesional— que haya recibido en el pasado o que piense que puede sufrir en el futuro: esto le ayudará a familiarizarse con el procedimiento hasta que se automatice. Con la experiencia logrará plantear las preguntas adecuadas a quien le critica en el mismo momento de la discusión y podrá aclarar de inmediato cualquier posible incomprensión.

9. El procedimiento finaliza incorporando a «su imagen» la nueva estrategia aprendida de respuesta a las críticas. Mientras imagina que está sentado cómodamente en la primera fila del cine, rompa mentalmente la campana de cristal que ha protegido a «su imagen» y tómese el tiempo necesario para abrazarla y convertirla a todos los efectos en parte suya. Todo aquello que ha aprendido será puesto de inmediato a su disposición para afrontar de manera constructiva las posibles críticas futuras.

CÓMO TRATAR CON CLIENTES «DIFÍCILES»

Además de las críticas, otro aspecto de la profesión que asusta a muchos vendedores es el trato con clientes considerados «difíciles» ¿A cuántos clientes ha enjuiciado negativamente, a pesar de haberlos tratado sólo unos pocos minutos?

Las estadísticas confirman que cuantos más clientes visite, tanto mayor será la probabilidad de encontrar uno difícil, con el que tal vez no logre establecer una relación humana y profesional.

La mayor parte de los textos tradicionales sobre técnicas de venta han venido sosteniendo que las dificultades de este tipo están vinculadas principalmente al precio del producto o servicio.

La PNL, en cambio, presta especial atención a los aspectos de la relación durante la negociación y pone en evidencia que a menudo la dificultad en la relación vendedor-cliente se debe a divergencias de carácter.

Únicamente el vendedor que se esfuerza plenamente en comprender el mapa del mundo de su cliente puede llegar a establecer una relación duradera con él, prescindiendo de las diferencias de carácter.

El instrumento de PNL que ayuda al profesional de la venta a identificar las exigencias del cliente son las posiciones perceptivas.

LAS POSICIONES PERCEPTIVAS

Mientras que el vendedor tradicional que se encuentra con un cliente difícil intenta evitarlo o le atribuye el motivo de los problemas de relación, el buen vendedor intenta colocarse, al menos por un momento, en la piel del cliente y, antes de catalogarlo sin dudar como «difícil», se esfuerza por adoptar su punto de vista.

Partamos del supuesto de que en cualquier relación es posible identificar cuatro puntos de vista diferentes, que denominaremos *posiciones perceptivas*.[23]

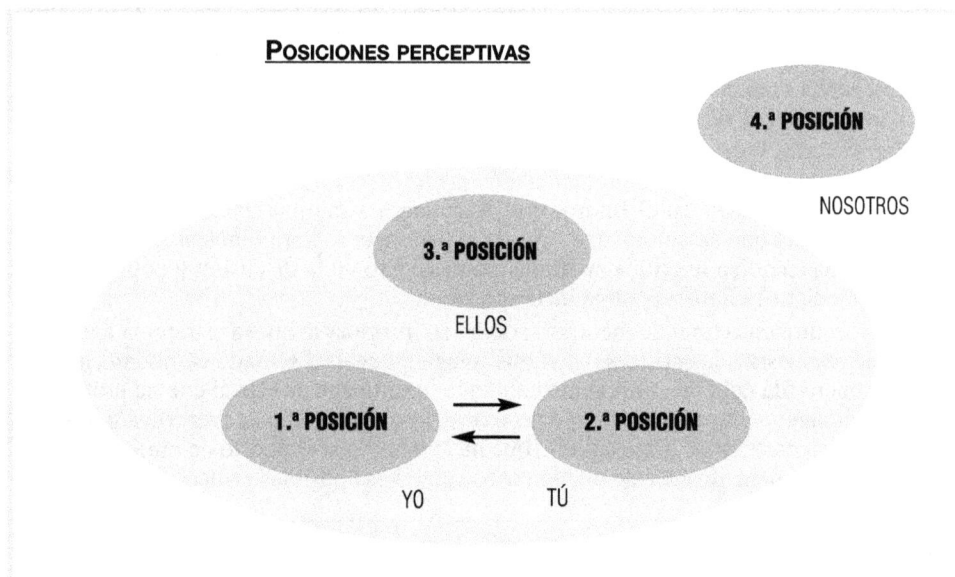

POSICIONES PERCEPTIVAS

4.ª POSICIÓN

NOSOTROS

3.ª POSICIÓN

ELLOS

1.ª POSICIÓN → ← 2.ª POSICIÓN

YO   TÚ

Se define como posición perceptiva a una determinada perspectiva o punto de vista desde el cual un individuo percibe una situación o una relación.

La PNL ha identificado cuatro posiciones perceptivas diferentes.

23. R. Dilts y J. DeLozier, «The evolution of perceptual positions», publicado en *Anchorpoint*, Estados Unidos, septiembre de 1998.

PRIMERA POSICIÓN (UNO MISMO)

Se aborda una situación o una relación desde el propio punto de vista. En dicha posición se está completamente asociado al propio cuerpo y al propio mapa del mundo. Desde el punto de vista lingüístico, se utiliza el término «yo».

SEGUNDA POSICIÓN (LOS OTROS)

Se aborda una situación o una relación a través del punto de vista de otro (por ejemplo, del cliente). En dicha posición, se está completamente disociado del propio cuerpo y asociado a la perspectiva del interlocutor. Desde el punto de vista lingüístico, se utiliza el término «tú».

TERCERA POSICIÓN (EL OBSERVADOR)

Se aborda una situación o una relación entre el vendedor y el cliente a partir de la perspectiva de un observador neutral. En dicha posición se está completamente disociado tanto del propio cuerpo como de la perspectiva del interlocutor, como si no se participase de la acción. Desde el punto de vista lingüístico, se utiliza el término «ellos».

CUARTA POSICIÓN (EL SISTEMA)

Se aborda una situación o una relación desde el punto de vista de un sistema más general en el que los interlocutores (por ejemplo, el vendedor y el cliente) actúan. Esta cuarta posición es ideal para poder realizar un eficaz control ecológico que tenga en cuenta las relaciones entre las tres posiciones perceptivas anteriores. Desde el punto de vista lingüístico, se utiliza el término «nosotros».

Si se está preguntando cuál es la mejor posición perceptiva, la respuesta es que cada una de ellas presenta frente a las otras ventajas e inconvenientes. El vendedor que pasa la mayor parte de su tiempo en la primera posición tendrá muy presente sus propios objetivos y exigencias, pero le costará comprender las necesidades del cliente. Dichas necesidades, en cambio, serán comprendidas por el vendedor que dé preferencia a la segunda posición, pero el reverso de la moneda está representado por el hecho de que puede verse demasiado influido por el cliente en el curso de la negociación. El vendedor que da preferencia a la tercera posición conseguirá buenos resultados en las situaciones de estrés, pero dará la impresión de estar poco implicado en el trato. Finalmente, el vendedor concentrado sólo en la perspectiva del sistema general podrá captar las relaciones desde un punto de vista más amplio, pero resultará demasiado abstracto y poco funcional.

La figura tradicional del vendedor se centra principalmente en la primera posición; esto puede llevarle a pensar: «Lo único importante son mis convicciones y mi resultado económico; mi producto es mejor que el de la competencia; mi objetivo consiste en hacérselo comprender al cliente. ¡Si lo comprende, bien! En caso contrario, la culpa no es mía; ¡es una persona difícil que sólo me hace perder el tiempo!».

El buen vendedor, en cambio, se esfuerza, además de por presentar con coherencia su producto o servicio, por ponerse en la piel del cliente, para descubrir junto con su interlocutor que lo que le propone es útil y ventajoso para él. Una vez hecho esto, el profesional de la venta valora, desde el punto de vista del sistema (cuarta posición perceptiva), que la compra del cliente tenga consecuencias positivas también en otros ámbitos.

ERRORES QUE DEBEN EVITARSE

Los principales errores que deben evitarse son:

⇒ no tener en consideración el punto de vista del cliente;
⇒ no pensar que el cliente tiene su propio punto de vista;
⇒ considerar irrelevante o incluso equivocada la perspectiva del cliente.

Para evitar cometer estos errores, que pueden impedir establecer una correcta relación con el cliente, puede realizar el siguiente ejercicio. Imagine que acaba de encontrar a un nuevo cliente, con el que le ha resultado difícil entablar una relación humana y profesional. Naturalmente podría intentar atribuirle la culpa de lo sucedido, absolviéndose de cualquier responsabilidad. Intente realizar con especial atención el ejercicio sobre la segunda posición perceptiva, y quizá se sorprenda con lo que descubrirá.

EJERCICIO N.º 7

LA SEGUNDA POSICIÓN PERCEPTIVA

1. Siéntese en un lugar tranquilo donde pueda trabajar sin ser molestado durante 20 minutos, relaje el cuerpo y la mente. Coloque frente a usted una silla vacía: será un ancla espacial que representará el punto de vista del cliente.
2. Reviva de manera asociada una cita poco productiva con un cliente, concentrándose sólo en su propio punto de vista.

   • ¿Qué ha visto?
   • ¿Qué ha oído o ha dicho?
   • ¿Qué sensaciones ha experimentado?

- ¿Qué ha sido importante para usted?
- ¿Cómo se ha comportado?
- ¿Qué postura ha adoptado?
- ¿Cómo ha sido su respiración durante la entrevista con el cliente?

3. Tómese todo el tiempo necesario para reconstruir con detalle el encuentro con el cliente «difícil», pero sólo desde su punto de vista.
4. Cuando haya terminado su reconstrucción, levántese y siéntese en la silla que representa al cliente.
5. Tómese el tiempo necesario para reconstruir el episodio mirándose a sí mismo sólo desde el punto de vista del cliente:

- ¿A qué velocidad ha hablado?
- ¿Ha dejado hablar al cliente?
- ¿Ha dejado que el cliente explicase sus necesidades?
- ¿Ha respondido a sus preguntas?
- ¿Qué tono ha empleado?
- ¿Cuál ha sido su postura? ¿Y la respiración?
- ¿Cuál ha sido su comportamiento: agresivo o a la defensiva? ¿Aburrido y distraído?

6. Una vez reconstruido con detalle el punto de vista del cliente, puede obtener valiosas informaciones imaginando por un momento que está en su lugar y preguntándose:

- ¿En qué contexto y ambiente profesional trabaja como cliente?
- ¿Qué comportamiento lleva a cabo y qué acciones desempeña mientras trabaja?
- ¿Qué capacidades necesita para operar eficazmente en su entorno?
- ¿Cuáles son sus creencias más importantes y sus valores más profundos?
- ¿Qué opinión tengo de usted mismo? ¿Qué tipo de persona es?
- ¿Qué hay más allá de su persona y su trabajo que considere importante? ¿Qué visión tiene del mundo?

Naturalmente, mientras está sentado en la silla del cliente y responde a estas preguntas no es el vendedor, sino que debe hacer suyo, utilizando su imaginación, el mapa del mundo de su interlocutor, hasta identificarse momentáneamente con él.

7. Una vez finalizado dicho proceso de identificación, levántese y regrese a su silla. Asuma de nuevo la primera posición perceptiva, que ahora estará complementada con las informaciones que habrá recogido al adoptar el punto de vista del cliente. En este momento pregúntese:

- ¿Cómo ha cambiado su punto de vista ahora que ha asumido la posición perceptiva del cliente?
- ¿Qué ha aprendido?
- ¿Cómo se ha ampliado y enriquecido su perspectiva?
- ¿Qué ha descubierto?

Cuando, durante los cursos destinados a los vendedores, los participantes realizan el ejercicio sobre la segunda posición perceptiva, la mayor parte de las veces, al llegar al punto cinco, ya se han dado cuenta de los errores que han cometido y son capaces de modificar su estrategia comunicativa.

Sucede entonces que durante los días posteriores muchos vendedores explican que han ido a encontrarse de nuevo con clientes que antes consideraban «difíciles» y, adoptando la segunda posición perceptiva, han logrado nuevos contratos.

En conclusión, cuanto más se esfuerce en asumir la segunda posición, tanto más profundamente llegará a comprender el mapa del mundo de sus clientes: será capaz de esta manera de exponer su producto o servicio sobre la base de sus necesidades y deseos más auténticos.

CÓMO TRANSFORMAR EL ESTRÉS DE PELIGROSO ENEMIGO EN VALIOSO ALIADO

Entre los temores más comunes de los vendedores, además de las críticas y del miedo a afrontar a clientes «difíciles», se encuentra la dificultad para controlar el estrés del ritmo desenfrenado de la vida urbana.[24] La mayor parte de los medios de comunicación, cuando buscan un adjetivo que describa la sociedad actual, recurren al término *estresada*: parece que casi ningún segmento de la población logra estar a salvo de esta enfermedad de la modernidad. Obviamente, también les sucede lo mismo a los vendedores, que, además, según rigurosas investigaciones médicas, son una de las categorías que se halla en mayor situación de riesgo. La continua lucha por alcanzar objetivos comerciales cada vez más ambiciosos, la presión de la competencia, las discusiones con clientes y compañeros o las ingentes horas pasadas en el coche en atascos son situaciones que viven diariamente muchos vendedores. A estas les acompaña a menudo un estilo de vida poco saludable (tabaco, comidas frugales o descuidadas, alguna copa de más) que puede representar ciertamente una seria amenaza para su tranquilidad y su salud.

¿Qué relación tiene con el estrés? ¿Se considera una víctima o consigue limitar los efectos negativos? Para responder a estas preguntas es necesario explicar, en primer lugar, que existen dos tipos de estrés: el positivo y el negativo. Si el estrés permanece por debajo del nivel de tolerancia, será el mejor instrumento para afrontar las presiones a las que se vea sometido. En cambio, si supera el nivel de tolerancia, será perjudicial y podrá tener serias repercusiones sobre su salud.

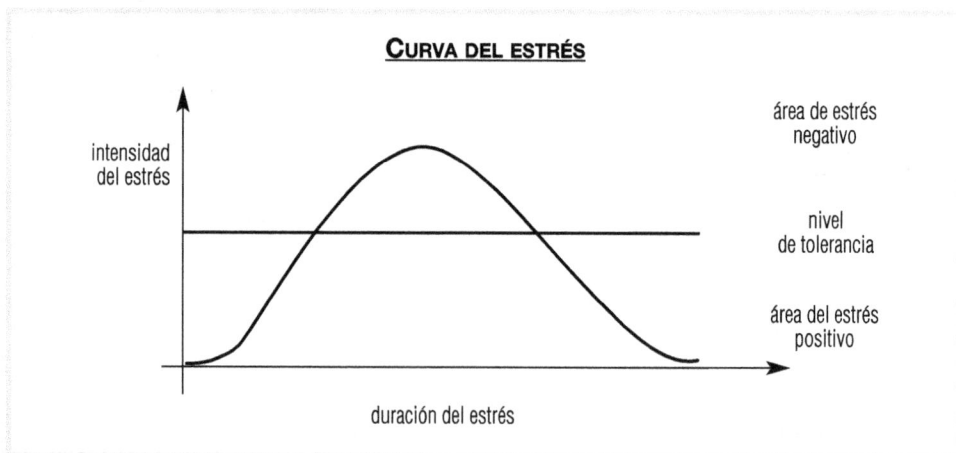

CURVA DEL ESTRÉS

intensidad
del estrés

área de estrés
negativo

nivel
de tolerancia

área del estrés
positivo

duración del estrés

La técnica de PNL más eficaz para cambiar la perspectiva sobre el estrés es la disociación, que le permite observarse a sí mismo en una situación estresante, pero consigue que

---

24. Sobre la gestión del estrés véase R. Rossi, *I consigli dello psicologo per gestire lo stress*, De Vecchi, Milán, 1999.

la aborde con tranquilidad, actuando como un observador no involucrado. Mientras el vendedor tradicional, en cuanto aparece estrés, intenta eliminarlo repitiéndose que está bien y que no está estresado, el buen vendedor da por supuesto que el estrés forma parte de la profesión, e intenta reencuadrarlo para transformarlo de peligroso enemigo en valioso aliado.

En primer lugar, póngase en la cuarta posición perceptiva y pregúntese: «¿Cómo influye en su sistema-individuo el hecho o la persona que le producen estrés?». En algunos casos, situándose en el punto de vista más amplio del sistema y aumentando la perspectiva, podrá darse cuenta de que una dosis tolerable de estrés puede ser incluso saludable. La adrenalina que producen las situaciones de estrés moderado es una poderosa sustancia que le permite ser más eficaz y productivo. En la venta, como ya sabe, existen momentos en los que ir a una mayor velocidad puede marcar la diferencia. No obstante, incluso el motor más potente y eficaz corre el riesgo de fundirse si se le exige demasiado: si percibe, desde la perspectiva de la cuarta posición, que la situación de estrés se prolonga y se siente casi intoxicado, puede realizar el siguiente ejercicio, que le ayudará a reducir el efecto negativo del estrés sobre su vida.

EJERCICIO N.º 8

USO DE LA TERCERA POSICIÓN PERCEPTIVA PARA REDUCIR EL ESTRÉS

Imagine que ha tenido una intensa discusión con un compañero o con su jefe que ha finalizado en desacuerdo. Aunque hayan pasado algunos días, cada vez que piensa en el episodio le invade el mal humor, y esto afecta a su jornada causándole estrés.

1. Siéntese en un lugar tranquilo donde pueda trabajar sin ser molestado durante unos 10 minutos. Relaje el cuerpo y la mente. Recuerde la discusión y observe cómo probablemente el hecho de revivirla desde la primera posición (desde su punto de vista) le genera estrés. Esto sucede porque, con toda probabilidad, considera el episodio desde una perspectiva asociada que le hace revivir las sensaciones negativas que están vinculadas al hecho.
2. Imagine a continuación que adopta la posición de un observador externo, una persona que estaba de paso mientras se desarrollaba la disputa y que no conocía a las personas que discutían. Los observa, los escucha por primera vez en su vida y le invade la curiosidad. Si esto le parece difícil, imagine que dispone de un pequeño monitor en el que puede ver las imágenes de la discusión.
3. Describa lo que sucede utilizando la tercera persona: «Él (refiriéndose a usted mismo) está diciendo que tiene razón, mientras que la otra persona opina que se ha equivocado. Ambos hablan en voz alta y gesticulan». Preste especial atención a la interacción entre las dos personas involucradas en la discusión y observe qué palabras, gestos o comportamientos de cada uno de ellos suscitan las reacciones más negativas del otro. ¿Qué puede aprender desde la perspectiva de la tercera posición? ¿Qué emociones experimenta como observador neutral?
4. Observe cómo al describir la situación desde el punto de vista de un observador neutral se atenúan inmediatamente las emociones negativas y se reduce notablemente el estrés. En situaciones de estrés no demasiado intenso, la simple disociación puede ser un eficaz instrumento para reducir las sensaciones negativas. Alienándose y adoptando con frecuencia la tercera posición perceptiva, logrará disociarse mientras el hecho sucede; de este modo podrá adoptar un comportamiento más controlado y positivo para afrontar el estrés.

La lectura de este capítulo y los ejercicios prácticos desarrollados le han ayudado a adquirir una serie de capacidades esenciales para todo buen vendedor: transformar los fracasos comerciales en futuras ocasiones de venta, afrontar con mentalidad positiva las críticas y a los clientes «difíciles» y controlar con eficacia las situaciones de estrés relacionadas con la venta.

Su viaje a través de los niveles neurológicos alcanza en el próximo capítulo una etapa muy importante: las creencias del vendedor.

PALABRAS CLAVE

➤ reencuadre (o reestructuración) del significado o del contexto
➤ gestión de las críticas
➤ intención positiva de las críticas
➤ círculo de la depresión
➤ las cuatro posiciones perceptivas
➤ curva del estrés

PREGUNTAS Y RESPUESTAS

P: ¿Qué es el reencuadre o reestructuración?
R: Es un instrumento de la PNL que permite al vendedor considerar cualquier hecho con un significado y en un contexto positivos.

P: ¿Cómo puedo aprender de mis anteriores fracasos comerciales?
R: Una de las aplicaciones del reencuadre más útiles para el vendedor consiste en considerar los anteriores fracasos de venta no como errores personales, sino como valiosas ocasiones para aprender algo nuevo.

P: ¿Cómo se puede reaccionar de una manera constructiva frente a las críticas del cliente?
R: La mejor estrategia para afrontar de manera constructiva las críticas consiste, en primer lugar, en comprender la intención positiva. A continuación, es necesario plantear preguntas constructivas al cliente y prestar especial atención a sus respuestas. Sólo tras haber recogido el mayor número de datos sobre el punto de vista de este, seremos capaces de elaborar la mejor respuesta.

P: ¿Qué son las posiciones perceptivas?
R: Son cuatro especiales puntos de vista desde los cuales puede considerarse cualquier situación o relación.

P: ¿Cómo se utilizan las posiciones perceptivas en la venta?
R: Poniéndose en la segunda posición perceptiva el vendedor puede comprender plenamente las exigencias y necesidades más profundas del cliente, consiguiendo vender incluso a los clientes considerados «difíciles». En casos de situaciones de estrés no demasiado intenso, el vendedor que utiliza la tercera posición perceptiva puede alcanzar, en poco tiempo, una mayor serenidad.

Capítulo 6

LAS CREENCIAS DEL VENDEDOR

QUÉ APRENDERÁ EN ESTE CAPÍTULO

• Cómo utilizar sus creencias para aumentar las ventas.
• Cómo transformar sus creencias incapacitantes en capacitadoras.
• Cómo conseguir hacer suyas las creencias de los mejores vendedores del mundo.

¿ES ÁGUILA O POLLO?

EJEMPLO N.º 8
EL ÁGUILA Y EL POLLO

Un muchacho, hijo de un campesino, durante un paseo por la montaña, encontró entre las rocas un huevo de águila. Al regresar a la granja, lo puso en el nido de una gallina. El huevo eclosionó al mismo tiempo que los de la nidada y el aguilucho creció junto con los otros pollitos.

Durante toda su vida el águila se comportó exactamente igual que los pollos en el corral. Rascaba el suelo buscando gusanos e insectos, cacareaba y picoteaba, batía las alas alzándose del suelo sólo algunos centímetros.

Pasaron los años y el águila envejeció. Un día vio en el cielo azul una espléndida ave que planeaba majestuosa, sostenida por las corrientes de aire, batiendo apenas sus fuertes alas. La vieja águila alzó la mirada sorprendida.

—¿Quién es? —preguntó.

—Es el águila, ¡la reina de las aves! —respondió un pollo que estaba a su lado—. Es parte del cielo, mientras que nosotros lo somos de la tierra.

De este modo el águila vivió y murió como un pollo porque pensaba que era uno de ellos.[25]

---

25. A. De Mello, *Messaggio per un'aquila che si crede un pollo*, Casale Monferrato, 1995.

ETAPAS DEL VIAJE

ENTORNO

CONDUCTA

CAPACIDAD

está aquí ━━━▶ CREENCIAS

VALORES

IDENTIDAD

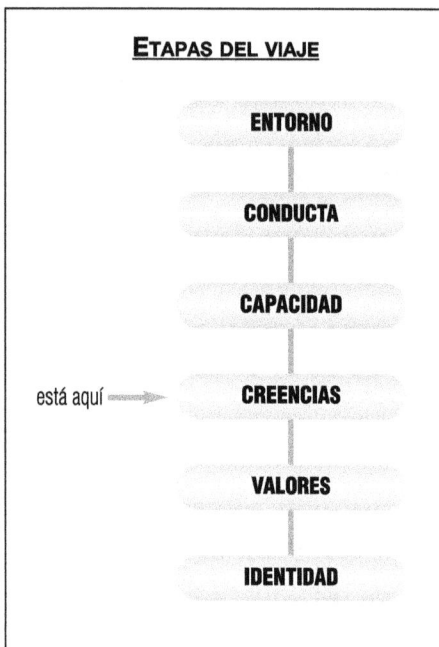

En el capítulo 5 ha aprendido a aplicar las técnicas de PNL más eficaces para afrontar un peligroso enemigo del vendedor: los estados de ánimo negativos. En este capítulo se enfrentará a otro terrible adversario potencial: las creencias limitadoras.

¿Cómo piensa desarrollar con profesionalidad su actividad de venta si, mientras describe el producto al cliente, cree que este no está interesado y que no lo comprará nunca? Esta creencia influirá negativamente en la calidad de sus argumentos y se transformará en una profecía que se acabará cumpliendo: ¡con toda probabilidad el cliente no comprará!

¿En qué ocasiones sus creencias limitadoras le han supuesto desde el inicio una especie de «autosabotaje» que le ha impedido alcanzar sus objetivos? En definitiva, ¿cuántas veces ha actuado como el águila que, creyendo que era un pollo, se comportaba como tal?

Un proverbio americano dice: «Puedes, si crees que puedes». Si no cree que pueda alcanzar su meta, dejando aparte las dificultades objetivas, no será capaz de lograrlo: usted mismo será el primer responsable del fracaso. Son muchos los ejemplos, incluso fuera del ámbito de la venta, de individuos que han alcanzado resultados ambiciosos o que otros consideraban imposibles porque estaban apoyados por una inquebrantable fe en lo que hacían; cuando todas las circunstancias parecían ponerse en contra, la confianza en sus creencias les ayudó a superar cualquier dificultad.

Las creencias desmotivadoras constituyen un peligroso enemigo de cualquier vendedor. Creer desde el principio que no será capaz, por ejemplo, de cerrar un trato o considerarse un profesional de escaso valor son convicciones que ya de por sí predisponen a un estado de ánimo negativo de resignación. El objetivo de este capítulo consiste en ofrecerle algunas técnicas de PNL para transformar, si fuera necesario, sus creencias incapacitantes en capacitadoras, alineándolas con sus objetivos de venta.

LAS CREENCIAS: QUÉ SON Y CÓMO SURGEN

¿Qué son las creencias y cómo se forman?

Las creencias son aquello que cada individuo considera verdadero o falso. Son, por tanto, las principales guías que influyen en el comportamiento.

La PNL ha estudiado profundamente las creencias[26] y las divide en tres categorías diferentes:

26. R. Dilts, T. Hallbom y S. Smith, *Convinzioni. Forme di pensiero che plasmano la nostra esistenza*, Roma, 1998.

➡ **opiniones:** son certezas temporales que pueden cambiar fácilmente, simples impresiones que se basan en pocas referencias. Son las más fáciles de cambiar;

➡ **auténticas creencias:** tienen una base de referencia más estable que las opiniones y a menudo una connotación de tipo emocional. Las personas con convicciones enraizadas tienen un elevado nivel de certeza y difícilmente están dispuestas a aceptar nuevos datos que contradigan sus creencias. En muchos casos sólo un hecho traumático puede influir sobre ellas;

➡ **supercreencias (o valores):** tienen una intensidad emocional tal que el individuo no acepta que sean puestas en discusión. Modificar los propios valores a menudo significa poner en juego la identidad misma de la persona.

¿Cómo se forman las creencias? Los expertos en PNL han clasificado las fuentes de las creencias en cuatro tipos:

➡ **hechos:** representan aquello que nos sucede a nosotros o que les sucede a los demás;

➡ **acciones:** son aquello que hacemos o que hemos hecho en el pasado e incluye los resultados obtenidos;

➡ **entorno:** representa el contexto cultural en el que hemos vivido y la influencia que otras personas (padres, escuela, amigos) han ejercido sobre nosotros; lo que estudiamos y aprendemos durante nuestra vida contribuye notablemente a la generación de nuevas creencias;

➡ **imaginación:** representa todo aquello que creemos internamente con la mente.

No existen creencias «buenas» o «malas» en sentido absoluto: la PNL distingue entre creencias capacitadoras (que nos aproximan a nuestros objetivos) y creencias incapacitantes (que nos apartan de ellos).

Piense, como ejemplo de creencia capacitadora, en aquello que se define en medicina como efecto placebo.

En un conocido experimento hospitalario a un grupo de enfermos de úlcera los médicos les suministraron medicamentos diciéndoles que estas se aliviarían inmediatamente sus dolores.

A un segundo grupo de enfermos los médicos les comunicaron que el fármaco suministrado estaba todavía en fase de experimentación y que se desconocían, por tanto, los resultados que se podían conseguir.

Aunque a ambos grupos en realidad se les suministró una pastilla de agua y azúcar, los resultados fueron sorprendentes: el 70% de los enfermos del primer grupo confirmaron haber experimentado una mejora tras la ingestión del fármaco, mientras que el 75% del segundo grupo declaró que no sólo no había sentido mejora, sino que incluso alguno opinaba que su salud había empeorado.

Siendo idéntico el fármaco administrado, lo que determinó la diferente respuesta fueron las creencias de los pacientes.

SUS CREENCIAS

Si las creencias influyen tan profundamente sobre el comportamiento, permitiendo acceder a los recursos personales más ocultos, debería preguntarse sobre cuáles son sus creencias más enraizadas en el ámbito profesional.

Antes de responder, tómese el tiempo necesario para reflexionar sobre las siguientes cuestiones.

EJERCICIO N.° 9

SUS CREENCIAS

1. ¿Qué cree sobre la actividad de venta?
   Creo que la venta es...
2. ¿Qué aspecto de su producto cree que es positivo?
   Creo que el producto o servicio que vendo es...
3. ¿Qué opina sobre su empresa?
   Creo que la empresa en la que trabajo es...
4. ¿Qué convicciones tiene sobre el mercado en el que opera?
   Creo que el mercado en el que trabajo es...
5. ¿Qué opinión le merece la competencia?
   Creo que la competencia a la que me enfrento es...
6. ¿Qué piensa de sus clientes?
   Creo que mis clientes son...
7. ¿Cómo se considera como vendedor?
   Creo que, como vendedor, soy...

Después de responder a estas preguntas, seguramente habrá alcanzado mayor conciencia sobre las creencias más profundas en torno a su profesión. El siguiente paso consiste en comprobar si dichas creencias son capacitadoras o incapacitantes.

Suponga que comparte la siguiente afirmación: «¡El buen vendedor nace, no se hace!». Esta creencia en sí misma, como cualquier otra, no es positiva ni negativa, pero atribuye exclusivamente a un factor genético la capacidad de ser buen vendedor. Si se considera buen vendedor por naturaleza, esta creencia será capacitadora y le ayudará a motivarse cada vez más. En cambio, si no piensa haber nacido vendedor, ¡la creencia será incapacitante, porque saboteará cualquier intento de mejora!

Para cada una de sus creencias podrá, por tanto, preguntarse: «¿Esta creencia es funcional y me acerca a mis objetivos profesionales?». Si la respuesta es positiva, refuerce la creencia capacitadora concentrándose sobre otros hechos o acciones que la confirmen. En cambio, si la respuesta es negativa, el siguiente ejercicio le ayudará a transformar sus creencias incapacitantes en capacitadoras.

EJERCICIO N.° 10

TRANSFORMAR LAS CREENCIAS INCAPACITANTES EN CREENCIAS CAPACITADORAS

1. Siéntese en un lugar tranquilo donde pueda trabajar sin ser molestado durante 30 minutos como mínimo.
2. Divida una hoja en dos columnas y escriba en la parte izquierda sus creencias incapacitantes: por ejemplo, «¡El buen vendedor nace, no se hace!».
3. En la parte derecha de la hoja escriba al menos tres elementos que formen parte de la creencia incapacitante, por ejemplo:

   • el nombre de un compañero que, gracias a un carácter extrovertido, factura más que usted, aunque conoce el producto mucho menos;
   • confirmaciones procedentes de su familia o de conocidos y amigos;

- el título de un artículo publicado en un periódico que aboga por la predisposición genética del vendedor.

4. Reconsidere estos elementos, observándolos desde diferentes puntos de vista: busque excepciones y contraejemplos de la creencia.
5. Escriba a continuación la creencia capacitadora sustitutiva, por ejemplo: «¡Cualquier vendedor, gracias a un trabajo constante y a una intensa motivación, puede mejorar su facturación!».
6. Establezca para la creencia capacitadora sustitutiva al menos tres elementos integrantes, por ejemplo:

- el nombre de un compañero al que le ha costado adaptarse al trabajo, pero que, tras haber asistido a un curso de venta, ha mejorado sus resultados y la opinión de sí mismo;
- la referencia a una entrevista de uno de los mejores vendedores de su sector que ha explicado cómo al inicio de su carrera tuvo que afrontar muchas frustraciones;
- el título de un buen libro sobre venta que ha leído recientemente y que le ha ofrecido interesantes sugerencias sobre cómo mejorar su trato con el cliente.

7. Piense ahora en cómo la creencia capacitadora sustitutiva puede generar en usted un nuevo comportamiento positivo. Pregúntese: «Si adoptase con convicción la nueva creencia capacitadora, ¿cómo me comportaría?».
8. Con ayuda de su imaginación, véase a sí mismo (disociado) actuando de acuerdo con la nueva creencia. Para facilitar la visualización puede:

- recordar un comportamiento similar que hubiera dado buenos resultados;
- imaginar a alguien que conoce que se comporta de un modo eficaz gracias a alguna nueva creencia capacitadora.

9. Nuevamente con ayuda de la imaginación, sumérjase en la imagen del nuevo comportamiento que ha creado y siéntala de manera asociada. Tómese el tiempo necesario para disfrutar plenamente de las sensaciones que experimenta mientras adopta este nuevo comportamiento.
10. Compare las sensaciones que experimenta y las sensaciones que le produjo en el pasado algún comportamiento con buenos resultados.
11. Si las sensaciones positivas son similares, el ejercicio habrá resultado al primer intento; asuma entonces la nueva creencia capacitadora. En cambio, si la sensación que experimenta mientras imagina que lleva a cabo el nuevo comportamiento es menos positiva que la emoción que le ofreció un anterior éxito, observe esta discrepancia e intégrela en la imagen construida del nuevo comportamiento. Repita el procedimiento desde el inicio, hasta alcanzar su objetivo.

Repitiendo varias veces este ejercicio, con la práctica logrará modificar rápidamente sus creencias incapacitantes de manera armónica y coordinada con el resto de su conjunto de creencias.

LAS CREENCIAS DE LOS SUPERVENDEDORES

Muchos investigadores de la comunicación, en especial norteamericanos, han entrevistado a miles de vendedores capaces de lograr un excepcional volumen de ventas para intentar comprender sus secretos más ocultos.

En este sentido, sin lugar a dudas, ha desempeñado un importante papel el sistema de creencias de estos supervendedores.

Prescindiendo del ámbito comercial que abordan, estos estudios han puesto de relieve que existen algunas creencias comunes, denominadas *creencias del éxito*, que los mejores vendedores comparten; estos utilizan la energía para mejorar cada día su capacidad profesional.

LAS CREENCIAS DEL ÉXITO

➡ Cada vendedor dispone en su interior de todos los recursos necesarios para alcanzar las metas, por muy ambiciosas que sean: ¡todo ser humano es único e irrepetible y guarda en su interior increíbles capacidades! ¿Qué le diferencia a usted de los demás vendedores? ¿Cuáles son los puntos fuertes de su carácter? ¿En qué es mejor? La mayor parte de los ejercicios de este libro tienen como objetivo hacerle descubrir sus propias capacidades ocultas.

➡ Se puede aprender mucho de los éxitos, pero todavía más de los fracasos: disfrute de sus éxitos profesionales, pero analice y aprenda también de los tratos que no finalizaron como hubiera querido. Los mejores vendedores saben extraer valiosas enseñanzas de cualquier trato.

➡ El éxito no dura si no está secundado por el trabajo constante del vendedor. La venta presenta muchas analogías con la agricultura: ¡sólo una buena siembra puede garantizar una abundante cosecha! El trabajo diario y el empeño constante por comprender las exigencias del cliente son las mejores garantías para un futuro profesional lleno de satisfacciones.

➡ El entusiasmo del vendedor y su motivación pueden lograr resultados increíbles: sólo el vendedor que adopta el estado de ánimo más productivo puede presentar con eficacia su producto o servicio al cliente. Entre los estados de ánimo positivos, el entusiasmo y la motivación desempeñan un papel determinante en el buen resultado de cualquier trato.

➡ Los clientes son el mejor recurso y patrimonio del vendedor: no haga distinciones entre clientes más o menos importantes. Dedique la misma atención y cuidado a todos ellos: ¡el pequeño cliente de hoy puede convertirse en su mayor fuente de ingresos el día de mañana!

➡ No existen clientes «difíciles», sino vendedores rígidos: una de las características más importantes del vendedor de mucho éxito es su flexibilidad en el acercamiento y trato con el cliente. Cuando percibe que su mensaje no es plenamente comprendido, el profesional de la venta modifica la estrategia comunicativa para alcanzar su objetivo.

➡ Los mejores vendedores también son grandes comunicadores: el conocimiento profundo de las características del producto o servicio ciertamente es importante, pero por sí solo no garantiza el éxito de la venta. Conviene dedicar tiempo y energía a aprender los secretos de la comunicación eficaz, y sus negocios se verán increíblemente beneficiados.

➡ La mejor venta es la que se hará mañana: los vendedores más hábiles lo son porque no se duermen en los laureles; están satisfechos con las ventas presentes, pero constantemente buscan las nuevas oportunidades que el futuro les reserva.

➡ Ningún hecho, nada de lo que nos sucede es completamente positivo o negativo: todo depende de nuestra interpretación. El buen vendedor considera cualquier hecho desde la perspectiva de los objetivos que se ha prefijado y se pregunta cómo podrá aproximarle a su meta.

Durante la lectura de este capítulo ha tomado conciencia de sus creencias más enraizadas y las ha clasificado en capacitadoras e incapacitantes. Gracias a los ejercicios incluidos en las páginas anteriores, ahora es capaz de transformar sus creencias incapacitantes en capacitadoras, tomando prestadas aquellas que comparten los más hábiles vendedores del mundo. Asumir las convicciones de los profesionales más eficaces de la venta aportará entusiasmo y determinación a sus presentaciones. Ha llegado el momento de conocer el gran poder y la influencia que los valores tienen para dirigir la vida de cualquier individuo. Este será el tema del siguiente capítulo.

PALABRAS CLAVE

➥ opiniones, creencias y supercreencias (valores)
➥ creencias capacitadoras e incapacitantes
➥ las fuentes de las creencias
➥ las creencias del vendedor
➥ transformación de las creencias incapacitantes en capacitadoras
➥ las creencias del éxito

PREGUNTAS Y RESPUESTAS

P: ¿Qué son las creencias?
R: Son las principales guías que indican lo que cada individuo considera verdadero o falso.

P: ¿Cómo nacen las creencias?
R: La educación recibida y el contexto en que se vive determinan en buena parte las creencias de cada persona. Lo que sucede y los resultados de las acciones de cada persona contribuyen a la formación de nuevas convicciones.

P: ¿Todas las creencias son iguales?
R: No, algunas son simples opiniones y pueden cambiar fácilmente. En cambio, otras son tan importantes y están tan profundamente enraizadas en la persona que es muy difícil cambiarlas.

P: ¿Las creencias del vendedor influyen sobre las ventas?
R: Sí, cada creencia del vendedor tiene una influencia directa sobre sus capacidades y comportamiento. La transformación de las creencias incapacitantes en capacitadoras es un instrumento muy útil que ayuda al vendedor a incrementar las ventas.

P: ¿Se pueden cambiar las creencias?
R: Sí, aunque el cambio de una creencia debe armonizarse con el conjunto de creencias del individuo.

P: ¿Qué son las creencias del éxito?
R: Son las convicciones básicas del éxito de los mejores vendedores del mundo. Representan, para cada vendedor que las hace suyas, una poderosa fuente de energía y motivación.

Capítulo 7

QUÉ CONSIDERA IMPORTANTE

Qué aprenderá en este capítulo

- Cómo identificar sus valores más importantes.
- Cómo ordenarlos jerárquicamente.
- Cómo extraer los criterios de satisfacción de sus valores.
- Cómo añadir nuevos criterios para la satisfacción de sus valores más profundos.
- Cómo identificar los estados de ánimo negativos que desea evitar.
- Cómo comprobar la alineación entre sus valores y los de la empresa en la que trabaja.

Etapas del viaje

ENTORNO

CONDUCTA

CAPACIDAD

CREENCIAS

está aquí ⟶ VALORES

IDENTIDAD

Como hemos visto en el capítulo anterior, algunas creencias son tan importantes para el individuo que reciben el nombre de supercreencias o valores. ¿Qué son los valores? ¿Por qué es importante que el vendedor conozca sus valores más profundos?

Todas sus decisiones y acciones, desde las más insignificantes hasta las más transcendentes, están influidas por sus valores personales, que responden a la pregunta: «¿Qué es realmente importante para usted?».

A pesar de determinar todos nuestros comportamientos, la mayor parte de los valores permanecen en el nivel inconsciente y a menudo no conocemos la razón por la que actuamos de un determinado modo; simplemente sentimos, en nuestro interior, que debemos comportarnos así.

El vendedor que no tiene demasiado claros sus propios valores puede ser víctima de un insidioso estado de ánimo negativo: la crisis de identidad.

Los ejercicios de este capítulo intentan sacar a la luz sus valores y disponerlos en un correcto orden jerárquico. Una vez hecho esto, podrá conocer los criterios de satisfacción, para poder alinear sus valores con los de la empresa para la que trabaja.

LAS FUENTES DE LOS VALORES Y DE LOS VALORES DE REFERENCIA

De manera similar a las creencias, los valores nacen de los hechos ocurridos, de las acciones realizadas, de los resultados obtenidos y del entorno en el que se vive. En la formación de los valores influyen especialmente la familia, los amigos, la educación recibida y la enseñanza religiosa. Piense, por ejemplo, en cómo abrazar un determinado credo religioso puede influir sobre la formación de los valores.

Los valores más profundos se encuentran en la base de cualquier decisión que se toma a lo largo de la vida: la elección de los amigos, de la pareja, del partido político, de las aficiones o del deporte preferido. Un individuo que tiene entre sus valores más importantes el reconocimiento por parte de los demás con mucha probabilidad apreciará y practicará los deportes de equipo. Obviamente la elección del trabajo no escapa a esta influencia: el vendedor que desea desarrollar de la mejor manera posible su profesión sabe que dicha tarea depende de sus valores más profundos. Uno de los ejercicios más importantes incluidos en este libro es el relativo a la extracción de los valores. No conocer los propios valores es como emprender un viaje por mar sin consultar ninguna carta de navegación: ¡el viaje está abocado al fracaso, porque no hay ninguna posibilidad de identificar el puerto de destino! Gracias al siguiente test, conocerá cuáles son sus valores y comprenderá las razones de su comportamiento en el pasado y el presente con objeto de planificar un futuro mejor.

TEST N.º 5		
¿CONOCE SUS VALORES?		
1. ¿Dedica bastante tiempo a hacer las cosas que le gustan?	SÍ (1)	NO (0)
2. ¿Los sucesos escapan a menudo a su control?	SÍ (0)	NO (1)
3. ¿Mantiene sus opiniones aunque sean contrarias a las de los demás?	SÍ (1)	NO (0)
4. ¿Se siente satisfecho con su vida?	SÍ (1)	NO (0)
5. ¿Sabe cuál es su objetivo en la vida?	SÍ (1)	NO (0)
6. ¿Piensa que a menudo son los demás quienes controlan su vida?	SÍ (0)	NO (1)
7. ¿Está a menudo con personas que no le agradan?	SÍ (0)	NO (1)
8. ¿Cultiva suficientemente su lado espiritual?	SÍ (1)	NO (0)
9. ¿Hace lo imposible para que las cosas que considera importantes tengan preferencia?	SÍ (1)	NO (0)
10. ¿Tiene una definición personal de la felicidad?	SÍ (1)	NO (0)

RESULTADO

De 9 a 10 puntos: conoce muy bien sus valores e intenta darles preferencia en su vida. Para respetar sus prioridades, no duda, si es necesario, en adoptar posiciones contrarias a las de quienes están a su lado. No obstante, debería esforzarse por escuchar con más atención los consejos de las personas que le quieren.

(continúa)

(continuación)

De 4 a 8 puntos: sabe qué es importante para usted, pero no siempre consigue obtenerlo. Muchas veces acepta el compromiso, pero lo considera como una derrota personal. Intente atribuir a sus valores más importantes criterios de satisfacción más flexibles.

De 0 a 3 puntos: su vida es caótica; desperdicia la mayor parte del tiempo en actividades y con personas que no le gustan. Debe averiguar qué desea en realidad y ordenar jerárquicamente sus valores. Los ejercicios de este capítulo le serán de gran ayuda para comprender qué es lo que considera realmente importante.

Si el resultado del test ha evidenciado su dificultad para reconocer sus valores personales, el siguiente ejercicio le ayudará a encontrar las respuestas que busca.

EJERCICIO N.º 11

LA EXTRACCIÓN DE LOS VALORES PERSONALES

1. Siéntese en un lugar tranquilo donde no sea molestado durante 30 minutos como mínimo. Relaje progresivamente el cuerpo y la mente.
2. Escriba en una hoja de papel las respuestas a estas preguntas:

   • ¿Cuáles son los tres elementos que le ayudan a desempeñar bien su actividad de venta?
   • ¿Por qué considera importantes estos tres elementos?
   • ¿Cuáles son los tres aspectos que más le gustan de su trabajo como vendedor?
   • ¿Por qué los considera importantes?
   • Cuando deje la venta, ¿qué le gustaría haber alcanzado?
   • ¿Cómo pueden ayudarle las cosas que le gustan de la venta a alcanzar sus objetivos?

Al finalizar este ejercicio debería haber escrito sobre la hoja un cierto número de valores que considera importantes en el trabajo; a continuación encontrará un listado de los más comunes extraídos durante nuestros cursos.

VALORES DE REFERENCIA: ALGUNOS EJEMPLOS

amor	superioridad	salud
respeto	sinceridad	independencia
amistad	orgullo	capacidad
crecimiento	diversión	creatividad
mejora	ambición	realización
generosidad	fama	gratitud
libertad	intimidad	honestidad
aventura	poder	inteligencia
seguridad	comodidad	reafirmación
fidelidad	pasión	solidaridad
cultura	éxtasis	atracción

Para algunos vendedores los valores principales podrán ser la libertad de acción y la posibilidad de influir sobre las decisiones de la empresa; otros preferirán, en cambio, el desafío y la posibilidad de poder ascender rápidamente. Un tercer grupo de vendedores aprecian la posibilidad de trabajar en una empresa prestigiosa, renunciando incluso a algún porcentaje sobre sus comisiones.

No todos los valores tendrán para usted la misma importancia: considerará algunos insustituibles, pero otros serán menos importantes. La segunda fase del ejercicio tiene la finalidad de establecer el orden jerárquico de los valores.

EJERCICIO N.º 12

LA JERARQUÍA DE VALORES

1. Elija tres episodios importantes de su trabajo como vendedor; escriba sobre una hoja algunas palabras o frases clave que resuman cada experiencia, contestando las siguientes preguntas:

   • ¿Qué ha ganado con dichas experiencias?
   • ¿Qué sentimientos y emociones experimenta cuando piensa en ellas?
   • ¿Qué enseñanzas valiosas ha extraído?

2. Examine ahora cada palabra clave o frase y pregúntese: ¿por qué son importantes?
3. Al finalizar el ejercicio es probable que sobre la hoja haya escrito de diez a quince palabras, algunas de las cuales aparecerán más de una vez: concéntrese en ellas y seleccione las cinco más importantes.
4. Compare los dos primeros valores de la lista, eligiendo el más importante. Pase al tercer valor y compárelo con el que resultó «victorioso» en el enfrentamiento entre los dos primeros. Al final habrá obtenido el valor más importante. Actúe de igual modo con los demás valores. Al final del ejercicio, dispondrá de los cinco valores más importantes dispuestos en orden jerárquico.

   Suponga, por ejemplo, que los cinco valores más importantes extraídos de sus experiencias de venta más significativas son:

   • respeto por parte de los demás;
   • creatividad;
   • diversión;
   • coherencia;
   • poder.

   Comience el ejercicio preguntándose: «Entre el respeto de los demás y mi creatividad, ¿qué considero más importante? ¿A qué no puedo renunciar?».
   Imagínese que la respuesta es: «Al respeto de los demás».
   Pregúntese ahora: «Entre el respeto de los demás y la diversión, ¿qué considero más importante? ¿Aceptaría ser menos querido por mis compañeros en beneficio de una mayor diversión en mi actividad como vendedor?».
   Imagine que responde: «Prefiero el respeto de los demás».
   Pregúntese entonces: «Entre el respeto de los demás y la coherencia personal, ¿qué considero más importante? Si para lograr el respeto de los demás tuviese que renunciar a mi coherencia, ¿qué elegiría?».

(continúa)

(continuación)

Imagine que responde: «La coherencia».

Pregúntese por último: «Si estuviese en lo alto de una torre y tuviese que elegir entre arrojar al vacío mi coherencia o el poder personal, ¿qué elegiría?».

Si su respuesta es que lanzaría el poder personal, significa que el valor más alto en su escala jerárquica es la coherencia. Deje a un lado este valor y repita este ejercicio con los cuatro valores restantes hasta determinar sin ninguna duda la escala jerárquica que los ordene todos. Cuanto más se aproxime a sus valores más profundos, tanto más difícil será la elección entre ellos: aunque pueda resultar complejo y requiera una profunda reflexión, esfuércese en definir una escala jerárquica exacta de sus valores.

Acaba de extraer y ordenar jerárquicamente sus cinco valores más importantes relacionados con su profesión: si reflexiona, es probable que dichos valores sean considerados por usted como estratégicos también en otros ámbitos de la vida, más allá del ámbito profesional.

En realidad, los valores más profundos son transversales, en el sentido de que influyen de manera determinante en la mayor parte de los contextos de la vida. Precisamente, por este motivo para el buen vendedor es imprescindible ser consciente de aquello que guía su existencia por completo.

¿EL DINERO ES UN VALOR?

Cuando los participantes en nuestros cursos realizan el ejercicio sobre la extracción de los valores, muy a menudo incluyen la palabra dinero entre ellos. Probablemente encontrará que también ocupa un lugar preferencial en su lista de valores más importantes en el ámbito profesional.

En la vida de cualquier trabajador y especialmente en la del vendedor, que normalmente es retribuido a comisión, la importancia del aspecto económico es a menudo considerable.

A pesar de ello, muchas investigaciones de expertos en motivación evidencian que el papel del dinero, sobre todo utilizado como único incentivo para desarrollar mejor el trabajo, en realidad está cambiando.

Mientras que un trabajo mal pagado es a menudo causa de desmotivación, para muchos vendedores recibir más dinero no significa necesariamente trabajar con mayor entusiasmo. Tienen más importancia, por ejemplo, el producto o servicio que venden, el tipo de cliente y las relaciones con los compañeros.

Son muchos los vendedores que, satisfechos con sus ganancias, renuncian a emprender una nueva actividad mejor retribuida, pero que no satisface otros valores importantes como, por ejemplo, trabajar con un equipo consolidado en un mercado en continua evolución que permite encontrar otros estímulos.

Entonces ¿el dinero puede ser considerado un valor? En realidad, más que un valor en sí, es más bien un medio que puede ayudar a satisfacer otros valores. Pregúntese: «¿Por qué es importante ganar más dinero?». Seguridad económica, tranquilidad, independencia y reconocimiento social son algunos ejemplos de valores que podría pensar en obtener ganando más.

También es cierto que, en caso necesario, el dinero le puede ayudar a aclarar las ideas sobre los valores profesionales que considera más importantes.

EJERCICIO N.° 13

EL VALOR DEL DINERO

Intente responder a las siguientes preguntas:

1. Si tuviese que desarrollar su trabajo en un contexto profesional en el que sus cinco valores más importantes no se están viendo satisfechos, ¿qué aumento de las comisiones le parece que debería pedir? Cuanto mayor sea este aumento, tanto más importantes serán para usted los valores: ¡podría descubrir incluso que algunos valores no tienen precio!
2. Para sentirse económicamente tranquilo y seguro, ¿qué cantidad cree que debería ganar en un año?
3. ¿Cuál es la diferencia económica entre esta suma que plantea y la que gana realmente en la actualidad?
4. Si existe alguna diferencia, el trabajo que desempeña actualmente ¿qué valores satisface (que sean para usted más importantes que la seguridad económica)?
5. Si le ofreciesen el trabajo de sus sueños con los mismos ingresos anuales, pero pudiese negociar un aumento, ¿de cuánto sería?
6. Si el trabajo de sus sueños supusiese un contrato fijo de permanencia durante cinco años, ¿el aumento que pediría sería el mismo o pasaría a ser significativamente diferente? Si el aumento cambiara debido a la cláusula de permanencia durante esos cinco años, es muy probable que el valor libertad sea para usted uno de los más importantes.
7. Si le ofreciesen, en cambio, un trabajo menos interesante que el actual, con la misma remuneración económica que la que está obteniendo ahora, pero pudiese negociar un aumento, ¿de cuánto sería?
8. ¿Qué aumento de sueldo podría convencerle para aceptar un trabajo que no le interesa ni apasiona?

Por tanto, aunque el dinero en sí no debe ser considerado propiamente un valor, puede representar un parámetro muy útil para poder comprender qué es más importante para usted en su trabajo.

También puede construir su jerarquía de valores preguntándose cuánto dinero querría recibir por renunciar a cada uno de sus cinco valores más importantes.

Cuanto mayor sea la suma planteada, más alta será la posición de dicho valor en la escala jerárquica.

ESTADOS DE ÁNIMO NEGATIVOS: ¿DE QUÉ QUIERE ALEJARSE?

Una vez definidos y ordenados los valores que guían su vida, es igualmente importante determinar de forma inequívoca qué estados de ánimo negativos representan un obstáculo para alcanzar aquello que considera más importante.[27] El siguiente ejercicio puede ofrecerle valiosas indicaciones al respecto.

---

27. Para profundizar véase A. Robbins, *Come migliorare il proprio stato mentale, fisico, finanziario*, Milán, 1994.

EJERCICIO N.º 14

IDENTIFICACIÓN DE LOS ESTADOS DE ÁNIMO NEGATIVOS

1. Escriba una lista de los cinco estados de ánimo negativos que querría evitar porque los considera un obstáculo para la venta. Por ejemplo:

   - rechazo por parte de los clientes;
   - frustración causada por una venta perdida;
   - soledad;
   - rabia;
   - desmotivación.

2. Ordene jerárquicamente estos estados de ánimo preguntándose: «¿Cuál de ellos querría evitar a toda costa?». Establezca una gradación decreciente.
3. Pregúntese a continuación: «¿Qué debe suceder para que no experimente el estado de ánimo negativo X?». ¿En qué situaciones cotidianas de su trabajo, por ejemplo, no experimenta rabia o soledad o desmotivación?
4. Identifique el mayor número posible de situaciones de la vida diaria en las que no experimente los cinco estados de ánimo negativos.

CRITERIOS DE SATISFACCIÓN DE LOS VALORES: USTED FIJA LAS REGLAS

Una vez que sabe qué estado de ánimo quiere evitar, ha extraído los cinco valores más importantes y los ha ordenado jerárquicamente, dispondrá de una lista de palabras abstractas que en PNL reciben el nombre de *nominalizaciones*. Desde el punto de vista lingüístico, las nominalizaciones son transformaciones de un verbo dinámico en un sustantivo estático: por ejemplo, el valor «respeto» es la nominalización del verbo respetar. La nominalización, en su carácter estático, comporta un notable grado de indeterminación de significado. Piense, por ejemplo, en dos vendedores que, después de realizar el anterior ejercicio de extracción de los valores, hayan situado en el primer lugar en la escala jerárquica el valor «respeto».

En un primer análisis se podría pensar que, teniendo el mismo valor en el primer puesto, lo entiendan de manera similar. Si pregunta a cada uno de ellos: «¿Qué entiende exactamente por respeto?», podría recibir paradójicamente dos respuestas diferentes. El primer vendedor podría responderle que el respeto es para él ser reconocido como superior por los demás vendedores mientras que el segundo podría identificarlo con el aprecio de los compañeros de trabajo.

En realidad los valores expresados por las nominalizaciones son como recipientes vacíos que deben ser colmados, para ser comprendidos, por los criterios de satisfacción.

La pregunta fundamental para la extracción de los criterios de satisfacción es: «¿Qué debe suceder para que sepa que el valor X ha sido satisfecho plenamente?». En el caso del respeto, podría preguntar: «¿Qué debe suceder para que sienta que soy plenamente respetado?». Al responder esta pregunta aflorarán los criterios de satisfacción del valor, es decir, las reglas que deben respetarse para que el valor se materialice. Mientras el valor expresado con la nominalización se sitúa en un nivel más abstracto, el criterio representa la regla práctica que determina el grado de satisfacción del valor en la vida diaria.

La PNL distingue dos tipos diferentes de criterios.

CRITERIOS RÍGIDOS

Para que el valor X sea satisfecho debe suceder A y B y C; por ejemplo, un vendedor se siente plenamente respetado si:

⇒ los clientes lo consideran un profesional preparado;
⇒ el producto o servicio que propone está bien situado en el mercado;
⇒ los compañeros lo consideran un modelo a imitar.

Si faltan requisitos, aunque sólo sea uno, dicho vendedor no se sentirá respetado.

CRITERIOS EQUIVALENTES

Para que el valor X sea satisfecho debe suceder A o B o C; por ejemplo, para que un segundo vendedor se sienta plenamente respetado es necesario que:

⇒ su jefe lo considere una persona seria y preparada, o bien
⇒ sepa trabajar de modo profesional.

Una vez que haya examinado de qué tipo son sus criterios, estará preparado para desarrollar el siguiente ejercicio.

EJERCICIO N.º 15

EXTRACCIÓN DE LOS CRITERIOS DE SATISFACCIÓN

1. Siéntese en un lugar tranquilo donde pueda trabajar sin ser molestado durante al menos 15 minutos. Relaje progresivamente su cuerpo y su mente.
2. Repase su lista de valores y para cada uno de ellos pregúntese: «¿Qué debe suceder para que este valor se satisfaga plenamente?».
3. Tómese el tiempo necesario para escribir junto a cada valor las reglas que deben respetarse, comprobando si los criterios son rígidos o flexibles.

LAS MEJORES REGLAS PARA ARRUINARSE LA VIDA: MODO DE EMPLEO

El camino que conduce con toda seguridad a la infelicidad es actuar siempre en contra de los valores más profundos: esta lucha extenuante genera un sentido de inadaptación y lleva, en los casos más extremos, a una auténtica crisis de identidad.

COSAS QUE NO DEBEN HACERSE

Si desea «arruinarse la vida», las reglas son muy sencillas:

⇒ establezca para cada valor criterios muy rígidos y complicados que impidan en la práctica la materialización del valor;

➡ busque criterios rígidos que no pueda controlar: el vendedor del ejemplo anterior subordina la satisfacción del valor *respeto* a la regla de que sean sus clientes y sus compañeros quienes deban considerarlo una persona respetable. Esta doble expectativa, sobre la que el vendedor no tiene ningún control directo, implica pocas posibilidades para satisfacer el valor;

➡ establezca pocas y complicadas reglas para sentirse bien y muchas reglas fáciles para experimentar estados de ánimo que considere extremadamente negativos.

Si sigue estas indicaciones, esté seguro de que vivirá su vida de la peor manera posible, continuamente insatisfecho y desgarrado por dudas e incertidumbres: no se asombre cuando todo esto se refleje de manera exponencial en su volumen de ventas, su estado de ánimo y su salud.

COSAS QUE DEBE HACER

Si decide establecer sus reglas de manera productiva y tomar las riendas de su vida, simplemente debe seguir estas tres reglas:

➡ comprobar, para cada valor, si los criterios son rígidos o elásticos;
➡ en caso de criterios rígidos, asegurarse de que no sean demasiado difíciles de cumplir y de que no escapen a su control directo. Si es así, amplíe los criterios y hágalos más fáciles de controlar;
➡ establecer muchas reglas simples para encontrarse bien y pocas y difíciles reglas para experimentar estados de ánimo negativos.

Para finalizar, cuando establezca las reglas, tenga siempre presente este simple consejo: para satisfacer sus valores debe escoger criterios equivalentes, fáciles de colmar y que pueda tener en la medida de lo posible bajo control. ¡Sólo de este modo podrá experimentar plenamente la energía y la satisfacción que surgen de vivir cada día en armonía con lo que considera importante!

LOS VALORES EMPRESARIALES Y LOS VALORES DEL VENDEDOR

Las empresas, al igual que los individuos, tienen valores que desarrollan a lo largo de su presencia en el mercado.[28] Estos valores pueden ser explícitos, porque, por ejemplo, se dan a conocer al público a través de los mensajes publicitarios, o implícitos, caso en que no se expresan claramente, pero en realidad todos los miembros de la empresa los conocen.

¿Se ha preguntado alguna vez cuáles son los valores de la empresa para la que trabaja? ¿Y los criterios de satisfacción? Para profundizar en estos aspectos puede utilizar la analogía: cuando piensa en la empresa para la que trabaja, ¿qué símil le viene en primer lugar a la mente?, ¿un dinosaurio?, ¿un gigante con pies de barro?, ¿un circo?, ¿una torre de marfil?, ¿un equipo deportivo?, ¿una familia acogedora? Una vez hallada la analogía que mejor refleje la percepción que tiene de su empresa, responda las siguientes preguntas, para las cuales, naturalmente, no existe una respuesta correcta o equivocada:

---

28. Para profundizar véase I. McDermott y J. O'Connor, *Practical NLP for managers*, Londres, 1996.

⇒ Su empresa es como...
⇒ Trabajar en su empresa es como...
⇒ Un ascenso en su empresa es como...
⇒ Su actividad de venta es como...
⇒ ¿Cuáles son las implicaciones de estas analogías?

Una vez que haya extraído los valores de su empresa y los criterios de satisfacción correspondientes, contrástelos con sus propios valores y criterios. Es probable que la situación se parezca a alguna de las que se analizan a continuación.

1. PERFECTA COINCIDENCIA ENTRE SUS VALORES Y LOS DE SU EMPRESA

En este caso, la alineación de sus valores y los que caracterizan a su empresa le infundirá un ánimo y una carga de energía que quedarán reflejados en todos los aspectos realtivos a su actividad profesional.

2. SÓLO ALGUNOS DE SUS VALORES MÁS IMPORTANTES COINCIDEN CON LOS DE LA EMPRESA

A veces, aun encontrándose sustancialmente bien trabajando en la empresa, no está plenamente de acuerdo con la línea adoptada por la dirección.
Si esto ocurre en pocas ocasiones, puede repetir el ejercicio con el fin de incrementar la flexibilidad de sus criterios e intentar añadir reglas más elásticas para satisfacer sus propios valores.

3. A MENUDO SE ENCUENTRA EN DESACUERDO CON LAS DIRECTIVAS ESTABLECIDAS POR LA EMPRESA

Piense, por ejemplo, en el caso de un vendedor que tenga entre sus valores fundamentales la confianza del cliente y que trabaja en una empresa cuyo valor más importante es el beneficio a toda costa, por lo que no dedica ninguna atención a la fase de postventa. Es probable que dicho enfrentamiento de valores sumerja al vendedor en estados de ánimo muy negativos, como la desmotivación, la rabia y la frustración. ¿Cómo se puede desarrollar tranquilamente la actividad de venta si se experimentan permanentemente emociones tan incapacitantes?
En este caso, si aun estableciendo una mayor flexibilidad de criterios no logra armonizar sus valores con los de su empresa, podría considerar seriamente la posibilidad de cambiar de empresa.

En conclusión, un conflicto irresoluble de valores genera una gran cantidad de estrés e insatisfacción personal; conocer los propios valores permite disponer de una información valiosa para tomar las decisiones que mejor concuerden con las propias expectativas profesionales.
Una vez que sea consciente de su jerarquía de valores y de los criterios necesarios para su satisfacción, estará preparado para explorar un aspecto más profundo de su personalidad: la identidad personal. La percepción que tiene de sí mismo será el tema del próximo capítulo.

PALABRAS CLAVE

➡ valores personales: definición y fuentes
➡ jerarquía de valores
➡ valores negativos: los estados de ánimo incapacitantes
➡ criterios de satisfacción de los valores
➡ criterios rígidos y criterios equivalentes
➡ alineación entre los valores del vendedor y los empresariales

PREGUNTAS Y RESPUESTAS

P: ¿Por qué los valores son tan importantes para cada individuo?
R: Porque influyen, a menudo de manera inconsciente, sobre todas las elecciones y decisiones de la vida.

P: ¿Puede un vendedor desarrollar su profesión del mejor modo posible si no tiene presentes sus valores más importantes?
R: No, porque los valores influyen sobre sus creencias, capacidades, acciones y comportamientos. Aunque dicha influencia a menudo es inconsciente, la toma de conciencia de los valores es un instrumento muy eficaz para mejorar la capacidad de venta.

P: ¿Por qué resulta útil establecer la jerarquía de los valores?
R: No todos los valores son considerados por el vendedor del mismo modo. Sólo aquellos que considera insustituibles influyen de manera determinante sobre todos los aspectos de su vida.

P: ¿Qué son los valores negativos?
R: Son los estados de ánimo incapacitantes que toda persona desea evitar por completo. Una vez que el vendedor establece la jerarquía de sus valores más importantes, es también útil que defina con precisión las emociones que no desea experimentar.

P: ¿Qué son los criterios de satisfacción de los valores?
R: Son las reglas prácticas que deben respetarse para que el valor sea satisfecho. La pregunta de extracción es: «¿Qué debe suceder para que el valor X se satisfaga plenamente?».

P: ¿Qué diferencia existe entre criterios rígidos y equivalentes?
R: Si la satisfacción de los valores se subordina a criterios muy rígidos, difícilmente será realizable. En cambio, los criterios equivalentes hacen que la satisfacción de los valores sea mucho más probable.

CAPÍTULO 8

IDENTIDAD Y ALINEACIÓN DE LOS NIVELES NEUROLÓGICOS

QUÉ APRENDERÁ EN ESTE CAPÍTULO

- Cómo determinar su identidad.
- Cómo construir una visión y una misión individuales.
- Cómo alinear su misión y la de la empresa en la que trabaja.
- Cómo alinear los niveles neurológicos y obtener la congruencia de los estados de ánimo más productivos.
- Cómo alinear los niveles neurológicos y alcanzar sus objetivos más importantes.

ETAPAS DEL VIAJE

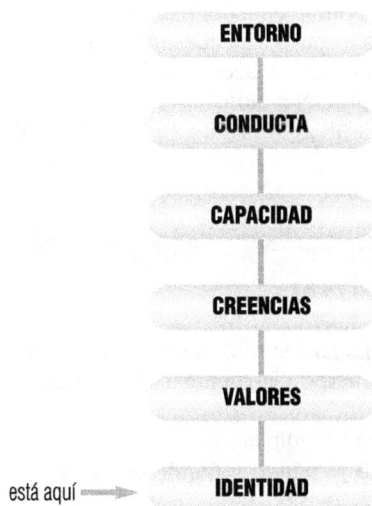

ENTORNO

CONDUCTA

CAPACIDAD

CREENCIAS

VALORES

está aquí ➡ IDENTIDAD

¿CÓMO ES COMO VENDEDOR?

Si ha tenido dificultades para extraer sus valores más profundos, con toda probabilidad se sentirá perdido al tener que responder a esta fatídica pregunta. Los participantes en nuestros cursos que han profundizado en el conocimiento de los anteriores niveles neurológicos, frente a la pregunta sobre su identidad, a menudo ofrecen respuestas vagas y evasivas. El motivo suele tener una triple explicación: por una parte, muchos vendedores normalmente no se han planteado nunca la pregunta sobre su identidad y, por tanto, tienen dificultades para responder sin una adecuada reflexión. Otros, en cambio, se han planteado la pregunta, pero temen descubrir que no tienen las ideas claras al respecto. Por último, otros se han hecho la pregunta y han respondido, pero lo que han descubierto sobre sí mismos no les convence y, por tanto, prefieren ignorarlo. El buen vendedor, en cambio, sabe que la percepción que tiene de sí mismo influye sobre sus valores y creencias, que a su vez determinan las capacidades y comportamientos que utiliza cada día cuando se dirige a encontrar a los clientes. El conocimiento de este aspecto le lleva a invertir sus recursos y el tiempo necesario para dilucidar del modo más completo posible cuál es su visión y su misión.

Llegar a definir con la mayor precisión posible su visión y misión es el objetivo de los ejercicios incluidos en este capítulo, con el que finaliza su viaje a través de los niveles neurológicos.

LA VISIÓN Y LA MISIÓN INDIVIDUAL DEL VENDEDOR

La visión, que opera sobre un nivel abstracto, representa el escenario futuro en el que quiere o piensa moverse. La pregunta de extracción de la visión es:

¿En qué escenario profesional se imagina dentro de dos, tres... X años?

La misión, en cambio, actúa sobre un nivel más concreto y representa el papel que desea desempeñar en el futuro dibujado por la visión. La pregunta de extracción de la misión es:

¿Cuál es el camino que ha decidido recorrer en su vida?,
¿qué quiere hacer en este mundo?

Utilizando la analogía de un viaje en coche, puede considerar la visión como la meta del viaje, la misión como el camino más adecuado para llegar a la meta y los valores como la gasolina que alimenta el motor de su vehículo.

valores + misión = visión

Una vez aclarados los conceptos de visión y misión individual, puede utilizar estos datos para responder a la fatídica pregunta: «¿Quién es como vendedor?». A diferencia de la mayor parte de vendedores que se sienten incómodos frente a esta cuestión, el profesional de la venta considera extremadamente importante la pregunta acerca de la identidad y la percepción de sí mismo, y dedica a la respuesta una gran atención.

Si usted, lector, considera esencial responder a la pregunta sobre su identidad, podrá resultarle de gran ayuda el siguiente ejercicio.

EJERCICIO N.º 16

LA IDENTIDAD PERSONAL

1. Siéntese en un lugar tranquilo donde pueda trabajar sin ser molestado durante 30 minutos como mínimo. Relaje progresivamente el cuerpo y la mente hasta alcanzar un estado de ánimo sereno, seguro y curioso.
   Escriba en un folio las respuestas a las siguientes preguntas.
2. ¿En qué entorno logra expresar mejor quién es? ¿Cuándo y dónde se siente realmente usted mismo?
   El contexto en el que me siento verdaderamente yo mismo es...

3. ¿Qué comportamiento específico expresa algo de lo que usted es? ¿Qué hace, en especial, para expresarse usted mismo?
Un gesto, un comportamiento que me identifica es...

4. ¿Qué pensamientos o imágenes internas se asocian con dicho comportamiento o gesto? ¿Cómo piensa cuando actúa siendo usted mismo?
Los pensamientos y las capacidades que asocio a mí mismo son...

5. ¿Qué creencias son expresadas por los pensamientos y capacidades que asocia a sí mismo?
Creo que...

6. ¿Qué valores son expresados por sus comportamientos y capacidades? ¿Qué valor concede a los pensamientos y comportamientos que le identifican realmente?
Doy valor a...

7. ¿Cuál es su identidad respecto a sus pensamientos y acciones y a los valores a ellos asociados? ¿Cuál es su esencia? ¿Quién es realmente? (Puede responder con una metáfora o una analogía).
Soy como...

8. ¿Cuál es su misión en la vida?
Mi misión es...

9. ¿Qué percepción tiene del sistema más amplio en el que actúa, por ejemplo, la empresa, el mercado, la familia, la comunidad, el país? ¿Cuál es la visión del sistema en el que intenta realizar su misión?
Mi misión está al servicio de una más amplia visión de...

ALINEACIÓN DE VISIÓN, MISIÓN Y VALORES CON LOS DE LA EMPRESA

En el capítulo anterior ha aprendido que las empresas, al igual que las personas, tienen valores que influyen, de manera más o menos explícita, sobre cualquier actividad. Del mismo modo, siguiendo el ejemplo de lo que sucede desde hace tiempo en Estados Unidos, muchas empresas españolas han comenzado a hablar recientemente de visión y misión empresarial, de manera que hoy son términos que se utilizan con frecuencia en el mundo laboral.

¿Se ha preguntado alguna vez cuál es la visión de la empresa en la que trabaja? ¿De qué modo, a través de la misión, su empresa desea realizar el escenario descrito por su visión? ¿Qué valores, junto con la misión, permiten alcanzar la visión empresarial?

Una vez que haya conocido la misión y la visión de su empresa, compárelas con las suyas propias. Es probable que, como ha sucedido con los valores, surjan una de estas tres situaciones:

⮕ Existe una perfecta coincidencia entre su visión y misión y las de la empresa. En este caso, es casi seguro que se encontrará en el entorno laboral ideal y que difícilmente decidirá cambiarlo por otro.

⮕ La coincidencia entre su visión y misión y la de su empresa es sólo parcial. En este caso, aun encontrándose sustancialmente bien trabajando en la empresa, existen algunas situaciones en las que no se siente plenamente alineado con las decisiones de la dirección. Si se trata de raras ocasiones, podría repetir el ejercicio sobre la extracción de su visión y misión, y notará cómo de este modo mejora su estado de ánimo.

➡ Raramente comparte la visión y la misión de la empresa. También en este caso, como en el anterior conflicto de valores, si no consigue armonizar su visión y misión profesional con las de la empresa, considerará seriamente la posibilidad de cambiar de compañía.

ALINEACIÓN DE VALORES, MISIONES Y VISIONES

VALORES DEL VENDEDOR	MISIÓN DEL VENDEDOR	VISIÓN DEL VENDEDOR
VALORES DE LA EMPRESA	MISIÓN DE LA EMPRESA	VISIÓN DE LA EMPRESA

CÓMO ALCANZAR LA COHERENCIA DE LOS ESTADOS DE ÁNIMO PRODUCTIVOS

Su viaje está finalizando y está a punto de llegar a la última parada. En cada viaje el destino da sentido al recorrido que se ha realizado: este capítulo representa la síntesis de toda la primera parte del libro. Prosiguiendo la lectura alcanzará el objetivo principal declarado en la introducción a propósito del ejemplo de Gandhi: la gestión coherente de sus estados de ánimo. Un estado considerado óptimo para tratar de manera eficaz con el cliente sólo sirve de ayuda si cada célula de su cuerpo expresa dicha convicción: esta es la coherencia que hace que la comunicación sea realmente eficaz.

Si el objetivo de este capítulo y de la primera parte del volumen es alcanzar de manera consciente y coherente el estado de ánimo deseado, el procedimiento que le lleva hasta la meta está representado por la alineación de todos sus niveles neurológicos. Alcanzar un estado de ánimo determinado sólo se puede lograr cuando la visión y la misión están en línea con las creencias y valores más profundos. Estos últimos influyen después sobre las capacidades y las estrategias que dan lugar a comportamientos específicos en el entorno en el que se opera. Basta con que uno solo de los niveles no esté alineado para que buena parte de su coherencia y energía se pierda y no pueda ser utilizada. El siguiente ejercicio le ofrecerá valiosas indicaciones sobre el grado de alineación de sus niveles neurológicos.[29]

Si lo desea puede crear un ancla multisensorial (visual, auditiva y cinestésica) que podrá utilizar en el futuro cada vez que perciba que el estado de ánimo que experimenta no está alineado con sus valores y su sentido de identidad.

---

29. El siguiente ejercicio se ha extraído del texto de R. Dilts, *Leadership e visione creativa*, Milán, 1998.

EJERCICIO N.º 17

ALINEACIÓN DE LOS NIVELES NEUROLÓGICOS

1. Disponga seis espacios (o seis sillas) alineados que representarán un nivel neurológico diferente: entorno, conducta, capacidad, creencias, valores e identidad.

2. Desde el espacio «entorno» responda las siguientes preguntas:
   - ¿En qué contexto desea estar principalmente alineado como vendedor?
   - ¿Dónde quiere alinearse principalmente como vendedor?
   - ¿Cuándo quiere alinearse principalmente como vendedor?

3. Sitúese en el espacio «conducta» y responda las siguientes preguntas:
   - ¿Cómo actúa en aquellos contextos y en aquellos momentos?
   - ¿Qué acciones lleva a cabo?

4. Sitúese en el espacio «capacidad» y responda estas preguntas:
   - ¿Cómo debe utilizar su mente para adoptar la conducta identificada?
   - ¿Qué capacidad necesita para adoptar dicho comportamiento en los contextos y los tiempos identificados?

5. Sitúese en el espacio «creencias» y responda esta pregunta:
   - ¿Por qué quiere utilizar dicha capacidad para el comportamiento identificado?

6. Sitúese en el espacio «valores» y pregúntese:
   - ¿Qué valores son importantes para usted para adoptar dicha conducta?

7. Sitúese en el espacio «identidad» y pregúntese:
   - ¿Quién es?
   - ¿Qué metáfora le representa?
   - ¿Cuál es su misión personal?
   - ¿En qué sistema mayor participa?
   - ¿Existe una visión más allá de la suya a la que está contribuyendo?

8. Teniendo presentes todas las respuestas a las anteriores preguntas, responda las siguientes cuestiones:
   - ¿Quién es usted ahora?
   - ¿Qué piensa sobre su identidad ahora?

9. Regrese al espacio «valores» y pregúntese:
   - ¿Qué es importante para usted en este momento?

10. Regrese al espacio «creencias» y pregúntese:
    - ¿En qué cree ahora?

11. Traslade idealmente su visión, identidad, valores y creencias, sitúese en el espacio «capacidades» y pregúntese:
    - ¿Cómo han mejorado sus capacidades personales?
    - ¿Cómo ha crecido la fuerza de sus estrategias?

12. Sitúese en el espacio «conducta» y pregúntese:
    - ¿Cómo su capacidad ha enriquecido su conducta y sus acciones?

13. Colóquese finalmente en el espacio «entorno» y observe como este se ha transformado y enriquecido gracias a la contribución de su visión y su misión personal, de sus creencias y valores más profundos. Tómese el tiempo necesario para gozar de la agradable sensación derivada de la alineación de todos sus niveles.

CERRANDO EL CÍRCULO

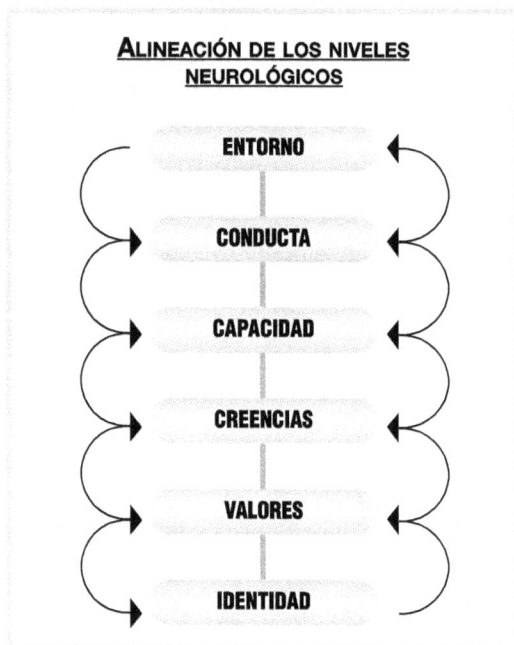

ALINEACIÓN DE LOS NIVELES NEUROLÓGICOS

ENTORNO

CONDUCTA

CAPACIDAD

CREENCIAS

VALORES

IDENTIDAD

Comenzó su viaje definiendo, en el capítulo 3, sus objetivos profesionales y personales. El recorrido que ha realizado durante la lectura de la primera parte de este libro encuentra su epílogo natural en extraer la mayor ventaja de la conexión entre objetivos y niveles neurológicos.

Si, a diferencia de la pequeña Alicia, es realmente consciente de sus metas profesionales, al realizar el último ejercicio de esta primera parte podrá beneficiarse de la increíble energía que nace de la alineación profunda entre usted y sus objetivos más ambiciosos.

Sólo gracias a esta alineación podrá utilizar los recursos más ocultos y potentes que constituyen el fundamento de su identidad personal.

EJERCICIO AVANZADO N.º 6

ALINEACIÓN DE LOS NIVELES Y DE LOS OBJETIVOS

1. Siéntese en un lugar tranquilo donde pueda trabajar sin ser molestado durante veinte minutos como mínimo. Relaje progresivamente el cuerpo y la mente.
2. Escriba en una hoja de papel las respuestas a los siguientes grupos de preguntas:

   a. ¿En qué entorno se halla el objetivo que desea alcanzar? ¿Cuándo y dónde quiere alcanzarlo? ¿En qué contexto se sitúa su objetivo?
   b. ¿Qué comportamientos específicos se asocian a su objetivo? ¿Qué quiere hacer en ese contexto? ¿Qué nuevo comportamiento se asocia con el objetivo?
   c. ¿Qué capacidades son necesarias para alcanzar el objetivo en el contexto elegido? ¿Cómo logrará alcanzar el objetivo realizando dichos comportamientos?
   d. ¿Qué creencias pueden ayudarle a alcanzar el objetivo en el contexto determinado? ¿Qué creencias motivan sus actos?
   e. ¿Qué valores se expresan en su objetivo y en la capacidad de realizarlo? ¿Por qué utiliza esas capacidades determinadas para realizar su objetivo?
   f. ¿Cuál es su identidad en relación con el objetivo y las creencias y valores que se vinculan con él? ¿Quién es usted si tiene confianza en dichos valores, creencias y comportamientos expresados en el contexto identificado (puede responder con una metáfora o una analogía)? ¿Para qué o para quién, aparte de usted, trabaja? ¿Cuál es su visión del sistema más amplio en el que intenta realizar su misión?

CONCLUSIÓN

Con la gestión coherente de los estados de ánimo y la alineación entre los objetivos y los niveles neurológicos concluye la primera parte de este libro, dedicada a la aplicación a la venta de las técnicas más avanzadas de PNL.

Durante el viaje a través de cada nivel neurológico, ha recibido los instrumentos para enfrentarse a los más peligrosos enemigos del vendedor: los estados de ánimo negativos. Si en el futuro se siente poco motivado, sin determinación o entusiasmo, o con un nivel de autoestima insuficiente, siempre podrá volver a leer los consejos incluidos en el capítulo 5 y recuperar, sin duda, un estado de ánimo más productivo. En cambio, si los fracasos comerciales y las críticas de los clientes representan una limitación de sus posibilidades, gracias a la valiosa técnica del reencuadre explicada en el capítulo 6 podrá hallar un nuevo significado o contexto en el que dichos sucesos puedan considerarse positivos.

Cuando, finalmente, se dé cuenta de que está siendo saboteado por sus creencias incapacitantes o de que tiene una idea poco clara sobre qué es realmente importante para usted, en los capítulos 7 y 8 encontrará las indicaciones precisas para utilizar las creencias y los valores como poderosa fuente de energía.

Con la lectura del capítulo 9 ha aprendido a alinear los niveles neurológicos con su propia identidad para alcanzar la coherencia de los estados de ánimo productivos. Está preparado para encontrarse con el cliente y proponerle del mejor modo posible su producto o servicio.

En la segunda parte del libro descubrirá cómo aplicar en cada trato comercial las más avanzadas e innovadoras técnicas de PNL.

PALABRAS CLAVE

➡ identidad
➡ visión individual
➡ misión individual
➡ visión y misión empresarial
➡ alineación de visión, misión y valores
➡ coherencia de los estados de ánimo productivos
➡ alineación de los niveles neurológicos
➡ alineación entre niveles neurológicos y objetivos del vendedor

PREGUNTAS Y RESPUESTAS

P: ¿Puede un vendedor desarrollar del mejor modo posible su trabajo si no tiene un conocimiento claro de la consideración de sí mismo?

R: No, porque el modo en que el vendedor se considera influye enormemente sobre sus creencias y valores, que, a su vez, determinan sus capacidades y comportamientos.

P: ¿Cuáles son los comportamientos de la identidad del vendedor?

R: La identidad está determinada por la visión y la misión individual.

P: ¿Qué diferencia existe entre visión y misión?

R: La visión es abstracta e indica el escenario futuro en el que cada individuo se imagina. La misión señala el camino que debe seguir para realizar el escenario descrito en la visión individual.

P: ¿También las empresas tienen una visión y misión?

R: Sí, durante los últimos años muchas empresas han comenzado a describir sus características y actividades en términos de visión y misión empresarial. Para desarrollar mejor su profesión es necesario que el vendedor conozca y se alinee con la visión y la misión de la empresa en la que trabaja.

P: ¿Cuál es el objetivo de la alineación de los niveles neurológicos?

R: A través del proceso de alineación de los procesos neurológicos el vendedor consigue gestionar coherentemente sus propios estados de ánimo más positivos. Alineando su identidad con sus valores y creencias, el vendedor utiliza sus propias capacidades para adoptar los comportamientos más eficaces para la venta.

P: ¿Por qué es importante que el vendedor alinee los niveles neurológicos con los objetivos profesionales?

R: La energía que, gracias a la alineación de los niveles neurológicos, se pone a disposición del vendedor puede ser canalizada para alcanzar sus objetivos más ambiciosos. En cambio, si dichos objetivos no están alineados con las creencias y los valores más profundos, difícilmente el vendedor podrá alcanzar las metas prefijadas.

SEGUNDA PARTE

LA RELACIÓN CON EL CLIENTE

PREMISA

En la primera parte del libro nos hemos ocupado de analizar atentamente las características personales que debe poseer un vendedor excelente. En esta, en cambio, abordaremos el proceso de venta desde el punto de vista de la relación existente entre el vendedor —que ahora pasa a la acción— y su interlocutor. El camino se estructura en diferentes fases, para cada una de las cuales intentaremos comprender cómo se desarrollan las dinámicas psicológicas de la relación y cómo es posible tratarlas del mejor modo posible con los instrumentos de la PNL.

EL CICLO DE VIDA DEL CLIENTE

ESCALA DE ESTADOS DEL INTERLOCUTOR

ESTADO 1 - DESCONOCIDO

ESTADO 2 - CURIOSO

ESTADO 3 - CLIENTE POTENCIAL *(PROSPECT)*

ESTADO 4 - CLIENTE

ESTADO 5 - CLIENTE FIDELIZADO

Hace tiempo me llamó un vendedor «de asalto» de electrodomésticos que, antes que nada, se apresuró a explicarme que la empresa para la que trabajaba se caracterizaba por prestar la máxima atención a sus clientes; por este motivo, dijo, había marcado mi número: «Usted», dijo, «es un cliente importante para nosotros y por este motivo quiero proponerle una oferta que no podrá rechazar...».

El discurso no me entusiasmó..., pero me sorprendió el hecho de que yo no me sintiese en ningún momento cliente de esa empresa.

Mi interlocutor habría tenido alguna oportunidad de ser escuchado si no hubiese forzado la relación dando por sentado que ya era su cliente; yo, por el contrario, me sentía sólo como un desconocido (para él), que simplemente respondía al teléfono en ese momento. Necesitaba tiempo para aceptar la relación... Aquel vendedor no lo había comprendido.

Este ejemplo sugiere una pregunta: ¿cuándo se puede definir al interlocutor efectivamente como cliente? Según nuestra experiencia, podemos establecer la siguiente escala de estados:

1. desconocido;
2. curioso;
3. cliente potencial *(prospect)*;
4. cliente;
5. cliente fidelizado.

ESTADO 1

La condición de desconocido es la más habitual y la más normal. Cuando usted se encuentra frente a un interlocutor por primera vez, tiene ante sí sencillamente a un perfecto desconocido.

Esta característica es evidente: en una nueva relación, precisamente quien tiene en frente se sentirá así y, como tal, sólo puede preguntarse por qué debería escuchar lo que tiene que decirle. Su preocupación será, por tanto, llamar su atención con el fin de cambiar su estado uno (desconocido) por el dos (curioso).

ESTADO 2

El segundo estado, el de curioso, hace que su interlocutor, una vez ha captado el porqué de su presencia y de su tarea, decida escucharlo sin prejuicios. Si se tratase de un interlocutor todavía desconocido, podría limitarse a escuchar críticamente, sin asimilar la información; en el caso del curioso, en cambio, precisamente la curiosidad estimula su atención para captar los frutos de la conversación. La diferencia respecto al estado precedente reside, por tanto, en la aceptación por parte de su interlocutor del papel que usted desempeña.

ESTADO 3

Cuando, más tarde, la curiosidad se transforma en interés, nos encontramos en el estado tres, el clásico de cliente potencial, a menudo definido como *prospect*. El *prospect* está valorando su presentación, pero todavía no está convencido de decirle sí. Está confrontando, con una actitud favorable, la utilidad, calidad y conveniencia de aquello que está escuchando con lo que está incluido en su mapa de experiencia como comprador; si le ayuda a encontrar la correspondencia positiva entre ambas imágenes, entonces dirá sí y pasará al estado cuarto: el de cliente.

ESTADO 4

¡Victoria!, el *prospect* se ha convertido en cliente. El cliente ha comprado, se ha convencido, cree que ha satisfecho sus expectativas y sus necesidades con lo que usted le ha propuesto. Pero ¿cómo puede mantener alta su satisfacción con el fin de que compre de nuevo, cómo lo puede motivar para que vuelva a comprar? Con la fidelización posventa.

ESTADO 5

El quinto y último estado, por tanto, es el del cliente fidelizado, el del cliente que compra de nuevo.

Se completa de este modo el ciclo de vida del cliente, esquema que utilizaremos para codificar *las fases de la venta* en el próximo capítulo.

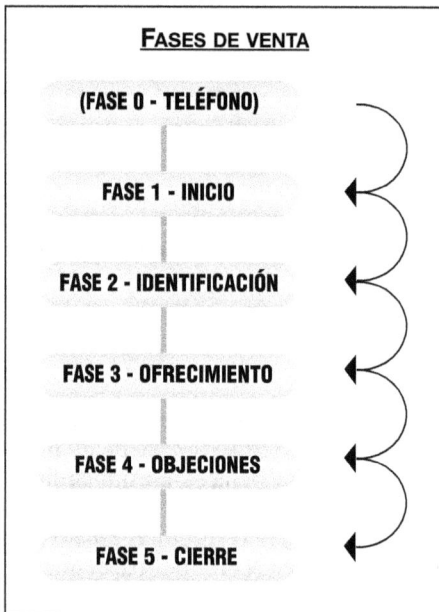

LAS FASES DE LA VENTA

```
FASES DE VENTA

(FASE 0 - TELÉFONO)

FASE 1 - INICIO

FASE 2 - IDENTIFICACIÓN

FASE 3 - OFRECIMIENTO

FASE 4 - OBJECIONES

FASE 5 - CIERRE
```

Se pueden ofrecer diferentes representaciones de las fases de la venta, según el nivel de confianza que se tiene con el interlocutor. Si es nuevo, por ejemplo, se afronta la denominada *venta en frío*.

El recorrido se articula a través de las siguientes fases, que hemos complementado con la fase preparatoria, necesaria para fijar la cita:

• Fase 0 (preparatoria): búsqueda de la relación mediante llamada telefónica para concertar la cita.
• Fase 1: inicio de la relación y construcción de la empatía.
• Fase 2: identificación de las necesidades y de los mecanismos de la toma de decisión.
• Fase 3: formulación adecuada de la oferta.
• Fase 4: análisis y transformación de las objeciones.
• Fase 5: cierre del trato.

Una consideración importante: existe poca diferencia entre la venta dirigida a los clientes ya fidelizados (en cartera) y la que concierne a nuevos clientes. Debido a la compleja naturaleza del pensamiento humano ¡cada cliente ya conseguido debe tratarse como si fuera nuevo! En definitiva, no dé nunca por descontado que el cliente le concederá su confianza por el simple hecho de que ya le conoce.

Capítulo 9

FASE 0: LLAMADA TELEFÓNICA PARA FIJAR EL PRIMER ENCUENTRO

Qué aprenderá en este capítulo

• Cómo realizar una llamada telefónica eficaz.
• Cómo suscitar la curiosidad del cliente.
• Cómo concertar una cita telefónica.

Esta fase es el inicio de la relación de venta. Al abordar el tema, hemos considerado que era necesario incluir una parte dedicada a la llamada telefónica para concertar la cita, como premisa natural para la venta en frío. Podemos definirla como fase 0.

En el mundo anglosajón existe una cierta cantidad de libros sobre la venta telefónica que consideran el teléfono como el protagonista de todas las fases de la venta. Este punto de vista se justifica por la distancia media que en aquellos países existe entre vendedores y potenciales clientes *(prospect)*, debido a la cual los costes de la visita, ocasionados por el viaje, son demasiado altos respecto a la facturación media que conseguirían estableciendo la relación en persona. En nuestro país, naturalmente, este aspecto es menos relevante; además, la desconfianza en la relación con los desconocidos nos lleva a preferir el uso del teléfono sólo si se trata de concertar una cita; el resto se trata directamente en casa del cliente.

En cualquier caso, lograr una cita es algo que no hay que dar por descontado: la estadística nos dice que sólo se alcanza una venta en el 1 % de las llamadas realizadas.

100 llamadas ⇒ 10 citas ⇒ 1 venta

El objetivo que debe proponerse es mejorar la calidad de las llamadas para conseguir doblar el número de citas y, en consecuencia, aumentar el de ventas. Mejorar la relación inicial, esto es, la calidad de la llamada, significa garantizar un mejor resultado.

100 llamadas ⇒ 20 citas ⇒ 5 ventas

No se deje engañar: ¡quien dice realizar el cien por cien de las ventas no merece crédito! Es muy difícil captar un potencial cliente sólo por teléfono.

Lo primero que hay que hacer, antes de la llamada telefónica propiamente dicha, es identificar las posibles objeciones que nuestro interlocutor podría plantear.

En segundo lugar, y no menos importante, es necesario que identifiquemos nuestros puntos fuertes, que presentaremos al potencial cliente sólo en el momento oportuno: no es necesario poner sobre la mesa nuestras cualidades antes de haber creado una base de confianza con el interlocutor; si lo hacemos, se perdería eficacia.

La finalidad de la llamada telefónica es concertar una cita. La buena gestión de la conversación debe llevar a un encuentro: por esta razón la llamada constituye una parte fundamental de la venta/compra. El objetivo principal es crear un espacio de empatía que ayude a construir una relación con el cliente.

Nuestra experiencia nos enseña que la llamada no sirve para convencer, sino para estimular la curiosidad. Habrá observado ya lo fastidioso que resulta recibir llamadas de personas que desean convencerle de alguna cosa, a diferencia de las de aquellos que logran despertar su curiosidad. La diferencia sustancial entre convencimiento y curiosidad es que esta última precede cronológicamente a aquel: ¡si siente curiosidad, estará más dispuesto a escuchar!

DESARROLLO EFICAZ DE LA LLAMADA TELEFÓNICA

Sharon Drew Morgen[30] sugiere un recorrido muy eficaz dividido en diez etapas para realizar la llamada.

ETAPA 1: LIBERE LA MENTE

Antes de cada llamada, es conveniente liberar la mente por completo para evitar el efecto halo causado por las llamadas anteriores, las citas concertadas o las reuniones recién finalizadas. Si afronta la llamada con ideas preconcebidas o teniendo en mente un discurso cerrado aprendido de memoria, no podrá escuchar con eficacia al otro, ¡por cuanto tenderá a hablarse a sí mismo! Ya hemos visto en la primera parte cómo efectuar esta limpieza mental (véase el capítulo 4).

ETAPA 2: PRONUNCIE UN BUENOS DÍAS O BUENAS TARDES ADECUADO

Escuche atentamente la voz (el tono, el volumen, el ritmo, etc.) de la persona que responde e intente adecuar su estilo comunicativo al de su interlocutor. En PNL esta acción se denomina *seguimiento*, y la veremos detalladamente más adelante. De momento, intente adecuarse al volumen, la intensidad y el tono de voz de su interlocutor. Es un modo muy eficaz de entrar inmediatamente en sintonía con este.

Es posible que reciba un «Buenos días» preocupado, o bien uno amable, descortés, molesto, sombrío, profundo, etc.: es importante que respete estos matices, es decir, no ha de mostrarse excesivamente eufórico si quien le responde parece sumido en la más profunda depresión; modere el tono y el ritmo, pero sin llegar al abatimiento. Muéstrese brillante, en cambio, si el interlocutor le parece eufórico y responde con simpatía y en un tono elevado. Se trata de responder correctamente al «Diga» o a cualquier otra forma de inicio que adopte el interlocutor.

30. S. D. Morgen, *Sales on the line*, Portland (Oregón), 1993.

ETAPA 3: FÓRMESE UNA IMAGEN MENTAL POSITIVA

Durante un curso de ventas solicitamos a una participante que simulase una respuesta telefónica de algunos segundos de duración; tenía que hacerlo de espaldas al público para evitar que este se viese condicionado por la expresión de su rostro. Los compañeros debían escuchar con los ojos cerrados e, inmediatamente después, dibujar en una hoja en blanco un rostro que expresase la sensación que la conversación había generado en ellos. El efecto fue sorprendente: tras escuchar sólo unos pocos segundos, casi todos habían identificado una sensación, una impresión negativa. A continuación, les pedimos que dibujasen en la otra cara del papel un rostro con una expresión agradable, positiva, capaz de generar alegría; más tarde, solicitamos a la misma participante que repitiese de manera idéntica la anterior respuesta telefónica. El resultado fue aún más interesante: la mayoría de participantes mostraron mejor predisposición ante la compañera que estaba de espaldas que en la situación precedente.

Esto significa que una imagen mental positiva al inicio de la llamada le ayudará a estar bien dispuesto en la relación con la otra parte, reduciendo la tensión emotiva y aumentando su eficacia, desde el punto de vista de la afabilidad y la empatía.

¿Cómo se puede lograr? En cuanto escuche la voz de su interlocutor, comience a crearse una imagen mental positiva de este. Al principio la imagen será aproximada, pero se hará cada vez más definida; esta operación le permitirá entrar en un estado de mayor confianza con su interlocutor. Observará que su voz se adecuará fácilmente a la condición positiva que usted mismo está generando.

ETAPA 4: PRESÉNTESE

Hágalo sólo con su nombre y apellidos y el nombre de la empresa; pregunte después, con un estilo que se aproxime tanto como sea posible al de su interlocutor, si puede dedicarle algunos minutos. Si le responde que no, no fuerce la situación, intente fijar una cita telefónica precisa, ofreciéndole una breve descripción del objeto de esta. Es importante que no describa su actividad con demasiados detalles, pues favorecería la dinámica defensiva de su interlocutor; hable de forma genérica y despierte su curiosidad.

ETAPA 5: DESARROLLE UN CLIMA DE EMPATÍA

Si le preguntan, defina qué es lo que hace con una sola palabra o, como máximo, dos. Puede responder, por ejemplo, «Proponemos soluciones de inversión», o bien «Ofrecemos soluciones "todo incluido" para ferias en el extranjero». Entonces, dirija de inmediato la comunicación hacia su interlocutor, preguntándole si ya disfruta de los servicios que le ofrece: «¿Dispone ya de todas las soluciones de inversión apropiadas?», «¿ha organizado ferias en el extranjero con "todo incluido"?». Observe que hay un mecanismo oculto en las palabras utilizadas, es decir, en el término *todo*. Es difícil que el interlocutor lo tenga ya todo: a usted le basta con generarle curiosidad respecto al todo, para abrir una brecha en su actitud preventiva.

El error más grave que puede cometer es comenzar a vender el servicio a la primera ocasión, exponiéndolo antes de haber comprobado el *rapport* con el cliente, es decir, la relación que se está construyendo, que debería ser armónica y fidelizadora. Si se ve en la necesidad de explicar su oferta, hágalo de la siguiente manera: «Naturalmente le puedo explicar detalladamente nuestra oferta, pero antes querría conocer mejor cuáles son sus exigencias para exponerle, en pocas palabras, cuál de nuestros servicios se adapta mejor a usted».

Mientras su interlocutor hable, no le interrumpa para hacerle preguntas, espere hasta que haya finalizado su discurso, fijándose atentamente en las palabras que utiliza y que caracterizan cómo percibe el trabajo que hace. Cuestiónese si está claro aquello que explica o si haría falta alguna precisión. Si debe hablar en primer lugar, ofrezca siempre respuestas genéricas sobre su servicio o producto, y esté preparado para centrar la conversación de nuevo en su interlocutor: «Estamos especializados en pólizas de seguros cuyas características dependen en gran medida del tipo de cliente y de sus exigencias», o bien «Desde hace años estamos especializados en soluciones completas para facilitar el desarrollo de actividades en el extranjero "todo incluido", precisamente».

Concluya sus afirmaciones creando el beneficio de la duda sobre si es usted quien vende las soluciones... ¡Cree la necesidad para satisfacerla después!

ETAPA 6: MANTENGA LA EMPATÍA

Observe (calibre) los cambios en la voz de su interlocutor: el volumen y la velocidad, sobre todo después de hablar usted, y adecue su voz en consecuencia. Pregúntese si está en *rapport* o no, si se está dirigiendo a él o a usted mismo (¿a quién le está vendiendo?), si está hablando demasiado o durante demasiado tiempo. Cada cierto tiempo, recapitule y aproveche para restablecer el *rapport* preguntando: «¿Podemos retroceder un momento? Si he comprendido bien, usted decía...» o «Lo que es importante para usted, si he entendido bien, es...».

ETAPA 7: DIGA SÓLO LO ESTRICTAMENTE NECESARIO

Recuerde presentar brevemente sólo la parte de su servicio que sea potencialmente interesante para su interlocutor, aunque piense que podría ofrecerle otras cosas. Pregunte si aquello que está diciendo le interesa suficientemente para profundizar en otros aspectos.

No olvide que durante una conversación telefónica quien ha tenido la palabra espera una respuesta.

ETAPA 8: PROPONGA FECHA Y HORA PARA UNA CITA (LA REGLA DE LAS TIJERAS)

Una vez quede claro para ambos que existen áreas de interés en común, ya habrá introducido los aspectos del servicio que interesan a su interlocutor. Pues bien, podrá comenzar a dar por concluida la conversación solicitando concertar una cita. Proponga siempre como mínimo dos posibilidades en términos de día y hora. Por ejemplo: «Deseo proponerle, por tanto, un encuentro: pensaba en el jueves por la tarde a las seis o bien el viernes por la mañana entre las diez y las diez y media... ¿Qué prefiere?». La aproximación denominada *en tijera* sirve para alejar al interlocutor de la posibilidad de no fijar una cita buscando una alternativa mejor, reforzada por la pregunta: «¿Qué prefiere?».

La aproximación en tijera funciona incluso si nuestro *prospect* quiere defenderse con la conocida frase liberadora «Espere, me lo pienso y le llamo más tarde». En este caso podremos responderle amablemente: «Bien, Sr. X, como a menudo estoy fuera de la oficina, para que no llame inútilmente, le puedo decir que me encontrará el jueves por la mañana y el viernes después de las dos. ¿Cuándo piensa llamarme?, ¿le espero y nos ponemos de acuerdo?». Esta frase, si tiene resultado, le ofrece una gran ventaja: si el Sr. X llama, podrá fijar rápidamente un lugar y una hora para el encuentro, dado que está interesado; y si no llama, podría hacerlo usted al día siguiente, subrayando que esperaba su llamada y haciéndole sentir en deuda; quizás así se sienta obligado y acepte el encuentro.

ETAPA 9: CONSIGA UN NUEVO CONTACTO

Si el Sr. X considera que no es posible colaborar, pregúntele si conoce a alguien que esté interesado en sus servicios. Si ha logrado establecer una buena relación, no tendrá problemas para obtener alguna sugerencia. El secreto consiste en acabar siempre bien, después de haber alcanzado la empatía y agradeciendo la atención recibida y el tiempo dedicado.

ETAPA 10: PLANIFIQUE EL FUTURO

Si la llamada no da resultado, finalice estableciendo un plan para el futuro: programe una nueva cita telefónica, mejor que una carta de agradecimiento por el contacto, o bien envíe el material de presentación... ¡aunque no haya alcanzado ningún resultado! Tenga presente que algunas llamadas son dificilísimas, con independencia del método que se utilice. Cuando esto suceda, borre el número, marque otro... ¡y no piense más en ello!

PALABRAS CLAVE

- ➡ liberar la mente
- ➡ empatía
- ➡ buenos días, buenas tardes
- ➡ aproximación en tijera
- ➡ contactos

PREGUNTAS Y RESPUESTAS

P: ¿Por qué debemos liberar la mente antes de telefonear?
R: Para evitar estar condicionados por las llamadas anteriores y las imágenes mentales negativas que podrían reducir nuestra eficacia.

P: ¿Qué debemos responder si, tras una breve presentación, el interlocutor pide que profundicemos?
R: Que nos complace que se interese por nuestro trabajo, y acto seguido le preguntaremos por sus intereses en particular.

P: ¿La aproximación en tijera no puede ser molesta?
R: No, si se ha creado la adecuada empatía y se utiliza con tacto.

Capítulo 10

FASE 1: INICIO DE LA RELACIÓN Y CONSTRUCCIÓN DE LA EMPATÍA

QUÉ APRENDERÁ EN ESTE CAPÍTULO

- Cómo romper el hielo para favorecer la empatía con una comunicación eficaz.
- Cómo crear credibilidad y atención con el fin de ser aceptado.
- Cómo transformar al Sr. X «desconocido» en el Sr. X «curioso».
- Cómo crear el acuerdo para dirigirse hacia la fase dos de indagación de las necesidades.

¿DÓNDE SE ENCUENTRA?

A menudo en los cursos nos preguntan si es mejor encontrar al Sr. X en su casa u oficina o invitarlo a la propia sede para mostrarle directamente la empresa en la que se trabaja. La respuesta depende de cómo se esté organizado: si usted considera que tiene una oficina atractiva, en la que se encuentran cosas y personas cuyo valor es imposible expresar verbalmente, entonces podría valer la pena; en caso contrario, consideramos más eficaz ir al terreno del cliente a presentarse. Conoce el dicho «Sentirse como pez fuera del agua», ¿verdad? Pues bien, es necesario evitar que el Sr. X se sienta así en su oficina y, en consecuencia, active sus naturales defensas psicológicas. En cambio, si usted juega en casa del cliente, entonces este se sentirá protegido y dedicará su atención a lo que tenga que decirle, en vez de en buscar la manera de adaptarse a un contexto inusual para él.

Bien, ahora se encuentra en casa del Sr. X; ambos están sentados a la mesa, posiblemente no uno frente al otro, sino en uno de los lados, y usted desea crear el clima favorable para el desarrollo de la relación.

La base de cualquier relación es la comunicación, pero ¿cómo funciona?, ¿cuál es su significado?

LOS CANALES DE COMUNICACIÓN

Piense en alguna compra reciente. ¿Qué recuerda principalmente de la relación con el vendedor? ¿Qué aspecto le llamó más la atención de aquella persona con la que se encontraba por primera vez?, ¿el contenido de lo que explicaba, expresado mediante palabras cargadas de significado, con adjetivos que embellecían su discurso? ¿O bien le sorprendió principalmente el volumen o el tono de su voz? A veces no son tanto las palabras o la voz los que permanecen en el recuerdo, sino la expresión del rostro: «¡Sí, claramente su expresión me impactó! Quizá, pensándolo bien, sentí curiosidad también por aquel gesto, sí, su modo de mover las manos frente a los ojos, su gestualidad...».

Ciertamente es el conjunto de diferentes aspectos de la comunicación lo que caracteriza el mensaje. En especial, distinguimos tres tipos de canales diferentes a través de los cuales pasa el mensaje que llega al destinatario:

⇒ comunicación verbal (CV);
⇒ comunicación paraverbal (CPV);
⇒ comunicación no verbal (CNV).

LA COMUNICACIÓN VERBAL

El elemento constitutivo de la comunicación verbal es el vocabulario. A través de este canal se comunica una gran cantidad de información, que, sin embargo, no siempre es recibida por el interlocutor según el esquema semántico (de significado) adecuado.

La comunicación verbal también recibe el nombre de comunicación digital por cuanto, haciendo referencia a una analogía informática, para transferir significado se debe codificar este último en símbolos, como sucede, precisamente, en la transmisión digital de datos (combinaciones de 0 y 1, en el cálculo binario). Desde este punto de vista, las diferentes lenguas del mundo no son más que codificaciones de significados en símbolos (vocabulario) útiles para transferir un mismo contenido de forma coherente en un contexto cultural dado: el país al que se pertenece. Veamos un sencillo ejemplo: *agua* en inglés se dice *water*, en alemán *wasser* y en francés *eau*. ¿Qué cambia? Solamente la codificación de su referente, el líquido (químicamente H_2O), en términos de símbolo lingüístico, pero la sustancia líquida sigue siendo la misma.

El vocabulario personal está determinado por el entorno en el que se ha crecido, el nivel de escolarización alcanzado, la familiaridad a la hora de dialogar con otras personas, el gusto por la lectura y, por qué no, también la capacidad para escuchar y memorizar palabras nuevas.

Desgraciadamente asistimos a un continuo debilitamiento de la capacidad expresiva debido a la continua reducción del vocabulario utilizado para expresarse y por la preocupante pérdida del gusto por hacerlo bien. Parte de la responsabilidad puede atribuirse a la aparición de Internet: la red ha reducido drásticamente el vocabulario personal de los usuarios más jóvenes.

Debemos saber, por otra parte, que el impacto del aspecto verbal de la comunicación sobre el interlocutor es menor de lo que comúnmente se piensa... Profundizaremos en este tema a continuación.

LA COMUNICACIÓN PARAVERBAL

Emitir palabras sin la voz obviamente es imposible. Por este motivo se ha aplicado la calificación de paraverbal al conjunto de señales que, acompañando a la comunicación verbal, tienen una base fisiológica, es decir, el modo en el que se manifiesta nuestra voz: registro, volumen, velocidad, timbre, ritmo, cadencia, tono, modulación, dicción, etc. Dependiendo de cómo se usa la voz se generan estados de ánimo diferentes en el interlocutor, de tal modo que, por ejemplo, en la técnica teatral se dedica mucho tiempo a perfeccionar la dicción y controlar la variabilidad fonética.

¿No es cierto que puede reconocer fácilmente a alguien por teléfono sólo con oír su voz? Dado que la voz es registrada en nuestro cerebro como una información que prescinde del contenido del mensaje que transmite, debe cuidarse tanto como el contenido mismo, si no más.

¿Qué podemos decir, además, de la capacidad seductora de la voz? Una voz dotada de una bella impostación vocal, bien modulada, cálida y envolvente seguramente puede hechizarnos, de la misma manera que nos causa rechazo una voz estridente y carente de calor. El buen hipnotizador acompaña al paciente hacia el estado de trance tanto a través de las palabras —algunas de las cuales tienen un significado específico— como de la voz, que debe variar en volumen y velocidad de manera adecuada.

Normalmente el vendedor no está acostumbrado a conceder a la voz la importancia que tiene en la interacción con los demás, y por este motivo a menudo pierde capacidad persuasiva. Resulta fundamental, por tanto, que un buen vendedor sepa modular la voz y la adapte, como en la técnica de la llamada telefónica, a la del interlocutor (proceso de seguimiento, del que se hablará más adelante). Entrénese para actuar con la voz, aprendiendo a alzar el volumen y bajarlo inmediatamente, cuando desee subrayar una frase; a reducir la velocidad para destacar conceptos complejos, o bien a acelerarla para desviar la atención del interlocutor.

EJERCICIO N.º 18

LA IMPORTANCIA DE LAS PAUSAS

Intente leer las siguientes frases destacando, con la voz, las palabras en cursiva y haciendo una pausa antes de seguir con el resto del texto. Observe cómo cambia el significado de la frase.

➡ *Nuestra*... empresa es líder en la producción y comercialización de tintes para tejidos (no la de la competencia).

➡ Nuestra empresa *es*... líder en la producción y comercialización de tintes para tejidos (hoy).

➡ Nuestra empresa es *líder*... en la producción y comercialización de tintes para tejidos (¡la mejor!).

➡ Nuestra empresa es líder en la *producción*... y comercialización de tintes para tejidos (sobre todo produce).

➡ Nuestra empresa es líder en la producción y *comercialización*... de tintes para tejidos (sobre todo comercializa).

➡ Nuestra empresa es líder en la producción y comercialización de *tintes*... para tejidos (en especial).

➡ Nuestra empresa es líder en la producción y comercialización de tintes para *tejidos*... (específicamente).

Como verá, a igualdad de símbolos utilizados (palabras y estructura sintáctica), el significado de la comunicación puede variar según cómo se emita la voz y, en particular, según cómo se realicen las pausas. Esto muestra el notable poder de la voz, que naturalmente puede aplicarse al ámbito de la venta. Basta con modificar el volumen y el tono de voz para subrayar adecuadamente aquello que interesa.

Este modo de destacar con la voz el contenido verbal de nuestro mensaje recibe, precisamente, el nombre de *subrayado analógico*, evidente referencia a la comunicación analógica en contraposición a la verbal (digital), de la que hemos hablado anteriormente. El conjunto de comunicación paraverbal y no verbal recibe el nombre de *comunicación extraverbal*, que es también analógica.

EJERCICIO N.º 19

Para probar su habilidad al utilizar la voz para transmitir un mensaje desvinculado del significado dado por el canal verbal, intente realizar este ejercicio, típicamente teatral, con la ayuda de al menos otra persona.

⇨ Colóquese de espaldas o de manera que su interlocutor no pueda ver su expresión, pero pueda escucharle bien.
⇨ Piense en un estado emotivo que desee transmitir a la persona que le escucha, que naturalmente no debe conocer; por ejemplo, evoque una experiencia que le haya producido gran alegría, rabia, estupor, perplejidad, incertidumbre, etc.
⇨ En lugar de palabras, utilice números para contar dicha experiencia (por ejemplo: 21, 45, 77, 99).
⇨ Intente vivir la experiencia intensamente para que quien le escucha pueda captar, sin ninguna duda, el estado emotivo.
⇨ Al finalizar, pregunte a su ayudante para comprobar si su propósito de transmitir alegría en vez de rabia ha sido percibido inequívocamente o no.

EJERCICIO N.º 20

⇨ Escuche atentamente a las personas que lo rodean esforzándose por captar en su voz las variaciones de volumen, ritmo y velocidad, sobre todo si percibe que son generadas con sus mismas palabras y/o actitudes.
⇨ Intente modificar gradualmente la velocidad de su forma de hablar para observar cómo se modifica la respuesta de quien le escucha.

LA COMUNICACIÓN NO VERBAL

El segundo canal de la comunicación analógica es el no verbal. Sobre comunicación no verbal se ha dicho y escrito mucho: pertenecen a esta categoría el lenguaje corporal y sus derivados (expresión facial, mímica, vestuario, postura, mirada, gestualidad, movimiento).

«El cuerpo no miente», se escucha a menudo. Equivale a decir que, si bien es extremadamente fácil manipular la palabra, es mucho más difícil gobernar las expresiones del cuerpo. Preste atención, por ejemplo, a la disposición de apertura física que normalmente acompaña a los sentimientos de alegría o a la postura recogida que adopta el cuerpo durante los estados de ánimo de tristeza o, peor, de depresión.

Sobre este tema Clive Barrer, director teatral, sostiene: «Los procesos de la mente y del cuerpo están unidos de modo inextricable: es un hecho reconocido que el cuerpo influye en la mente, y que los estados mentales se reflejan físicamente en el cuerpo. La depresión mental se refleja a menudo en una postura abatida. Una postura abatida, deprimida, induce un estado mental de desgana...». Uno de los principios fundamentales de la PNL y del pensamiento sistémico, como recordará, reza: «La mente y el cuerpo forman parte de un mismo sistema».

Según un estudio realizado por el profesor Albert Mehrabian en 1967, durante la fase inicial de conocimiento de una persona, el lenguaje del cuerpo (no verbal) desempeña un papel fundamental: a través de los gestos, las posturas y el contacto visual, forma el 55% del proceso comunicativo; el tono de la voz y los componentes paraverbales suponen el 38%, mientras que el significado literal de las palabras constituye sólo el 7% restante.

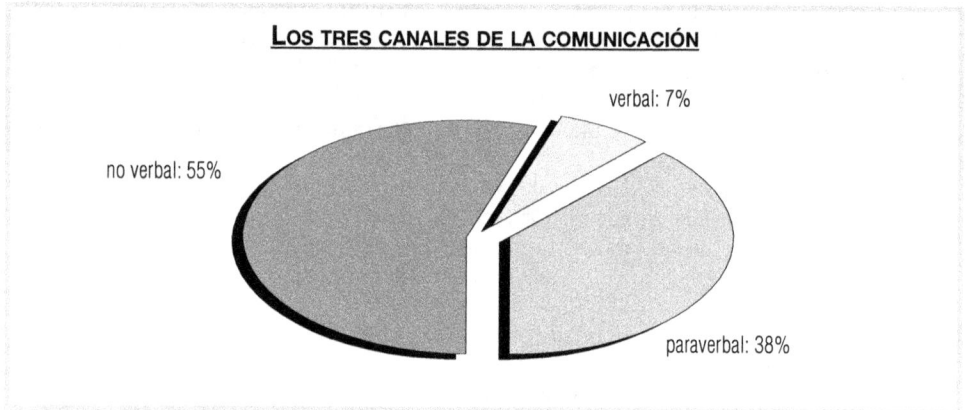

LOS TRES CANALES DE LA COMUNICACIÓN

verbal: 7%

no verbal: 55%

paraverbal: 38%

Este estudio suscita todavía diferentes reflexiones. A primera vista, la relación 7-38-55 parecería evidenciar que lo que decimos no tiene prácticamente importancia respecto a cómo lo decimos: sólo un mísero 7% del peso de la comunicación corresponde al contenido, frente al 93% que depende de los demás elementos. Efectivamente, si se interpretan así, estos porcentajes serían inquietantes, sobre todo en un momento en el que la sociedad presta más atención a qué se dice que a cómo se dice. Cabe precisar que estos datos se refieren al contexto americano y a una comunicación orientada a la creación de empatía. En el caso de la comunicación en el ámbito de la venta, en cambio, las relaciones cambian: el canal verbal pesa el 53%, frente al 15% del paraverbal y el 32% del no verbal. Así pues, en este contexto el contenido (qué) prevalece sobre la forma (cómo).[31]

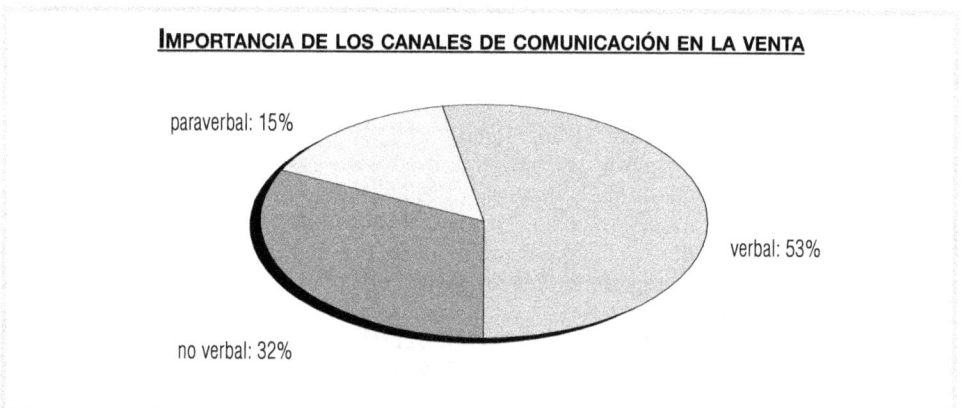

IMPORTANCIA DE LOS CANALES DE COMUNICACIÓN EN LA VENTA

paraverbal: 15%

verbal: 53%

no verbal: 32%

---

31. J. Burgoom, D. Buller y W. G. Woodall, *Nonverbal Communication*, s.l., Estados Unidos, 1995.

CONGRUENCIA E INCONGRUENCIA

La habilidad de un buen comunicador consiste en evitar que se produzcan malentendidos entre él y los demás; normalmente se deben a una incongruencia entre los tres niveles de la comunicación. Cuando el qué coincide con el cómo en una misma longitud de onda, se produce la congruencia entre los dos niveles del mensaje; en caso contrario, se habla de incongruencia.

EJERCICIO N.º 21

Intente decirle a un amigo suyo lo feliz que se siente en su trabajo (¡esperamos que sea cierto!) con una mirada seria, dirigida hacia el suelo, sin mostrar el menor rastro de sonrisa y manteniendo los brazos cruzados: ¿qué efecto producirá en usted?, ¿y sobre su interlocutor?

Por una parte, observará lo difícil que resulta mentirse a uno mismo si se está viviendo un sentimiento incongruente con la expresión no verbal; por otra, generará desconcierto y desconfianza en quien le observa y escucha.

¿SINTONÍA O DISTONÍA?

Las relaciones entre las personas pueden dividirse, según el modo en que se producen, en sintónicas y distónicas. Cuando hablamos de sintonía nos referimos a la semejanza entre los interlocutores; la relación es sintónica cuando se establece una comunicación que tiende a valorar los puntos en común entre las partes, en vez de las diferencias. La relación sintónica genera buena comunicación con facilidad, por cuanto el interlocutor se siente comprendido, se encuentra a gusto y descubre una base común de experiencia con quien tiene en frente.

La relación distónica, en cambio, se basa en la diferencia: en la relación uno de los dos interlocutores se sitúa en una posición de preponderancia sobre el otro. La distonía gene-

LA RELACIÓN DISTÓNICA

yo estoy arriba

tu estás abajo

YO SOY MEJOR QUE TÚ (Y HAGO QUE LO NOTES)

ra tensión en quien la sufre, y la voz, sobre la que recae el 38 % de la eficacia de la comunicación, es el principal canal a través del cual se transmite la información relativa a la distonía. Posturas y palabras tajantes, miradas huidizas y una buena dosis de arrogancia son los mejores ingredientes para un cóctel distónico ciertamente molesto.

CUÁNDO UTILIZAR LOS DIFERENTES MODOS: PROS Y CONTRAS

De acuerdo con lo que acabamos de describir, obviamente resulta preferible establecer una relación sintónica.

Una posible desventaja de este modo reside en el hecho de que quien cree en la sintonía tiende a buscarla y crearla a cualquier coste..., incluso en aquellas circunstancias en las que podría ser conveniente «alzar la voz».

Por su parte, el modo distónico prepara el terreno para el conflicto, si nos encontramos frente a interlocutores fuertes; en caso contrario, puede ser resolutivo.

Conocer ambos modos de relacionarse permite elegir el más adecuado a cada situación concreta; no obstante, en la mayor parte de casos será preferible establecer una relación sintónica, que es más ventajosa.

CÓMO CONSTRUIR UNA RELACIÓN SINTÓNICA: LA CALIBRACIÓN

El proceso requiere, en primer lugar, escuchar de manera activa y adaptarse progresivamente (conforme aumente nuestro conocimiento del interlocutor) al estilo de comunicación de la persona que tenemos enfrente. Esta «aproximación progresiva» a la sintonía perfecta se denomina, con un término que define al procedimiento en todo su conjunto, *calibración*.

Para calibrar bien, es necesario mantener alerta todos los sentidos para captar mejor los mensajes que el interlocutor envía. Esto es lo que nos permite percibir las actitudes corporales, las expresiones faciales y las lingüísticas de la persona que tenemos en frente.

Una vez alcanzada la empatía, sin embargo, es necesario mantenerla y confirmarla constantemente, para hacer que la persona nos siga en nuestra visión del mundo. ¿Cómo podemos lograrlo?

LA TÉCNICA DEL SEGUIMIENTO Y GUÍA

«Seguir» significa, tras haber identificado mediante la calibración las formas expresivas del interlocutor, devolvérselas, creando una sensación de confianza, de compartir su punto de vista de entrar en consonancia con él.

Para aclarar el concepto, piense en el marcapasos, el dispositivo que los enfermos cardiacos utilizan para ajustar el latido de los ventrículos alterados con el de los sanos. El marcapasos está compuesto por un lector, que se coloca en el interior del ventrículo sano, y un estimulador, que se inserta en el alterado; los latidos «buenos» son leídos y transmitidos al ventrículo defectuoso para lograr que el órgano funcione de manera eficiente.

De forma similar la actividad de lectura correspondería al seguimiento (en inglés *to pace*, «ir al paso»), mientras que la de estimulación representaría, en cambio, la guía (en inglés *to lead*, «dirigir»).

Se denomina guía a la técnica que, mediante una «superposición de mapas», obtenida gracias a la sintonía y el seguimiento, nos permite conducir a nuestro interlocutor para que nos siga hasta nuestro objetivo. De este modo resulta fácil hacer que comprenda nuestros mensajes y punto de vista creando empatía.

TIPOS DE SEGUIMIENTO

El primer tipo de seguimiento se denomina de espejo, dado que se refiere a la forma de comunicación. Corresponde a la réplica de las actitudes y posiciones corporales del interlocutor, y se trata, por tanto, de un seguimiento no verbal.

Corresponde al comportamiento que hemos descrito anteriormente, respecto a la comunicación sintónica y al establecimiento de la relación a través de la calibración. El progresivo encaminamiento del interlocutor hasta lograr su aceptación, mediante el uso de las posturas corporales, es un ejemplo típico de técnica de espejo, utilizado para efectuar el seguimiento y guía. Como ya hemos visto, es importante seguir el ritmo gestual del interlocutor, no copiando cada gesto, sino hallando una armonía al adoptar sus posturas y su modo de moverse: para lograr un buen efecto, basta con seguir el 50%, o como máximo el 80%, de su gestualidad.

Técnica del espejo

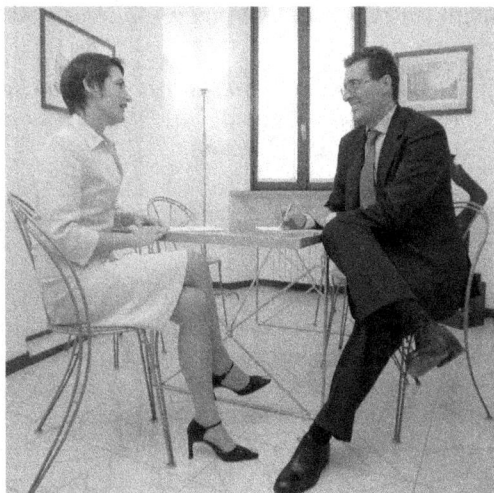

EJERCICIO N.º 22

Intente replicar como se ha descrito las posturas de un amigo o un compañero y observe cómo se muestra; sobre todo, pregúntele al final como se ha sentido, si ha percibido algo especial, si se ha encontrado a gusto...

Existe también el seguimiento paraverbal, que consiste en adoptar un estilo de conversación similar, con el mismo tono de voz, ritmo, volumen, etc.

Evidentemente, si tiene frente a usted a una persona que habla de forma excitada, en voz alta, sin pausas, no podrá sintonizar con ella utilizando un volumen y un tono bajos, forzando la lentitud del discurso y haciendo largas pausas reflexivas mientras le habla.

Deberá, en cambio, situarse en una frecuencia próxima a la del interlocutor, intentando guiar gradualmente el aspecto paraverbal de la persona, disminuyendo poco a poco el ritmo de las palabras y devolviendo el volumen de la voz al nivel de la conversación normal. Evidentemente, para lograrlo, tendrá que considerar las características paraverbales como un espía de las emociones de su interlocutor; aparece de este modo el concepto de seguimiento emotivo.

EJERCICIO N.º 23

Adapte gradualmente su velocidad, ritmo y tono de voz a los de su interlocutor: ¿cómo cambia su disponibilidad para escuchar? ¿Qué sensaciones experimenta?

Mientras que el reflejo de las posiciones y el seguimiento paraverbal se incluyen en la definición de seguimiento extraverbal o analógico, los otros tipos de seguimiento se denominan *emotivo*, *cultural* y *verbal*. Veámoslos en este orden.

Seguimiento emotivo. Utilizar este tipo de seguimiento significa intentar experimentar las emociones del interlocutor cuando este explica un hecho o transmite una sensación.

EJERCICIO N.º 24

Diríjase a un amigo que tenga dificultades, sitúese en la segunda posición perceptiva e intente vivir su estado de ánimo con el sincero deseo de comprenderlo (seguimiento); a continuación, modifique la voz, de resignada a vivaz, y aumente la velocidad de sus movimientos o bien álcese si estaba sentado: notará cómo cambia la respuesta emotiva de su interlocutor de acuerdo con su comportamiento.

El seguimiento cultural, en cambio, intenta adecuarse al registro del interlocutor, esto es, a su estilo y nivel de discurso. Prevé el uso de una determinada terminología y un estilo expositivo y una argumentación específicos.

Este tipo de seguimiento no es fácil; para resultar eficaz requiere una buena preparación por parte de quien lo utiliza y la capacidad para improvisar durante el discurso.

Por último, existe el seguimiento verbal, que se relaciona con el contenido específico del lenguaje, con el uso preferente de algunos términos o locuciones, también vinculados con la percepción sensorial.

Cada uno de nosotros tiende a utilizar determinadas palabras a las que atribuye un particular valor expresivo: con frecuencia, al pronunciarlas, les asociamos un gesto específico, que aparece a menudo en la conversación. Cualquier información que podamos obtener es valiosa.

Intente imaginar que posee un cofre que contiene todas las palabras mágicas y las expresiones utilizadas por su interlocutor durante las conversaciones telefónicas o las citas. Estos términos le permiten comprender clara e inmediatamente a su interlocutor.

El subrayado analógico (gestos, expresiones, etc.), que a menudo los acompañan, constituye una herramienta importante para el seguimiento. ¿Cómo puede ponerlo en práctica? Su trabajo consistirá en reelaborar la información contenida en el cofre para que lo que se diga o haga pueda ser utilizado como refuerzo de su comportamiento a través, precisamente, de la técnica del seguimiento y guía.

De hecho, las palabras mágicas abren una rendija sobre el nivel profundo de la personalidad del interlocutor. El seguimiento que se relaciona con él se llama, en efecto, *seguimiento profundo*, y actúa sobre los valores interiores, sobre las convicciones maduradas a lo largo de la vida y sobre los contenidos de la experiencia.

SISTEMA SENSORIAL

Para apreciar el poder del seguimiento y guía debe comprender el funcionamiento del sistema sensorial y reconocer el canal preferido por su interlocutor con objeto de seguirlo y guiar la relación. Veamos de qué se trata.

LOS CINCO SENTIDOS

Para entrar en contacto con el mundo que nos rodea, disponemos de cinco vías de entrada: nuestros cinco sentidos. *Vemos, oímos, tocamos, saboreamos y olemos* todo aquello que pertenece al mundo perceptible.

Nuestro cerebro, que además de permitirnos tener dichas sensaciones, reelabora cuanto recibe, nos ayuda a ser conscientes de ellas. Cuando esto sucede, en realidad estamos reaccionando frente a los estímulos exteriores utilizando nuestros sentidos internos y reproduciendo mentalmente los sonidos, las imágenes, las sensaciones que habíamos advertido en nuestro interior. En otras palabras, organizamos nuestras percepciones, filtrándolas a través de un cedazo mental, que dirige la reelaboración de los estímulos exteriores (Realidad externa = Re) creando una representación interna (Ri).

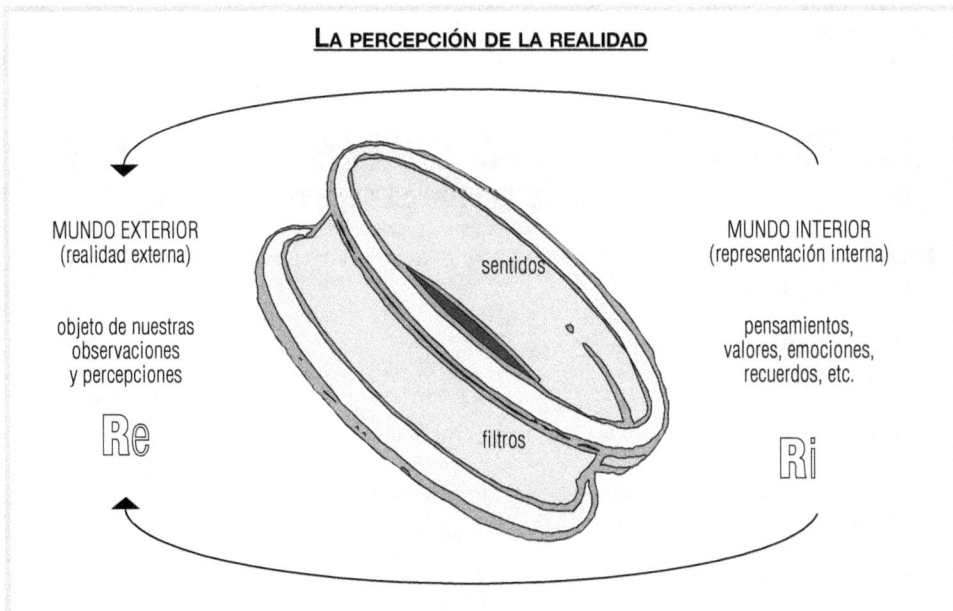

LA PERCEPCIÓN DE LA REALIDAD

MUNDO EXTERIOR
(realidad externa)

objeto de nuestras
observaciones
y percepciones

sentidos

filtros

MUNDO INTERIOR
(representación interna)

pensamientos,
valores, emociones,
recuerdos, etc.

Re

Ri

Además de este esquema sensorial, disponemos de un sistema lingüístico para representar y transmitir nuestra experiencia.

El punto neurálgico de todo el proceso se encuentra en la relación existente entre nuestros sentidos y el modo en que filtramos el mundo real.

Como ya se ha señalado en el capítulo cuarto, la PNL agrupa los cinco sentidos en tres categorías:

➡ visual (vista);
➡ auditiva (oído);
➡ cinestésica (comprende tacto, gusto y olfato, es decir, todo el conjunto de sensaciones corporales).

Estos tres sistemas pueden ser agrupados en dos tipos: *externo* e *interno*. El sistema visual externo sirve para observar todo lo que nos rodea; el interno nos permite recordar o imaginar cosas, visualizándolas mentalmente.

El sistema auditivo también puede ser externo (si escuchamos sonidos reales) o interno (si recordamos o creamos sonidos o palabras con nuestra mente).

El sistema cinestésico es externo cuando se refiere a las sensaciones táctiles, físicas: la percepción efectiva del calor o el frío, degustar el dulzor de un caramelo. En cambio, es interno cuando se activa el recuerdo de las sensaciones, percepciones corporales, emociones que, por así decir, se reviven.

EL FILTRO SENSORIAL DOMINANTE

En cada uno de nosotros predomina un filtro específico de representación: en función de nuestras tendencias subjetivas, al organizar el pensamiento, priorizamos un sistema sensitivo por encima de los demás.

Si bien es fácil comprender cuál de los tres se activa cuando, por ejemplo, vamos a un concierto (sistema auditivo) o miramos la televisión (sistema visual), lo es menos saber cuál de los tres sistemas tendemos, en conjunto, a utilizar más.

TEST N.º 6

¿QUÉ TIPO DE VENDEDOR ES?

Este sencillo test le ayudará a familiarizarse con los diferentes filtros sensoriales que se pueden establecer.

➡ Cuando dispone de tiempo libre prefiere:
  a. relajarse mirando la televisión o una buena película
  b. escuchar la radio o su disco preferido
  c. distraerse haciendo deporte o trabajos manuales

➡ Lo que más le llama la atención de su interlocutor es:
  a. cómo va vestido y su apariencia
  b. el tono de su voz
  c. cómo se mueve

⇒ Cuando debe desarrollar muchas actividades:
   a. hace una lista y se imagina desarrollándola
   b. se pregunta qué debe hacer
   c. se siente incómodo hasta que acaba

⇒ Si ha de orientarse en una ciudad que no conoce:
   a. utiliza un mapa
   b. pide información
   c. utiliza la intuición

⇒ Cuando quiere aprender algo nuevo:
   a. observa para imitar
   b. pide instrucciones
   c. prueba directamente

⇒ Cuando habla con un desconocido:
   a. imagina qué piensa
   b. escucha atentamente cada palabra
   c. se concentra en las sensaciones que experimenta

⇒ Cuando está de vacaciones:
   a. se siente atraído sobre todo por el paisaje
   b. escucha los sonidos de la naturaleza
   c. hace deporte

⇒ Si piensa en una velada en una discoteca, recuerda:
   a. los juegos de luces
   b. la música
   c. el gentío

⇒ Elige un automóvil según:
   a. la forma
   b. el sonido del motor
   c. la comodidad de los asientos

⇒ Durante el tiempo libre prefiere ir a:
   a. una exposición de pintura
   b. un concierto de música
   c. un gimnasio

RESULTADO

Predominio de respuestas a: probablemente el filtro sensorial dominante que utiliza es de tipo visual.

Predominio de respuestas b: probablemente el filtro sensorial dominante que utiliza es de tipo auditivo.

Predominio de respuestas c: probablemente el filtro sensorial dominante que utiliza es de tipo cinestésico.

Una vez determinado su filtro sensorial preferido, le conviene saber cuál es el de su interlocutor.

Para identificarlo, disponemos de un extraordinario y preciso instrumento de análisis: la parrilla multisensorial, que relaciona el canal de transmisión (V-PV-NV) con el sistema de recepción (V-A-C).

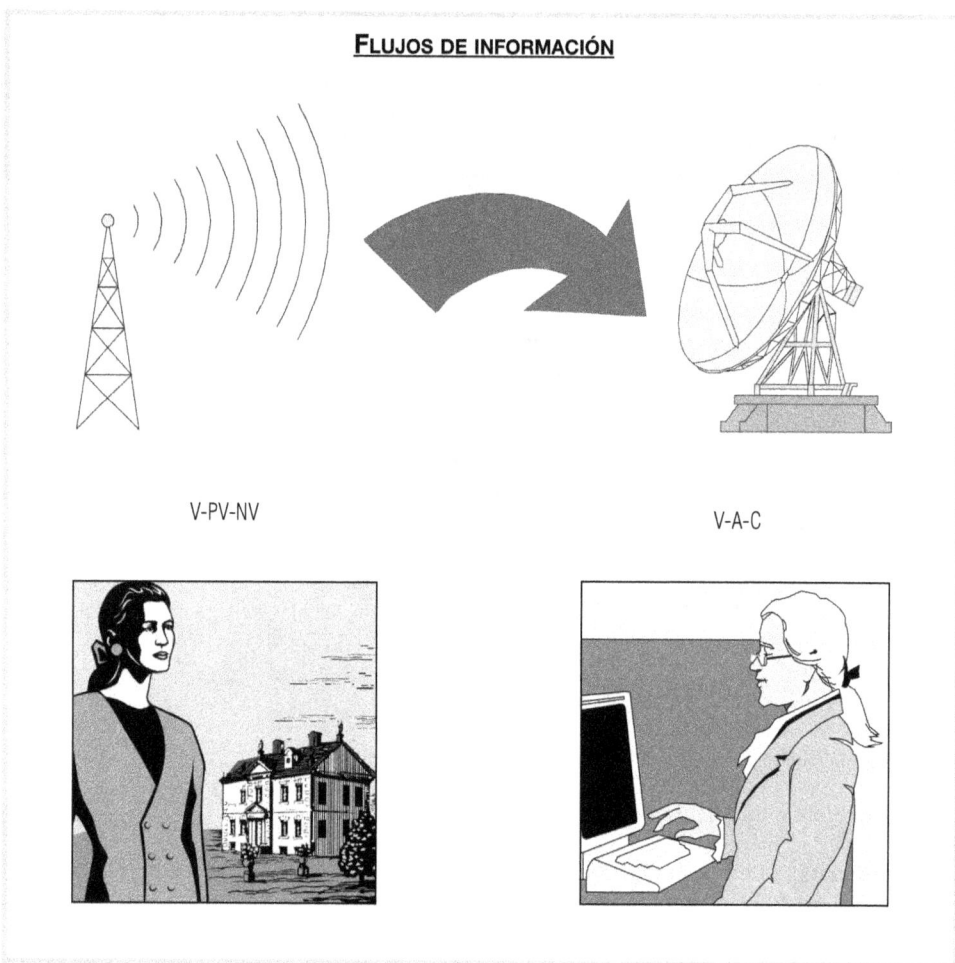

FLUJOS DE INFORMACIÓN

V-PV-NV

V-A-C

LA PARRILLA MULTISENSORIAL

El primer elemento que se puede analizar es el lenguaje, el uso predominante de términos que se pueden vincular con los ámbitos visual, auditivo o de sensaciones/emociones.

El segundo es la comunicación paraverbal y el tercero, naturalmente, es la comunicación no verbal.

Veamos a continuación un esquema de análisis que le ayudará a captar el estilo comunicativo del Sr. X y a seguirlo con facilidad.

		VISUAL	AUDITIVO	CINESTÉSICO
V (verbal)	expresiones sensoriales	aclarar, ilustrar, imaginar, encuadrar, enmarcar, tal como yo lo veo…, echar una ojeada, montar un escándalo, etc.	escuchar, decir, expresar, explicar, oír, altisonante, bullicioso, por así decir, inaudito, palabra por palabra, describir en detalle, prestar atención a…, … siempre la misma canción, etc.	tocar, sentir, sacudir, ponerse en contacto con…, irritar, olvidar, sopesar, ¡no le sigo!, dolor, tranquilidad, vibrar, rumiar, estimular, etc.
PV (paraverbal)		Ritmo: acelerado Velocidad: sostenida Volumen: alto	Ritmo: modulado, musical Velocidad: se adapta al interlocutor Volumen: constante. Habla de manera clara y expresiva. La voz puede ser, a veces, absolutamente monocorde	Ritmo: reflexivo, pausas frecuentes Velocidad: baja (lentitud al hablar) Volumen: bajo
NV (no verbal)		Mirada: mientras habla, tiende hacia arriba Respiración: acelerada, superficial —a veces entrecortada—, torácica Gestualidad: gesticula mucho, dibuja figuras en el espacio frente a él, los movimientos se dirigen desde su cuerpo hacia el exterior (gestualidad centrífuga) Postura: posición erguida, tensión muscular evidente en el cuello y los hombros	Mirada: mueve los ojos lateralmente Respiración: profunda, regular Gestualidad: de director de orquesta. A menudo sigue un ritmo con mínimos movimientos de la cabeza o partes del cuerpo Postura: a menudo dirige el oído hacia el interlocutor, mientras escucha	Mirada: a menudo la dirige hacia abajo Respiración: lenta, profunda, abdominal Gestualidad: lenta, convergente hacia el cuerpo (gestualidad centrípeta). Busca el contacto físico Postura: recogida hacia el centro del cuerpo. La cabeza se inclina a menudo hacia el hombro derecho o izquierdo mientras escucha

LA GESTIÓN DE LAS DISTANCIAS (PROSÉMICA) EN LA CONSTRUCCIÓN DE LA RELACIÓN

¿Qué importancia tiene la distancia en la gestión de la relación?, ¿en qué medida puede facilitar la creación de empatía mediante una adecuada gestión del espacio entre usted y su interlocutor?

El padre de la prosémica, el americano Edward T. Hall, basándose en la observación del comportamiento de los animales, ha clasificado la distancia entre seres humanos en cuatro categorías, que analizamos a continuación.

Distancia íntima (mínimo: 0-10 cm; máximo: 10-45 cm): esta distancia se caracteriza por el aumento de los aportes sensoriales recíprocos (calor, olor, tacto). A esta distancia la vista a menudo se deforma, mientras que el olor y el calor del cuerpo de la otra persona se perciben con mucho detalle. La voz es baja, próxima al susurro. Por lo general, a esta distancia voluntariamente dejamos aproximarse a la pareja o bien a los hijos. Un ejemplo no voluntario de esta distancia correspondería al caso, de todos conocido, de un ascensor lleno o de un tren en hora punta. Así como en los animales la invasión del territorio provoca reacciones de lucha o de huida, también en el hombre esta situación es mal tolerada por el individuo, que se encuentra a disgusto en relación con las personas que han invadido su espacio vital.

Distancia personal (mínimo: 45-75 cm; máximo: 75-120 cm): es la distancia a la cual se puede estrechar la mano del interlocutor. La distorsión de la percepción de la fisonomía del otro no es evidente, pero los músculos oculares deben realizar todavía un notable esfuerzo. A esta distancia se discuten temas de carácter e interés personales, como por ejemplo los propios de una conversación entre buenos amigos. La intensidad de la voz es moderada y, en el caso de la distancia máxima, el calor corporal y el olfato no intervienen.

Distancia social (mínimo: 120-210 cm; máximo: 210-360 cm): a esta distancia los detalles del rostro no son fácilmente perceptibles, falta el contacto físico y la intensidad de la voz es normal. Es la distancia a la que se tratan los asuntos impersonales, como los negocios, o se producen los encuentros ocasionales en los que la relación es formal.

Distancia pública (mínimo: 360-600 cm; sin límite superior): es la distancia típica de los personajes y los discursos públicos, como por ejemplo la del mitin de un político durante las elecciones.

Veamos ahora un ejemplo de cómo aplicar cuanto se ha descrito a la fase de aproximación. Hasta el final del libro aparecerá la actividad del promotor financiero Antonio Verdi, coincidiendo con las diferentes fases del proceso de venta.

EJEMPLO N.º 9
EL DOCTOR BIANCHI (GB) Y EL PROMOTOR FINANCIERO ANTONIO VERDI (AV)
PRIMERA PARTE

ANTECEDENTES
El doctor Stefano Rossi, uno de sus clientes satisfechos, además de su médico, le ha proporcionado el nombre de un compañero, el doctor Giovanni Bianchi, que podría estar interesado en realizar inversiones financieras aprovechando que tiene un capital disponible.
Ha conseguido una cita telefónica, sin demasiada dificultad, a las 18:30 horas en su consulta.

CONTEXTO
La consulta del doctor Bianchi está situada en una zona fuera del centro de la ciudad, en un hermoso barrio residencial próximo al hospital general. Son las 18:25 horas. En la placa que hay en la puerta de la consulta lee: «Doctor Giovanni Bianchi, cirujano, especialista en cirugía vascular». Con paso decidido entra y se hace anunciar por la enfermera que está sentada en un escritorio.

LA APROXIMACIÓN
AV: Buenas tardes (sonriendo), soy Verdi, Antonio Verdi, de Inversiones SIM, y tengo una cita con el doctor Bianchi. (Pausa).
ENFERMERA: Espere, por favor...
AV: Gracias.
ENFERMERA: El doctor Bianchi le está esperando, pase, por favor... (Me acompaña abriendo la puerta del estudio).
El doctor Bianchi se alza tras el escritorio y viene a mi encuentro sin sonreír, con expresión natural un poco cansada, mirando mi traje.
AV (sonriendo, alargando la mano y mirando al doctor a los ojos): Buenas tardes, doctor...
GB: Buenas tardes (nos estrechamos las manos con decisión manteniendo la mirada y la sonrisa)... siéntese (regresando a su escritorio).
AV: Gracias (sentándome y adoptando una postura abierta, con los brazos reposando naturalmente sobre los muslos, una sonrisa amistosa, las piernas juntas pero sin cruzarlas, y separado de la mesa). Soy Antonio Verdi, promotor financiero de Inversiones SIM. Quería, en primer lugar, agradecerle que me haya recibido a esta hora; entiendo que tras una jornada de trabajo no todo el mundo aceptaría una cita. (El doctor sonríe y cruza las piernas). Me dio su nombre el doctor Stefano Rossi, mi médico; es una persona excepcional y cliente mío desde hace un par de años... Por así decir... (sonriendo, inspirando y cruzando las piernas) un mutuo intercambio de servicios (observo su reacción).
GB: ¡Ah, sí...! Stefano Rossi... Justo este domingo lo encontré en el club de golf... (mira hacia arriba y a la derecha; mirada lateral derecha)* Me dijo que quería comprar un coche nuevo con los beneficios del primer semestre de sus inversiones... Hicimos juntos los últimos exámenes de la especialidad (mueve los ojos ha-

_____
* El movimiento ocular se interpretará en el siguiente capítulo.

(continúa)

(continuación)

cia arriba y a la izquierda), después nos perdimos un poco la pista (gesticula mirándome como si buscase consenso); compréndame, en cuanto te especializas la preocupación más importante es empezar la actividad, darse a conocer sobre todo en el hospital (se apoya cómodamente en el respaldo del sillón).

AV: Claro (adopto la misma velocidad y volumen de voz), la licenciatura (señalando el diploma en la pared) es importante, y es precisamente el punto de partida sobre todo para ustedes los médicos... Es como si no viesen nunca el fin... (me apoyo cómodamente en el respaldo de la silla y descruzo las piernas). En cambio nosotros, en Económicas, llegamos a ver el fin (sonriendo), pero no vemos el comienzo porque la preparación que nos ofrece nuestra licenciatura es muy amplia y variada (gesticulando como si quisiera obtener su consenso). Mire, la elección profesional es cualquier cosa menos fácil.

GB: En efecto... (descruza las piernas).

AV: Pero también debo decir que mi profesión, la de promotor financiero, en cierto modo se aproxima a la suya por cuanto hemos debido superar un examen de estado para la habilitación...; como si fuese una escuela de especialización tras la licenciatura (acomodándome en la silla), aunque la licenciatura no es obligatoria; lo que certifica nuestra idoneidad es la inscripción en el registro nacional, que puede consultarse en cualquier momento en el Consob, nuestro órgano de control.

GB: Exacto... La honestidad me parece algo necesario... El trabajo que hace (mira hacia abajo y a la derecha) se presta, o por lo menos en el pasado se ha prestado, a embrollos que han generado mucha desconfianza entre la clientela que no disponía de los instrumentos oficiales (gesticula alzando la mirada) para comprobar la honestidad de los operadores.

AV: ¿Qué entiende exactamente por honestidad? (mirada de asentimiento pero curiosa).

GB: Bien... (avanza el torso, espira, mira al centro de la mesa llevando la mano al mentón) Consiste en hacer aquello que se dice, mantener cuanto se promete (aprieta el puño), comportarse como si estuviera en el lugar del paciente... (mira hacia arriba), por su interés, y siempre respetando la legalidad (marca sus palabras con la mano derecha con el pulgar y el índice juntos) y la seriedad profesional, obviamente (asiente).

AV: Obviamente (asiento a mi vez) estoy completamente de acuerdo con usted (mirándolo) y me encanta constatar que la preocupación por la honestidad (remarcando con la mano izquierda con el pulgar y el índice unidos) y la seriedad profesional ocupan el primer lugar entre nuestras (subrayo con la voz «nuestras» formando con el dedo índice un círculo) consideraciones, por cuanto personas de dudosa honestidad (negando con la cabeza) han creado incertidumbre sobre el trabajo de aquellos promotores (me toco el pecho) que, al igual que ustedes los médicos (señalándolo), han hecho voto de dedicación al cliente, comprometiéndose a cuidar (mostrando una sonrisa para subrayar analógicamente el juego de palabras) sus intereses. Y también por esta (subrayo con la mirada) razón nuestra empresa se preocupa por la satisfacción del cliente y la posventa, abriendo un canal de diálogo cliente-promotor-empresa (marcando con las manos) basado en las referencias (abro las manos para evocar la referencia a su compañero Rossi. El doctor asiente satisfecho).

AV: El paciente para usted es como el cliente para nosotros, el paciente quiere estar mejor, así como nuestro cliente quiere mejorar su cartera; ambos son más o menos expertos en medicina (señalo a GB) o en finanzas (me señalo), pero se dirigen, sin embargo, a quien desarrolla profesionalmente el trabajo fiándose y confiándose (señal de consenso con la cabeza y sonrisa congruente). Para confiar se requiere tiempo, pero sobre todo resultados, honestidad (sobre esta palabra me detengo con un bello subrayado analógico) y claridad de intenciones: sobre estas bases a mi empresa y sobre todo a mí nos gustaría establecer nuestra relación, si lo considera oportuno.

GB: Por qué no... (sonríe).

EJERCICIO N.º 25

Identifique en el anterior diálogo todos los tipos de seguimiento que el experto promotor ha efectuado.

PALABRAS CLAVE

➡ canales de comunicación: verbal, paraverbal y no verbal
➡ lenguaje del cuerpo
➡ congruencia e incongruencia
➡ sintonía y distonía
➡ calibración
➡ seguimiento: emotivo, cultural y verbal
➡ guía
➡ realidad externa (Re) y representación interna (Ri)
➡ filtro sensorial dominante: visual (V), auditivo (A) y cinestésico (C)
➡ parrilla multisensorial
➡ prosémica

PREGUNTAS Y RESPUESTAS

P: ¿Qué diferencia existe entre hablar y comunicar?
R: Se habla cuando se transfiere un mensaje en una única dirección, mientras que se comunica cuando el mensaje es bidireccional, es decir, nos preocupa el efecto que produce sobre el otro (*feedback*).

P: ¿Se puede mentir sin ser descubierto?
R: Sí, pero es muy difícil; la incongruencia entre lo que se dice y cómo se dice (verbal y extraverbal) delata.

P: ¿Qué parte de nuestro cuerpo es más fácil de gobernar y por qué?
R: El rostro, ya que lo conocemos bien: lo vemos todos los días reflejado en el espejo.

(continúa)

(continuación)

P: ¿Siempre son ciertas las relaciones de Mehrabian (7-38-55) entre comunicación verbal, paraverbal y no verbal?

R: Sí, si nos referimos a la creación de empatía (primera aproximación); después predomina el lenguaje verbal.

P: ¿Por qué el seguimiento es fundamental para el éxito de la relación?

R: Porque permite ponerse en el lugar del interlocutor eliminando, de este modo, las primeras barreras emotivas inconscientes (segunda posición perceptiva).

P: ¿Cuántos tipos de seguimiento existen?

R: El de espejo (paraverbal + no verbal) y el del contenido ligado al lenguaje verbal: emotivo, cultural, profundo (valores, criterios).

P: ¿Para qué sirve la guía?

R: La guía es la consecuencia natural del seguimiento. Se activa cuando hemos efectuado un seguimiento adecuado del interlocutor e intentamos dirigirlo hacia el objetivo común.

P: ¿Qué significa que la realidad externa no existe?

R: Significa que deberemos tratar siempre con las representaciones internas que la persona realiza de la realidad misma, prestando especial atención a descubrir los filtros de transformación.

P: ¿Cuáles son los filtros más importantes?

R: Los filtros sensoriales (V-A-C) y los cognitivos (perfiles puestos en evidencia con el modelo LAB Profile, tratados en el próximo capítulo), junto con los valores y criterios.

Capítulo 11

FASE 2: IDENTIFICACIÓN DE LAS NECESIDADES Y LOS MECANISMOS DE LA TOMA DE DECISIÓN

Qué aprenderá en este capítulo

- Cómo comprender las necesidades fundamentales en las que se basa la motivación.
- Cómo plantear preguntas verdaderamente eficaces.
- Cómo utilizar el LAB Profile para comprender a su interlocutor.
- Cómo extraer los valores y criterios del interlocutor.
- Cómo interpretar los movimientos oculares.
- Cómo extraer las estrategias de compra.
- Cómo identificar las transgresiones lingüísticas.

Este capítulo pondrá al alcance de su mano (por decirlo de manera cinestésica) la auténtica diferencia existente entre el vendedor de la vieja escuela y el que motiva a comprar, que, en nuestra opinión, será el único capaz de sobrevivir a los desafíos del tercer milenio.

Comprenderá en profundidad cuáles son los mecanismos que llevan al interlocutor a tomar decisiones y comportarse de una determinada manera (mapa mental), mecanismos que le servirán para ofrecer su producto o servicio de manera motivadora. Responderemos a estas preguntas: ¿dónde nacen las necesidades?, ¿cómo se vinculan con la motivación?, ¿cómo se pueden estimular?

«Cada uno piensa por sí mismo», hemos escuchado decir a menudo: ¡no hay nada más cierto! En PNL este concepto se expresa con el principio fundamental de que el mapa no es el territorio.

Entenderá por qué el Sr. X interpreta la realidad de acuerdo con sus propios filtros mentales y cómo usted puede aprovecharlos para alinearse con ese mapa tan valioso; el sistema o modelo más innovador de filtros a que nos referiremos se llama *LAB Profile*.

Constatará después en qué medida los ojos son indicadores de estrategias de decisión y cómo el descubrimiento de los valores y criterios del interlocutor resulta determinante para activar un seguimiento eficaz que ayude a superar las defensas más profundas; ya ha comprobado la importancia de los valores sobre usted mismo en la primera parte del libro.

Por último, conocerá el modelo, o mejor «metamodelo», de las preguntas al servicio de la comprensión profunda y del descubrimiento del significado, que le permitirán trabajar con el interlocutor para conducirlo, finalmente, hasta el estado de casi cliente.

LAS NECESIDADES FUNDAMENTALES COMO BASE DE LA MOTIVACIÓN

Actualmente, la diferencia, muchas veces citada, entre un vendedor clásico y un vendedor-consejero reside en la capacidad de personalizar la venta gracias a diferentes instrumentos que permiten comprender, antes de vender, las necesidades íntimas que el consumidor desea satisfacer mediante la compra.

¿Qué le impulsa a comprar un traje clásico en vez de uno informal? Naturalmente el uso que le quiere dar. Esta obviedad puede ayudarle a reflexionar en términos de segunda posición perceptiva. Pues bien, esforzarnos en ver el mundo con los ojos de otro nos ayuda a intuir los procesos lógicos que cada uno de nosotros utiliza en el momento de comprar.

Según Abraham Maslow,[32] psicólogo de los años cincuenta y estudioso de la motivación, las principales necesidades de un hombre son cinco:

→ autorrealización;
→ valoración;
→ afecto;
→ seguridad;
→ fisiología.

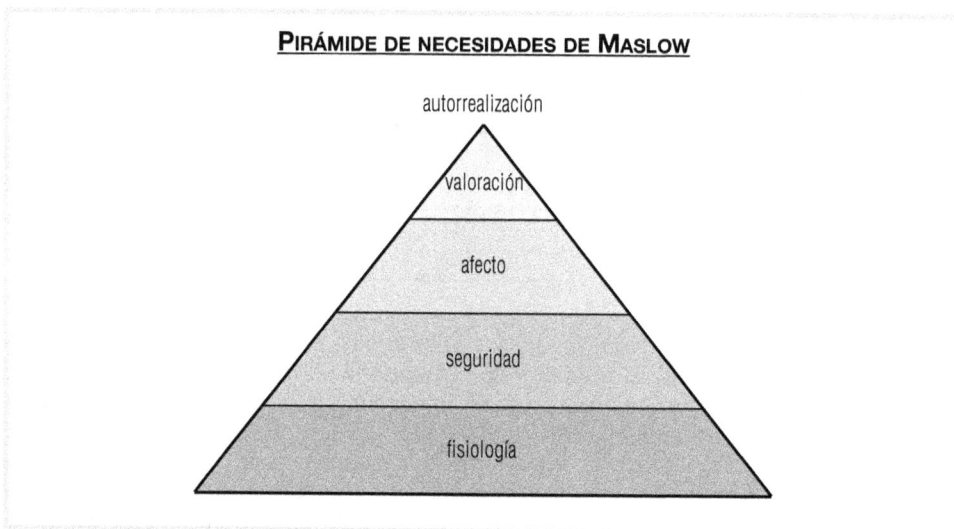

PIRÁMIDE DE NECESIDADES DE MASLOW

autorrealización

valoración

afecto

seguridad

fisiología

Intentaremos ahora leer las necesidades de nuestro interlocutor a través de la adecuada reinterpretación del esquema de Maslow.

En la base de la pirámide se encuentran las necesidades fisiológicas, como la alimentación, el sexo, el descanso, el estado físico y, en los negocios, que es lo que nos interesa, el derecho al beneficio.

En el cuarto puesto encontramos la necesidad de seguridad. Como hemos visto anteriormente, la seguridad es un valor que, si se ve satisfecho, motiva intensamente al individuo a la hora de decidir. Imagine que quiere comprar un inmueble: ¿qué necesidad espera que sea satisfecha? Probablemente la de seguridad. Esta necesidad también puede ser interpretada como la exigencia de realizar compras que no le acarreen dificultades después.

32. Abraham Maslow, *Motivation and Personality*, Nueva York, 1954.

En el tercer puesto encontramos la necesidad de afecto. Todos buscamos afecto a través de las cosas que hacemos y de las personas que encontramos. En la palabra afecto se encierra una necesidad más amplia de comprensión, escucha, sintonía, empatía...; en otros términos, como dice Anthony Robbins, una necesidad de establecer *rapport*.

Aproximándonos al vértice de la pirámide de Maslow encontramos, en el segundo lugar, la valoración: también este es un valor muy importante para la motivación. Ser valorado y valorarse uno mismo (autoestima) significa tener conciencia de existir, de ser considerado por los demás y por uno mismo. ¿Alguna vez un vendedor le ha ofrecido algún producto o servicio valorando su punto de vista, coincidiendo con su opinión de hombre de éxito y capacitado? Si la respuesta es sí, inevitablemente habrá experimentado una sensación positiva, siempre que el vendedor no se haya mostrado adulador. Pues bien, satisfacer la necesidad de valoración significa actuar sobre algunos aspectos muy íntimos que el individuo esconde dentro de sí mismo..., lugar en el que residen las motivaciones más eficaces para la compra.

Por último, en la cumbre de la pirámide brilla la estrella de la autorrealización, gran fuente de motivación, pues difícilmente podemos oponernos a la necesidad de autorrealizarnos, de vencer y de lograr.

Esta adaptación de la pirámide de Maslow a la venta le ayudará a dirigir la atención hacia un objetivo estratégico: ¡satisfacer las necesidades del cliente! Es cierto que el cliente manifiesta necesidades de diferente tipo, pero en la base de los mecanismos de decisión se encuentra, efectivamente, el intento de satisfacer algunas de estas necesidades, o todas.

EJEMPLO N.º 10
LA COMPRA DEL COCHE

Piense en el momento en que decidió comprar un coche. Reviva la experiencia siguiendo la pirámide con el fin de identificar en qué medida su decisión estuvo relacionada con el deseo de satisfacer una, o más, de las necesidades citadas.

La necesidad de desplazarse rápidamente en el espacio, en una cultura basada en la movilidad, podría representar la primera necesidad fisiológica.

La seguridad podría entenderse tanto desde el punto de vista mecánico, típico del sector automovilístico, como psicológico, como la respuesta a una elección correcta, sin incertidumbre. A continuación, el afecto: siempre se ha dicho que la compra tiene un carácter emotivo, basado en pocos estímulos pero certeros; el lado afectivo de las cosas nos resulta familiar, nos recuerda qué es importante para nosotros (valores), nos hace retroceder a cuando éramos niños y el afecto era el parámetro que determinaba la confianza y la aceptación de las personas. ¿Por qué no comprar un coche para sentirse próximo, un monovolumen para desplazarse con la familia? La compra de un vehículo para trabajar, en cambio, podría satisfacer el aspecto afectivo relacionado con el concepto de posesión: conduzco el coche, lo siento mío, lo protejo. ¿Qué decir de la valoración? Seguramente hay quien compra un vehículo para demostrarse a sí mismo que vale mucho y para que los demás le valoren como autosuficiente. El concepto de valoración y autoestima está próximo al de autorrealización: la compra de un vehículo de gran cilindrada puede entenderse como la expresión de una serie de éxitos personales conquistados a base de esfuerzos laborales. No es necesario mostrarlo a los demás, como podría suceder en el caso de la valoración, sino que es una conquista íntima, personal, que da fuerza y motiva.

Acabamos de analizar un ejemplo de las motivaciones que puede haber detrás de la compra de un vehículo a través del filtro de la pirámide de las necesidades de Maslow. Este proceso de valoración no basta para seducir a nuestro *prospect* (potencial cliente), pero nos ayuda a identificar un recorrido lógico para calibrar las características positivas de nuestro producto o servicio.

EJERCICIO N.º 26

Piense en su producto o servicio y analícelo de acuerdo con las necesidades primarias.
    ¿Cuáles son las características intrínsecas de su producto o servicio capaces de satisfacer las cinco necesidades?
    ¿Cómo respondería a las necesidades descritas?

¿REALIDAD O REPRESENTACIÓN?

Mire atentamente esta famosa imagen y responda a la pregunta: ¿cuántos años tiene la persona representada? (Véase la solución en la pág. 186). ¿Está seguro de que lo que ve, escucha, observa o percibe es tal como lo ve, escucha, observa y percibe? ¿Podría la realidad ser diferente...?
    Gracias a los estudios de Noam Chomsky y otros especialistas de la comunicación, sabemos que las personas no viven exactamente en la realidad, sino que estructuran percepciones e interpretaciones subjetivas de la realidad a través de cancelaciones, distorsiones y generalizaciones (mecanismos de transformación que se describen más adelante). Por esta razón, no es correcto referirse a una supuesta realidad objetiva, sino a la representación interna que cada uno de nosotros se crea de la realidad que le circunda.
    Siendo así, debería entonces prestar mucha atención a lo que su interlocutor dirá y a cómo lo dirá, por cuanto cada palabra podría describir un aspecto de su mapa del mundo. ¿Cómo se logra? Planteando las preguntas adecuadas.

¿Qué ve?

EL ARTE DE SABER PREGUNTAR Y SABER RESPONDER

«Quien pregunta, dirige», dice una antigua pero todavía vigente máxima del buen vendedor. El instrumento más importante que tiene a su disposición para comprender a su interlocutor es ¡preguntar!
    Se trata de un concepto bastante intuitivo, pero no siempre fácil de llevar a la práctica: hacer la pregunta justa en el momento adecuado, pero sobre todo del modo correcto, es lo que marca la diferencia entre quien comunica y quien simplemente mete baza.
    ¿Qué tipo de preguntas tiene a su disposición?

PREGUNTAS ABIERTAS

Estas preguntas estimulan respuestas amplias y ricas en información.

⇒ ¿Qué piensa?
⇒ Según usted, ¿cómo podría/debería...?
⇒ Dígame...

PREGUNTAS CERRADAS

Normalmente comienzan con un verbo.

⇒ ¿Le interesa... (esto, aquello)?
⇒ ¿Acepta estas condiciones?
⇒ ¿Me aplica este descuento?
⇒ ¿Está de acuerdo con nuestra política?
⇒ ¿Es cierto que...?

Estas preguntas conllevan una respuesta a menudo escueta: sí o no.

Evidentemente no tiene ningún interés en provocar dichas respuestas en esta fase, ya que no generan suficiente información para seguir y guiar al interlocutor.

Es importante observar que la emisión de preguntas abiertas también puede generar respuestas cerradas («¿Qué piensa de...?¡Nada!»), pero si así sucede obtendrá la información —igualmente valiosa— de que el interlocutor no quiere responder desvelando más de lo que ya ha hecho: compruebe, entonces, el *rapport* que ha establecido.

Del mismo modo, si realiza preguntas cerradas, podría encontrar a un interlocutor que ofreciera respuestas muy articuladas y repletas de información; esto significa que muestra una voluntad de hablar más de lo que se le solicita.

CÓMO RESPONDER A LAS PREGUNTAS ABIERTAS DEL CLIENTE

De manera genérica. Si todavía no tiene claro quién es su interlocutor, hasta dónde quiere llegar o la estrategia que desea adoptar, es conveniente que devuelva la pregunta destacando que necesita más datos..., es decir, proponiendo una pregunta abierta.

EJEMPLO N.º 11

Sr. X: ¿Qué quiere proponerme?
      Usted: Mire, nuestra empresa tiene múltiples soluciones que podrían adaptarse a sus exigencias; para comprenderlo mejor, ¿cuál es su organización?

Una frase muy útil, a la que puede recurrir cuando necesite seguir lo que su interlocutor esté diciendo, es:

$$Precisamente\ por\ eso...^{33}$$

¡Acompañada de sus razones!

---

33. Para una lectura sobre la fuerza persuasiva evocada por esta frase, véase F. Pirovano, *La comunicazione persuasiva*, De Vecchi, Milán, 2001.

EJEMPLO N.º 12

Sr. X: Mire, tenemos una red de distribución de productos de cosmética en todo el territorio nacional [...].

Usted: Bien, precisamente por eso nuestro centro de investigación ha desarrollado un software innovador capaz de coordinar los pedidos con la disponibilidad del almacén central.

AJUSTAR EL TIEMPO DE ESCUCHA

El conocido economista Vilfredo Pareto destacó que el 80% de la riqueza está en manos del 20% de la población, que el 80% de lo que comunicamos es retenido por el 20%, que normalmente el 20% de la clientela de una empresa constituye el 80% de la facturación, etcétera. Existen otros muchos ejemplos que prueban esta relación 80/20.

Durante la negociación, es conveniente respetar esta relación: durante el 80% del tiempo, haremos hablar al otro; durante el 20% restante, responderemos.

A menudo debemos hablar con hábiles comunicadores que intentan enriquecerse con nuestros datos antes de que lo hagamos nosotros. Al preguntar, recuerde que no debe sugerir la respuesta. Aprenda a gestionar el silencio como un arte..., escuche al otro, recoja cada frase que diga, el modo en que la dice, observe cuáles son sus palabras mágicas y sígalo.

¿A QUIÉN TENEMOS ENFRENTE?

Las corrientes psicológicas tradicionales siempre han pretendido clasificar a las personas. Por este motivo, durante el siglo XX, la investigación ha tendido a elaborar diferentes teorías sobre los tipos psicológicos, afinándolas de manera que pudieran dar lugar a modelos que reflejasen nuestra manera de ser, llena de matices y diferencias individuales.

Los LAB Profile son uno de los sistemas, o modelos, más recientes y eficaces que le ayudarán a comprender la variabilidad de las características psicológicas de los individuos, especialmente aquellas que se refieren a sus motivaciones y comportamiento.

Los LAB Profile se basan en los filtros cognitivos que cada uno de nosotros aplica a la realidad en el momento en que la percibe y la vive. De acuerdo con el tipo de filtro que tenemos y cómo lo utilizamos, nuestra percepción del mundo —y de nosotros mismos— puede cambiar.

De estos filtros depende en gran medida nuestra relación con el mundo. Representan nuestras características personales. Determinan nuestro comportamiento, las preferencias, los mecanismos psicológicos sobre los que actuamos cuando deseamos alcanzar resultados que consideramos significativos. Por tanto, también controlan los mecanismos mentales que aplicamos cuando queremos actuar sobre la realidad que nos rodea, orientándola de acuerdo con nuestros objetivos. Realizando una analogía informática,[34] aquello que describen los LAB Profile corresponde al sistema operativo de un ordenador, donde el *hardware* sería nuestro cerebro y los programas, el *software*, estarían representados por nuestros mecanismos de pensamiento: lenguaje, valores, creencias, etc.

Veamos ahora en detalle las características y la estructuración de los LAB Profile.

---

34. L. M. Hall y B. Bodenhamer, *Figuring out people*, Nueva York, 1997.

NUESTRAS ACTITUDES PERSONALES: LOS LAB PROFILE

LAB Profile es el acrónimo inglés de *Language and Behaviour Profile*, que significa perfil (del interlocutor) basado en su lenguaje y su comportamiento.[35] En otras palabras, el lenguaje representa la expresión formal del comportamiento de cada ser humano; mediante el lenguaje es posible comprender el funcionamiento de quien lo usa, por cuanto expresa el modo en que filtra el mundo que le circunda.

Todos nosotros, aunque sea inconscientemente, estamos atentos en gran medida a cómo comunican las personas, más que al contenido de su comunicación. El lenguaje utilizado, las palabras escogidas para conversar y responder a las preguntas del interlocutor pueden revelar muchos aspectos del mapa mental de quien habla: dicha selección, efectivamente, no es nunca casual, aunque se produce de manera inconsciente.

Utilizando determinadas preguntas técnicas y valorando las características de las respuestas obtenidas es posible identificar qué elementos estimulan y mantienen alta la motivación de los individuos interesados, y cómo estos procesan internamente la información. Esto resulta muy valioso para estructurar un estilo comunicativo que se adapte plenamente a la estructura psíquica del interlocutor, haciendo que la comunicación sea verdaderamente eficaz, respecto a la finalidad que se persigue. Cuidado, no obstante, pues esto nos ayuda a comprender *cómo funcionamos*, pero no *quiénes somos*.

LA IMPORTANCIA DEL CONTEXTO

El contexto es el marco de referencia de cada comportamiento o situación vivida por el individuo. Dado que los seres humanos son flexibles por naturaleza, son capaces de comportarse de manera distinta en diferentes situaciones: en el trabajo, durante las vacaciones, en las relaciones sentimentales, con los compañeros... El hecho de que una persona presente un determinado perfil LAB en un contexto no significa que manifieste el mismo perfil en un contexto diferente. Por este motivo, al utilizar los LAB Profile debemos asegurarnos de que el contexto de referencia sea claro y muy preciso.

«Si se utilizan los LAB Profile con precisión y rigor, es posible desarrollar la propia comunicación de manera excelente en muchos contextos. De este modo se podrá calibrar la comunicación y el comportamiento de manera adecuada en cada situación» (S. R. Charvet).

Los LAB Profile describen las estructuras cognitivas personales (actitudes) a través de numerosas categorías,[36] que se pueden agrupar en dos:

→ el primer grupo, el de las características motivacionales, comprende las categorías que corresponden a lo que una persona necesita para ser motivada en un contexto determinado;
→ el segundo grupo, el de las características operacionales, en cambio, reúne las categorías que describen los procesos mentales utilizados por una persona para afrontar situaciones operativas, laborales, de relaciones. Si se evidencia, a partir del lenguaje y el comportamiento de un individuo, el modo en que su mente actúa en relación con cada categoría, es posible determinar el entorno y las circunstancias en los que se mostrará más receptivo, así como los mecanismos que le llevarán a convencerse de algo (la idoneidad de un colaborador, la corrección de un proceso de trabajo, etc.).

---

35. Language and Behaviour Profile es una marca registrada de Integral Perspectives Group y LAB International Institute; para profundizar, véase S. R. Charvet, *Words that change minds*, 2.ª ed. Dubuque (Iowa), 1997.
36. Los LAB Profile fueron desarrollados por Roger Bailey-LAB International Institute junto con Ross Steward. Debido a la riqueza de las investigaciones (Leslie Cameron, Wyatt Woodsmall, Michael Hall, Shelle Rose Charvet, Patrick Merlevede, etc.) y de las fuentes que han dado lugar al surgimiento de los LAB Profile (Jung, Mayers-Briggs, etc.), se recomienda la lectura de los libros citados en las notas y bibliografía.

Todo esto aflora gracias a la observación detallada de la manera de hablar de una persona, más que del contenido de las respuestas dadas a las preguntas que se le formulan.

Naturalmente, con la experiencia, usted podrá deducir de la observación natural del comportamiento y el lenguaje de su interlocutor el conjunto de las características motivacionales y operacionales que configuran su perfil.

En los siguientes apartados trataremos las principales categorías evidenciadas por los LAB Profiles y los correspondientes perfiles desde el punto de vista de la venta.

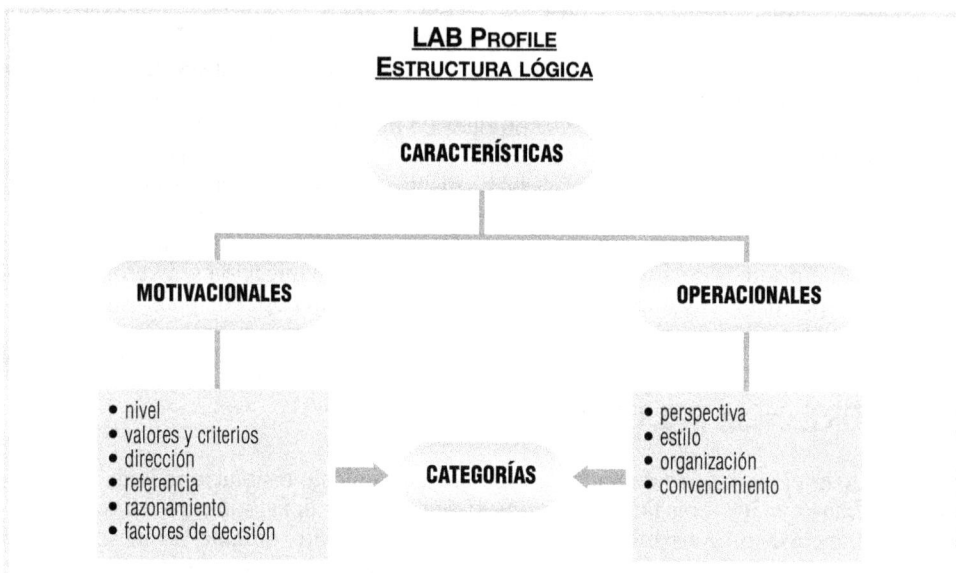

LAB PROFILE
ESTRUCTURA LÓGICA

CARACTERÍSTICAS

MOTIVACIONALES · OPERACIONALES

- nivel
- valores y criterios
- dirección
- referencia
- razonamiento
- factores de decisión

CATEGORÍAS

- perspectiva
- estilo
- organización
- convencimiento

LENGUAJE PERSUASIVO O DE INFLUENCIA
Una vez que haya identificado el perfil de su interlocutor, podrá adecuar su lenguaje para lograr una comunicación de gran impacto. Así favorece en el interlocutor una asociación inmediata al significado de las palabras de la comunicación en curso y se reduce al mínimo la posibilidad de malentendidos.

LOS LAB PROFILE: CARACTERÍSTICAS MOTIVACIONALES

Las características motivacionales, articuladas en seis categorías, ayudan a comprender cuáles de las palancas íntimas de motivación de nuestro interlocutor debemos *seguir* y qué lenguaje de influencia tenemos que utilizar para *guiar*.

Las categorías inherentes a las características motivacionales son:

➡ nivel;
➡ valores y criterios;
➡ dirección;
➡ referencia;
➡ razonamiento;
➡ factores de decisión.

CATEGORÍA NIVEL

¿Quién toma la iniciativa? ¿Lo hace usted o prefiere que lo hagan los demás?

A partir de aquí es posible identificar un nivel de acción diferente.

PROACTIVO

Una persona proactiva provoca los acontecimientos y, por ello, le gusta llevar la iniciativa. ¿Qué significa ser proactivo? La persona proactiva mira positivamente el objetivo, pasa a la acción, intentando identificar los instrumentos para alcanzar la meta de la mejor manera posible y encontrar las soluciones a los problemas, en vez de buscando culpables.

El impulso que motiva a actuar al individuo proactivo se halla en su interior y es muy intenso; existe el riesgo de que se lleve por delante a quien se cruce en su camino..., porque quizá no reflexiona lo suficiente antes de actuar.

Este perfil resulta muy valioso para quien debe desarrollar actividades para las que se requiere una cierta autonomía de acción, como en el caso de los comerciales y vendedores en general.

CÓMO RECONOCER EL NIVEL PROACTIVO

Desde el punto de vista de las preguntas que pueden plantearse, no hay ninguna específica; para saber si el interlocutor es proactivo basta con escuchar atentamente sus palabras (CV) y observar su comportamiento (CNV).

Su interlocutor será proactivo si:

➡ usa con frecuencia frases breves caracterizadas por nombres y verbos en forma activa («Quiero hacer X, he elegido...»), y habla en términos de logros que deben alcanzarse;
➡ habla con convicción considerándose actor y no espectador de lo que dice;
➡ se expresa de manera directa y clara;
➡ muestra impaciencia, interrumpe porque ya ha comprendido y quiere responder enseguida, no permanece quieto en la silla, siempre está en movimiento.

EJEMPLO

«Quiero cambiar enseguida de banco».

LENGUAJE DEL NIVEL PROACTIVO

Obtendrá excelentes resultados si sigue y guía al interlocutor proactivo utilizando las siguientes locuciones, expresadas correctamente en tiempo y forma:

➡ *error, venga, empiece, ahora, láncese, concluya, ¡no esperaré!, es el momento adecuado, actúe.*

EJEMPLO

«¿A qué espera?».

REACTIVO

Al contrario de lo que ocurre con el perfil anterior, a una persona reactiva no le gusta llevar la iniciativa y espera, por tanto, a que la tomen los demás.

CÓMO RECONOCER EL NIVEL REACTIVO

A menudo el reactivo es un buen analista por cuanto le gusta reflexionar sobre las cosas y antes de actuar espera a que todo esté claro, resuelto, definido y listo. Desea comprender plenamente cada aspecto antes de pasar a la acción.

Corre el riesgo de que el tiempo dedicado a la reflexión sea mayor del necesario... ¡hasta el punto de que quienes son extremadamente reactivos pueden llegar a no actuar nunca!

Su interlocutor será reactivo si:

➡ utiliza preferentemente frases incompletas, sin sujeto o sin verbo («Es conveniente que se reflexione sobre eso»);
➡ conjuga los verbos en forma pasiva («La competencia ha sido vencida por nosotros»);
➡ utiliza largos circunloquios y oraciones complejas;
➡ habla de comprensión, análisis y reflexiones;
➡ utiliza a menudo el condicional;
➡ antes de responder se lo piensa dos veces.

EJEMPLO
«A pesar de que se podría considerar más atentamente la utilidad efectiva que el conocimiento de los productos de la competencia podría aportar a la empresa, es conveniente que se tenga en cuenta también esta eventualidad».

LENGUAJE DEL NIVEL REACTIVO
Si quiere motivar a un interlocutor reactivo utilice expresiones del tipo:

➡ *intente comprender, reflexione, analice, espere, considere, valore atentamente, ahora que ya ha reflexionado, intente considerar, se podría, se debería.*

EJEMPLO
«Ahora que ha reflexionado y analizado la utilidad efectiva de conocer los productos de la competencia, piense en la posibilidad de actuar antes de que sea demasiado tarde».

EJERCICIO N.º 27

¿PROACTIVO O REACTIVO?

Entrénese desde este momento para saber si su interlocutor es proactivo, reactivo o ambos. Observe sobre todo su dinámica de movimientos: una persona proactiva está dispuesta a ponerse en marcha mientras que la reactiva generalmente no.

CATEGORÍA VALORES Y CRITERIOS

Ya hemos abordado el concepto de los valores personales y los respectivos criterios de realización. También el modelo de los LAB Profile atribuye una gran importancia a los valores, tanta que los considera prioritarios respecto a otras categorías o filtros psicológicos.

¿Cómo podemos aplicar la investigación sobre los valores a nuestro interlocutor? Planteándonos mentalmente la siguiente pregunta, pero desde la segunda posición perceptiva.

Preguntas de extracción n.º 1 para la categoría «valores y criterios»

¿Qué aspecto de mi trabajo es importante para mí?
¿Qué intento satisfacer a través de mi trabajo?

Este tipo de preguntas invita al interlocutor a reflexionar sobre cuáles son los parámetros de referencia frente a los cuales se activa la motivación, en este caso en relación con el trabajo.

Equivalen a la pregunta interna: «¿Qué considerará el Sr. X auténticamente importante en su trabajo... que yo pueda satisfacer?».

EJEMPLO N.º 13
LA EXTRACCIÓN DE LOS VALORES DURANTE EL DIÁLOGO CON EL CLIENTE

Promotor financiero (PF): [...] Sr. X, ¿puedo preguntarle qué espera especialmente de un promotor financiero?

Señor X (SX): Seguramente, seriedad.

PF: ¿Y algo más?

SX: Sin duda, la seriedad es un requisito previo para trabajar juntos, pero ¡además querría que mirase por mis intereses y no sólo por los suyos!

PF: Justo. ¿Significa esto acaso que en el pasado algún otro promotor actuó sólo en su propio interés? [...]

Como alternativa el promotor financiero podría indagar en el criterio de realización del valor seriedad:

PF: Sr. X, ¿puedo preguntarle entonces cómo espera que se comporte un promotor financiero para satisfacer plenamente su expectativa de seriedad? (Corresponde a la pregunta de extracción del criterio).

Pregunta de extracción n.º 2 para la categoría valores y criterios

¿Qué debería suceder para que [el valor] se satisfaga plenamente?

Como podrá comprobar, el promotor financiero ha abierto un nuevo e interesante camino para indagar: seguramente sabe que deberá justificar su papel y sus productos realzando precisamente la característica (valor) de la seriedad, y demostrará que la relación que se está consolidado se basará sin duda en la atención al cliente.

A un mecánico podríamos preguntarle: «¿Qué es lo que considera importante en su trabajo con los motores?»; a un dentista: «¿Cuál es el aspecto más importante a la hora de cuidar los dientes de sus pacientes?», o a un amigo: «¿Qué es lo que más cuenta para ti en nuestra amistad?».

Para extraer los valores es necesario exponerse, debe haber creado un poco de empatía para no resultar entrometido; si lo logra (fase 1), entonces será un juego de niños descubrir los valores de su interlocutor y seguirlos, es decir, usarlos del mejor modo para hacerle comprender que su interés y atención hacia él son muy altos.

Es absolutamente necesario que utilice varias veces las mismas palabras durante la conversación (seguimiento profundo) para influir positivamente sobre su interlocutor; de este modo usted tendrá la sensación de que ha comprendido aquello que es más importante para él.

Una sugerencia: preste atención a la cantidad y a la secuencia de valores y criterios expresados por su interlocutor con el fin de comprobar otra característica, la perspectiva, de la que hablaremos más adelante.

La extracción de los valores y de los criterios es un requisito previo fundamental durante el proceso de venta y *marketing*. Nosotros mismos, clientes de tantos otros vendedores, elegimos de forma lógica y coherente lo que responde a las necesidades que consideramos más importantes.

No es casualidad que los publicitarios escriban frases impactantes y fotografíen lugares de ensueño: intentan estimular en el lector/observador una necesidad que satisfacer; cuanto más se aproxime esta necesidad a como es el potencial cliente, mayor será la probabilidad de conquistarlo.

Todo esto significa hacer palanca motivacional sobre los valores: un arma invencible, a disposición de todos.

EJERCICIO N.º 28

VALORES Y CRITERIOS EN LA VIDA DIARIA

Dedique algunos días a escuchar selectivamente con el fin de entrenar su mente para buscar los valores y criterios en las conversaciones cotidianas. Puede ayudarse planteando a sus interlocutores las preguntas antes citadas, procurando incluirlas en los diálogos y tratándolas como si fuesen absolutamente casuales; el interlocutor no ha de experimentar ninguna sensación de malestar mientras le expone las preguntas, pues, en caso contrario, el *rapport* y la magia de la persuasión podrían desvanecerse.

CATEGORÍA DIRECCIÓN

¿La energía motivacional del cliente se centra en los objetivos que tienen que alcanzarse o en los problemas que conviene evitar?

En la primera parte del libro ha conocido la utilidad que tiene saber cuál es la dirección de su automotivación, pero resulta igualmente importante descubrir cómo se motiva su cliente.

HACIA

Las personas con este perfil están centradas en el objetivo que desean alcanzar, ven la meta antes de iniciar la marcha y piensan en términos de resultados. Podrán tener dificultades para ver los problemas y riesgos que deben afrontar, y carecer de motivación si el objetivo no está claro.

CÓMO RECONOCER LA DIRECCIÓN HACIA

Comunicación verbal: habla de las cosas que obtiene y conquista, de objetivos, de metas y de qué es lo que quiere.

Comunicación no verbal: desde el punto de vista del lenguaje corporal, tiende a señalar hacia delante o apunta con el dedo a lo lejos. Suele gesticular de forma centrípeta (hacia sí mismo) para demostrar qué ha logrado reunir y a menudo asiente con la cabeza.

EJEMPLO
«Quiero controlar personalmente mis ahorros y confeccionarme una cartera muy diversificada».

LENGUAJE DE LA DIRECCIÓN HACIA
➡ *Conseguir, obtener, poseer, recoger, comprender, alcanzar, hablar de ventajas, beneficios.*

LEJOS DE
El filtro lejos de da una importancia especial a la identificación de las dificultades y los obstáculos que separan del objetivo; este sigue estando presente, pero, antes de pensar en alcanzarlo, la persona con el filtro lejos de se pregunta qué es lo que podría impedirle llegar a la meta. Su motivación resulta muy estimulada cuando existe un problema que debe resolverse; de hecho, potencialmente estas personas son buenos analistas.

Estos individuos son muy buenos comprendiendo qué debe evitarse para no comprometer el resultado. No obstante, su atención hacia los problemas podría volverse en su contra frenando el camino hacia el objetivo.

CÓMO RECONOCER LA DIRECCIÓN LEJOS DE

Comunicación verbal: citará siempre situaciones problemáticas, obstáculos que deben superarse y dificultades que requieren solución.

Comunicación no verbal: desde el punto de vista del lenguaje corporal, utiliza gestos centrífugos (hacia el exterior, alejándose) y niega con la cabeza. Muestra la típica expresión facial de quien es «problemático».

EJEMPLO
«Debería cambiar de promotor para evitar perder más dinero».

LENGUAJE DE LA DIRECCIÓN LEJOS DE
➡ *Evitar, apartarse de, no tener, desembarazarse de, excluir, lejos de, prevenir, identifiquemos el problema, no hay problema.*

Cuando no logre determinar cuál es filtro que predomina, puede diseminar una pregunta, procurando repetirla tres veces, como en el siguiente ejemplo.

EJEMPLO N.º 14
¿LEJOS DE O HACIA?

Podría parecer un poco repetitivo plantear tres veces la pregunta, pero, con buen feeling y una adecuada comunicación paraverbal, verá que es muy sencillo. El objetivo consiste en comprobar, sin que quede ninguna duda, si su interlocutor es un auténtico lejos de o bien un hacia oculto.

PF: Sr. X, ¿por qué es tan importante la seriedad en su promotor financiero?
SX: ¡Porque sin seriedad no se puede trabajar!
PF: ¿Y por qué es importante esto?
SX: Para que las decisiones tomadas no me quiten el sueño.
PF: ¿Entonces, Sr. X, por qué es importante para usted la seriedad en su trabajo?
SX: ¡Para evitar las complicaciones!

En el caso anterior, ¿cómo es el Sr. X? Absolutamente lejos de, confirmado varias veces.
Veamos, en cambio, un perfil lejos de camuflado de hacia.

PF: Sr. X, ¿por qué es tan importante la seriedad en su promotor financiero?
SX: ¡Porque siendo serio se trabaja mejor!
PF: ¿Y por qué es importante esto?
SX: Para dormir tranquilo después de tomar cualquier decisión.
PF: ¿Entonces, Sr. X, por qué es importante para usted la seriedad en su trabajo?
SX: ¡No quiero problemas! (lejos de).

Si se hubiese detenido en la primera pregunta habría pensado que el Sr. X era hacia. En cambio, ha descubierto que en realidad se ha demostrado como lejos de; este último perfil es el que activa su mecanismo de decisión, no los precedentes.

EJEMPLO N.º 15
APLICACIÓN DE LOS PERFILES A LA MOTIVACIÓN DE LA COMPRA

Algunas actividades son típicamente hacia y otras lejos de. El sector de las inversiones es del primer tipo, dado que el objetivo primario de quien invierte es aumentar su patrimonio aprovechando las fluctuaciones del mercado. Los sectores de la sanidad y de los seguros son, en cambio, típicamente lejos de porque ponen el acento en la prevención de la enfermedades que conviene evitar.

En el primer caso, ¿cómo utilizaremos el lenguaje persuasivo para motivar al cliente para que suscriba un fondo de inversión? Haciéndole ver las ventajas y las oportunidades del tipo de producto ofrecido, junto con la gran comodidad que supone disponer de un promotor financiero que le visite en casa o en la oficina, según sus necesidades.

En el segundo caso (seguros) se motivará al cliente para contratar la póliza de seguro por si se encontrase a una edad determinada sin nada, precisamente en el momento de dejar el trabajo. No obstante, el buen vendedor de seguros deberá, como siempre, calibrar su mensaje en función del perfil de su interlocutor: no hay que dar por hecho que se trata de un lejos de, puesto que podría ser un cliente hacia, al cual le propondría la póliza de vida «para garantizar la pensión» y no, desde una óptica lejos de, para «evitar el problema de no contar en el futuro con una pensión».

EJERCICIO N.º 29

Concéntrese sólo en las características del perfil hacia y centre su interés, de manera selectiva, en las expresiones de referencia. A continuación, preste atención sólo a las características del perfil lejos de y escuche del mismo modo. Dedique un día a cada perfil, para conseguir establecer el automatismo de extracción. Después, intente hacer un seguimiento de lo que ha escuchado utilizando el lenguaje más adecuado y compruebe los resultados.

EJERCICIO N.º 30

Escriba cinco mensajes publicitarios hacia, cinco lejos de y otros cinco mixtos (un poco de uno y un poco del otro), y compruebe el efecto que causan sobre personas que conoce, después de haber identificado sus perfiles dominantes y teniendo en cuenta el contexto.

EJERCICIO N.º 31

Considere el perfil nivel (proactivo-reactivo), combínelo con el perfil dirección («hacia-lejos de») y construya frases atractivas para las diferentes combinaciones.

EJEMPLO
Proactivo + lejos de = «¡Suscriba su pensión complementaria hoy para no tener problemas mañana!».

CATEGORÍA REFERENCIA

¿La persona está motivada siguiendo sus parámetros internos de juicio (benchmark interno) o necesita referencias externas para actuar?

También este perfil es extremadamente importante desde el punto de vista de la venta: el cliente con filtro externo suele apreciar los consejos del vendedor, mientras que el cliente con filtro interno tiende a refutar sus mensajes hasta que ha alcanzado un nivel de confianza que le hace superar la barrera que lo separa del exterior.

REFERENCIA INTERNA

Las personas con este perfil se automotivan fácilmente porque saben qué les conviene y qué no en un contexto determinado. Aceptan mal las críticas, los comentarios y los juicios externos, dudando de su interlocutor antes que de sí mismos y de su trabajo. No les gusta recibir *feedback*, ni mucho menos darlo. Aceptan las informaciones procedentes del exterior, tanto de personas como de otras fuentes, como la prensa, pero las reelaboran según su criterio interno y actúan en consecuencia; las informaciones que reciben del exterior siempre tienen el carácter de opinión y, como tales, no son necesariamente aceptadas.

CÓMO RECONOCER LA REFERENCIA INTERNA

Comunicación verbal: suele decir «Yo sé que...»; decide basándose en sus propios parámetros internos; encaja mal que se le diga qué debe hacer o que se decida por ella.

Comunicación no verbal: se mantiene erguida, señala hacia sí misma y tiene una mímica y una gestualidad poco manifiestas; si se le pregunta, hace largas pausas antes de responder.

EJEMPLO
«Sé lo que hago».

LENGUAJE DE LA REFERENCIA INTERNA
→ *Como tú bien sabes, sólo tú puedes decidir, intenta considerarlo, depende sólo de ti, ¿qué piensas?, la valoración es tuya, así es como pienso... tú verás.*

EJEMPLO
«Sr. X, ya me dirá si nuestra propuesta se ajusta exactamente a las necesidades de su empresa» (suponiendo que se le haya hecho una propuesta inmejorable).

REFERENCIA EXTERNA

Los clientes con este filtro necesitan de otras personas para motivarse, para convencerse de que siguen la dirección correcta; buscan consenso. El *benchmark* externo es fundamental para ellos para comprender dónde se encuentran en un momento determinado. Estas referencias incluyen tanto opiniones de terceros *(feedback)* como información procedente de la prensa, las estadísticas, los estudios de mercado, etc. Estas personas se hacen una idea sobre qué deben hacer, pero buscan la confirmación fuera de sí mismas. No saben bien cómo va su trabajo y, por este motivo, preguntan a los compañeros. Están dispuestas a cambiar de idea en función de lo que hayan escuchado, visto o hecho los demás.

Se podría cometer el error de considerar inseguras a las personas que tienen una marcada referencia externa: en realidad no existen pruebas que relacionen este filtro con la inseguridad. Como puede imaginar, no existen perfiles positivos o negativos, sino perfiles, nada más. Cabe suponer que alguien inseguro adopta un lenguaje preferentemente de referencia externa en un contexto dado, pero no puede deducirse en absoluto que quien adopta un filtro de referencia externa lo hace porque es inseguro.

Otra reflexión metodológica relacionada con este aspecto es que los filtros operan siempre en un contexto dado y pueden cambiar por completo al variar el contexto de referencia: ¿alguien inseguro lo es sólo en un contexto determinado o lo es siempre? Probablemente su inseguridad se manifiesta con independencia del contexto de referencia y esto crea la dependencia funcional entre el filtro y el estado de ánimo.

CÓMO RECONOCER A LA REFERENCIA EXTERNA

Comunicación verbal: constantemente hace referencia a personas o fuentes externas de información para poder decidir, busca el consenso y se expresa utilizando términos ajenos.

Comunicación no verbal: adopta una posición dirigida hacia delante, escuchando atentamente, y busca el consenso con la mirada y la cabeza.

EJEMPLO
«Algo está bien hecho cuando los clientes están satisfechos y mi jefe también».

LENGUAJE DE LA REFERENCIA EXTERNA
A alguien con referencia externa es necesario ofrecerle datos, referencias, comentarios:

➡ *los otros dicen, le confirmo, el consenso que obtendrá, el feedback que recibirá, piense en lo que dirán, en qué pensarán los demás.*

EJEMPLO
«Sr. X, créame, nuestra propuesta se ajusta exactamente a las necesidades de su empresa» (suponiendo que se le haya hecho una propuesta inmejorable).

Pregunta de extracción para la categoría referencia

¿Cómo sabe que ha hecho bien...
[cualquier cosa inherente al contexto de referencia]?

EJERCICIO N.º 32

Considere el perfil dirección, combínelo con el perfil referencia y escriba frases para las diferentes combinaciones.

EJEMPLO
Hacia + referencia interna = «¡Para llegar antes que los demás tiene que actuar así! ¡Confíe!».

Proactivo + lejos de + referencia externa = «Voy al concesionario a comprobar que el coche esté preparado para realizar este viaje, para que no me deje en la estacada, ¿qué opina?».

EJERCICIO AVANZADO N.° 7

Proponga, utilizando el lenguaje de influencia debidamente combinado, un viaje a México a un interlocutor con el siguiente perfil, que incluye también aspectos sensoriales:

- Visual.
- Proactivo.
- Lejos de.
- Referencia externa.

EJEMPLO DE RESPUESTA

«Sr. X, desde 1984 nos ocupamos de organizar viajes a México con todos los gastos incluidos [ofrezco un dato objetivo positivo al que el Sr. X puede referirse externamente: la dilatada experiencia; para la referencia externa es importante disponer de datos para comparar].

»Usted es claramente [visual] una persona activa [seguimiento proactivo]; por tanto, para no defraudarle [lejos de] imagino [visual] que el paquete *YZK no problem* [lejos de] será perfecto. Confíe [referencia externa], mar cristalino [visual], colores intensos [visual] y atardeceres inolvidables [lejos de]: ¿se perdería algo así? [lejos de]».

Con este ejemplo le hemos demostrado cómo seguir y guiar a un interlocutor que haya manifestado tener las cuatro características del ejercicio; piense en todo aquello que podrá hacer cuando adquiera plena confianza con todos los perfiles. Al escucharle, sus clientes sentirán una fuerza motivadora que condicionará sus decisiones... ¡y usted habrá alcanzado su objetivo!

En este ejemplo hemos anticipado la fase cuatro sobre la presentación del producto o servicio en función de las características del Sr. X; a fin de cuentas, la acción persuasiva de la venta es un todo y no siempre [lejos de] es fácil ver [visual] las cosas en compartimientos estancos [cinestésico].

CATEGORÍA RAZONAMIENTO

¿Una persona se motiva razonando más fácilmente a través de la búsqueda de alternativas o siguiendo un procedimiento dado?

OPCIONES

Las personas caracterizadas por este filtro, siempre en un contexto específico, se sienten motivadas si hay opciones, posibilidades y alternativas. Si se marcan un objetivo que prevé un determinado trayecto para alcanzarlo, la energía motivadora se encaminará hacia la búsqueda de atajos (que a veces resultan no ser tales) que las hacen desviarse del camino principal.

Consideran que siempre hay un camino mejor, con el riesgo de no llegar finalmente a alcanzar ningún resultado.

Su motivación es máxima cuando se dan cuenta de que han cambiado las reglas del juego o han encontrado una solución alternativa a la más común: lo único importante es buscar cada vez algo diferente.

CÓMO RECONOCER EL RAZONAMIENTO OPCIONES

Comunicación verbal: escoge, elabora listas (valores), habla de oportunidades, posibilidades, alternativas e ideas para complementar otras.

Comunicación no verbal: no se han encontrado comportamientos característicos para este filtro.

EJEMPLO
«Mi nuevo trabajo me gusta porque es estimulante, divertido, me ayuda a crecer, me hace sentir dinámico y joven».

LENGUAJE DEL RAZONAMIENTO OPCIONES
➡ *Oportunidad, alternativa, posibilidad, puedo, elegir, romper las reglas, un modo mejor para..., esto es una manera, infinitas posibilidades.*

PROCEDIMIENTO
Este filtro corresponde a las personas que siguen un procedimiento dado. Deben continuar a cualquier precio y están decididas a hacerlo indefinidamente. Se interesan por cómo hacer las cosas en vez de por qué son de una determinada manera. Un procedimiento comienza en A y debe finalizar en Z: si no sucede así, la persona se siente perdida; es como si la existencia del procedimiento diera significado al objetivo, en vez de que el objetivo justifique el procedimiento. Generalmente estos individuos son buenos ejecutores.

CÓMO RECONOCER EL RAZONAMIENTO PROCEDIMIENTO

Comunicación verbal: responde al porqué de las preguntas con el cómo. Por lo general, tiende a explicar la experiencia en forma de historias.

Comunicación no verbal: no se han encontrado comportamientos característicos para este filtro.

EJEMPLO
«Estoy seguro de que para que un buen vendedor tenga éxito debe seguir algunas reglas simples: en primer lugar, presentarse correctamente; después, presentar bien la empresa; a continuación, demostrar su profesionalidad con hechos, y sólo entonces podrá gozar de mi simpatía».

LENGUAJE DEL RAZONAMIENTO PROCEDIMIENTO
Es necesario utilizar una exposición con la estructura «Primero..., después..., entonces» y expresiones del tipo: seguir las reglas, el modo, necesidad, debo.

Pregunta de extracción para la categoría razonamiento

¿Por qué ha realizado esta elección? (compra, etc.).

Cuidado: como ya habrá observado, los ejercicios propuestos se complican cada vez más; concédase por tanto el tiempo necesario para asimilar los conceptos expresados.

EJERCICIO AVANZADO N.º 8

Considere los siguientes perfiles:

⇒ referencia;
⇒ dirección;
⇒ razonamiento.

Escriba frases para las diferentes combinaciones.

EJEMPLO
Referencia interna + lejos de + opciones = «Estoy convencido de que para no perder el negocio debemos incidir sobre la cantidad y el precio o bien, como alternativa, sobre la calidad y los tiempos».

EJERCICIO AVANZADO N.º 9

Utilizando el lenguaje persuasivo correctamente combinado, ofrezca un apartamento a un interlocutor con el siguiente perfil (cuando acabe, compare su propuesta con la que le facilitamos):

⇒ cinestésico [C] 70% - visual [V] 30%
⇒ proactivo [pro] 100%
⇒ hacia [hc] 100%
⇒ referencia externa [rext] 100%
⇒ opciones [op] 100%

EJEMPLO DE RESPUESTA
«Mire [V], Sr. X, en la actualidad comprar un apartamento como este [rext] es un signo [C-V] importante [op], un gesto [C] concreto [C] y tangible [C] [op] que todos podrán ver y apreciar [V-rext]. Aproveche la ocasión [C] [rext] [pro] para demostrar [rext] a las personas que ama [C] [rext] y a usted mismo [rext] lo importante que es para usted alcanzar este sueño. Créame [rext], no hay ningún motivo para esperar [pro]».

CATEGORÍA FACTORES DE DECISIÓN

¿Cómo se responde ante los cambios? ¿Con qué frecuencia se manifiestan?
¿Buscamos las diferencias o las semejanzas?

SEMEJANZA
Las personas con este filtro se encuentran bien (seguras y tranquilas) cuando continúan haciendo aquello que hacen. Buscan la confirmación de las cosas en la experiencia anterior, pues temen principalmente los cambios de ruta, no los soportan, rechazan adaptarse a lo nuevo.

CÓMO RECONOCER EL FACTOR DE DECISIÓN SEMEJANZA

Comunicación verbal: en qué se parecen; qué tienen en común X e Y; no ha cambiado nada; no me gustan las novedades; siempre lo mismo; es igual; es como el año pasado; ni más ni menos: es lo mismo.

EJEMPLO
«Mi trabajo es exactamente el mismo del año pasado. Continúo haciendo lo mismo».

LENGUAJE DEL FACTOR DE DECISIÓN SEMEJANZA
➠ *Semejante a, igual, como antes, tienen en común, invariable, de manera idéntica, como siempre, como ya sabe, es lo mismo.*

SEMEJANZA CON EXCEPCIONES
Las personas con este filtro se encuentran bien si siguen haciendo aquello que hacen desde un punto de vista *evolutivo*, es decir, pueden aceptar pequeños cambios, siempre que no las perturben, sino que más bien confirmen que existe una especie de tranquilidad en el pasado que protege de las incertidumbres ante lo nuevo, ante el futuro.

CÓMO RECONOCER EL FACTOR DE DECISIÓN SEMEJANZA CON EXCEPCIONES

Comunicación verbal: evolución, es lo mismo excepto que..., mejor, peor, menos, más, mejora, crecimiento, desarrollo, hace comparaciones buscando pequeños cambios.

EJEMPLO
«Mi trabajo ha mejorado: aunque es el mismo del año pasado, tengo mayores responsabilidades y menos oposición».

LENGUAJE DEL FACTOR DE DECISIÓN SEMEJANZA CON EXCEPCIONES
➠ *Mayor, menor, uso de comparativos, evolución, lo mismo salvo que, mejora, actualización, progreso, crecimiento, desarrollo.*

DIFERENCIA
Las personas con este filtro no se encuentran bien si continúan haciendo aquello que hacen a menos que intervengan factores de alteración. Necesitan claras señales de cambio, frecuentes y drásticas; el ayer ya no existe, es historia, ahora deben correr para atrapar (si son proactivos) el futuro antes de que se convierta en pasado. Son personas que cambian la decoración con cierta frecuencia, para tener la sensación de que algo nuevo ha sucedido. En el ámbito profesional no dejan de intentar promocionarse permanentemente o buscan continuas novedades.

CÓMO RECONOCER EL FACTOR DE DECISIÓN DIFERENCIA

Comunicación verbal: diferente, otra cosa, ninguna relación entre X e Y, nuevo, cambiado, transformado, revolución, a diferencia de.

EJEMPLO
«Mi trabajo no tiene nada que ver con el que hacía antes, es completamente diferente».

LENGUAJE DEL FACTOR DE DECISIÓN DIFERENCIA
➡ *Nuevo, completamente diferente, revolución, único, irreconocible, cambio, la única cosa, inaudito.*

SEMEJANZA CON EXCEPCIONES Y DIFERENCIA (AMBOS)
Estas personas se encuentran a gusto tanto si hablan de evolución como de revolución. Aúnan los filtros precedentes.

CÓMO RECONOCER EL FACTOR DE DECISIÓN AMBOS

Comunicación verbal: utilizan tanto semejanza con excepciones como diferencia.

EJEMPLO
«Mi trabajo ha cambiado por completo permitiéndome una introducción gradual en el equipo directivo».

LENGUAJE DEL FACTOR DE DECISIÓN AMBOS
Utiliza las expresiones correspondientes a los otros filtros.

Pregunta de extracción para la categoría factores de decisión

¿Qué relación existe entre el producto o servicio X y el producto o servicio Y? (mostrando las alternativas con las dos manos abiertas y bien separadas entre sí).

EJERCICIO AVANZADO N.º 10

Escriba frases para las siguientes combinaciones:

➡ proactivo + lejos de + referencia interna;
➡ proactivo + opciones + diferencia;
➡ reactivo + semejanza + procedimiento;
➡ reactivo + semejanza/excepciones + opciones;
➡ reactivo + hacia + referencia externa + procedimiento + semejanza;
➡ proactivo + lejos de + referencia interna + opciones + diferencia.

EJERCICIO AVANZADO N.º 11

Utilizando el lenguaje de influencia adecuadamente combinado, ofrezca un fondo de inversión a un interlocutor con el siguiente perfil:

Visual [V] 70% - cinestésico [C] 30%
Proactivo [pro] y reactivo [rea]
Lejos de [lde] 70% - hacia [hc] 30%
Referencia interna [rint] 100%
Procedimiento [proc] 100%
Semejanza con excepciones [s/e] 100%

EJEMPLO DE RESPUESTA
«Mire [V], Sr. X, se trata de un fondo prudente [C], adecuado para quien, como usted sabe bien [rint], no quiere arriesgar demasiado [lde]. Deberá [proc] tener un poco de paciencia [rea], el fondo evoluciona [s/e] lentamente [rea]. Se sentirá más tranquilo [C] [rint] [s/e] y no deberá preocuparse de nada [lde]: si quiere [rint] me puede [opc] llamar al móvil y, si encuentra el contestador, déjeme un mensaje [proc] y en cuanto lo escuche [proc] le llamaré tan pronto como me sea posible [proc].

LAB PROFILE
CARACTERÍSTICAS MOTIVACIONALES

CATEGORÍAS	FILTROS
• nivel	• proactivo-reactivo
• valores y criterios	• extraer escuchando selectivamente
• dirección	• hacia-lejos de
• referencia	• interna-externa
• razonamiento	• opciones-procedimiento
• factores de decisión	• semejanza-S/E-diferencia-S/E y diferencia (ambos)

LOS LAB PROFILE: CARACTERÍSTICAS OPERACIONALES

Tras analizar las características motivacionales, veremos a continuación las operacionales, que describen diferentes comportamientos tanto de tipo personal como de relaciones. Su función primaria consiste en ayudar a comprender mejor al interlocutor.

Las categorías inherentes a las características operacionales son:

➡ perspectiva;
➡ estilo;
➡ organización;
➡ convencimiento.

CATEGORÍA PERSPECTIVA

¿Nuestro interlocutor utiliza instintivamente datos muy detallados o prefiere la visión de conjunto? ¿Usa muchas palabras precisas o pocas palabras genéricas?

PARTICULAR

Las personas que poseen este perfil están familiarizadas con la gestión por separado de múltiples fragmentos de información. Su principal característica consiste en tratar muchos datos de manera lineal, secuencial; se trata del tipo de personas que si son interrumpidas mientras hablan, pierden el hilo. ¿Qué diferencia existe entre un particular y un procedimiento? Ambos necesitan un punto de partida (A) y una meta (Z), pero el primero sigue el camino sin desviarse, mientras que el segundo puede realizar recorridos tortuosos para llegar a la meta (también es una forma de proceder).

CÓMO RECONOCER LA PERSPECTIVA PARTICULAR

Comunicación verbal: se centra en los detalles y las secuencias de hechos; utiliza muchos adjetivos y adverbios; es preciso al identificar lugares, cosas y personas; habla mucho y de manera detallada.

EJEMPLO

«Hace un mes compré un ordenador, ¿sabe?, uno potente de última generación con dos gigabytes de memoria, que es mucha para el uso que quiero darle, pero el muchacho de la tienda, aunque era joven, me pareció cualificado, al fin y al cabo los ordenadores pertenecen más al mundo de los jóvenes que al nuestro... Me explicó que sin una memoria suficiente no sería capaz de apreciar algunos programas gráficos. Parece que los programas gráficos que se utilizan para diseñar, tipo CAD/CAM, si no tienen suficiente memoria, se bloquean y, de este modo, la inversión resulta inútil. Por eso me ha parecido bien la compra, me gustan las personas que, cuando venden algo, saben exponer sus argumentos [continúa...]».

LENGUAJE DE LA PERSPECTIVA PARTICULAR
Es necesario intentar copiar las palabras que utiliza nuestro interlocutor; el lenguaje de influencia para un particular será:

➡ *exactamente, precisamente, específicamente, en detalle, puntualmente.*

GENERAL

Quienes poseen este filtro prefieren, de largo, usar pocas palabras, aunque no sean suficientes para explicarse. Miran las cosas por encima y afrontan la conversación a grandes rasgos. Podrían introducir largas pausas entre palabras y seguir con más facilidad los discursos a nivel conceptual. Cuando hablan con un particular, tienen dificultades para seguirlo porque se pierden en los detalles. También les puede resultar difícil expresar de forma clara y resumida sus ideas, porque a menudo son desordenados.

CÓMO RECONOCER LA PERSPECTIVA GENERAL

Comunicación verbal: hablan poco, resumen, hacen pausas, conceptualizan, sus escasas frases incluyen pocos adjetivos y poca información, expresada además sin orden.

EJEMPLO
«He comprado un ordenador nuevo».

LENGUAJE DE LA PERSPECTIVA GENERAL
→ *Visión de conjunto, esencialmente, en general, en resumen, lo importante es, en pocas palabras.*

Pregunta de extracción para la categoría perspectiva
No está prevista, porque basta con medir la duración del discurso y el mayor o menor detalle.

EJERCICIO N.º 33

DURACIÓN Y MODO DEL DISCURSO

Entrénese escuchando atentamente a las personas que le rodean y observe cómo cambian la duración y el modo del discurso.
Siga un debate televisivo y observará sin dificultades la diversidad de perspectivas.

CATEGORÍA ESTILO

¿La actitud de su interlocutor es la de quien trabaja solo o la de quien prefiere compartir sus responsabilidades o trabajar en equipo?

INDEPENDIENTE

Estos perfiles desean trabajar solos, no les gusta compartir ningún área de actividad con otros. «Yo me lo guiso, yo me lo como» es probablemente el lema básico de este filtro.

En el lugar de trabajo, si durante días enteros no se encontrasen con los compañeros, no lo echarían en falta.

CÓMO RECONOCER EL ESTILO INDEPENDIENTE

Verbal: «yo, yo mismo, mi responsabilidad»; no citan ni hacen referencia a otras personas.

EJEMPLO
«He presentado al consejo de administración la revisión del proyecto, estoy muy satisfecho del trabajo que he hecho».

LENGUAJE DEL ESTILO INDEPENDIENTE
➡ *Trabaje solo, tendrá el control y la responsabilidad total, nadie le molestará, arrégleselas.*

CERCANO
Desean trabajar manteniendo un claro control de sus responsabilidades, que no les gusta compartir. Sin embargo, necesitan sentirse próximos a otras personas, tanto para coincidir con ellas como para disentir.

CÓMO RECONOCER EL ESTILO CERCANO

Comunicación verbal: había más implicados, y «yo» podría citar a otros.

EJEMPLO
«He presentado al Consejo de Administración la revisión del proyecto que he desarrollado con mi equipo de trabajo. Estoy muy satisfecho tanto del trabajo realizado como de mis colaboradores».

LENGUAJE DEL ESTILO CERCANO
➡ *Usted controla, trabajará con otros pero este es su proyecto, es su guía, su responsabilidad es X y la de él, Y.*

COOPERATIVO
Es la clásica persona que trabaja bien en equipo. La unión hace la fuerza y juntos se consiguen los mejores resultados. El cooperativo razona pensando en el equipo y comparte sus responsabilidades con los demás. No es necesario que haga las cosas con los otros, sólo ha de poder confiar en un equipo que lo acompañará en la misma dirección.

CÓMO RECONOCER EL ESTILO COOPERATIVO

Comunicación verbal: «nosotros, nuestro trabajo, juntos»; habla implicando siempre a otras personas, el resultado de uno es el de todos.

EJEMPLO
«Hemos entregado al Consejo de Administración la revisión del proyecto desarrollado por nuestro equipo. Todos estamos muy satisfechos del trabajo realizado».

LENGUAJE DEL ESTILO COOPERATIVO
Todas las palabras que cohesionan al equipo:

➡ *juntos, unidos, equipo, grupo, compartir alegrías y dolores, una gran familia, podremos, deberemos.*

CATEGORÍA ORGANIZACIÓN

En esta categoría encontramos la distinción entre los filtros personas y cosas, que reflejan la mayor o menor aptitud para organizar el trabajo implicándose personalmente (*feeling, sentimientos,* etc.) o bien dedicándose a la tarea específica.

PERSONAS
Quien posee este filtro es muy sensible a la respuesta humana, sentimental, emotiva (no de estrés). Es alguien que pondrá siempre a las personas por delante del trabajo.

CÓMO RECONOCER LA ORGANIZACIÓN PERSONAS

Comunicación verbal: hablan de las personas; hacen muchas referencias a los estados de ánimo y las emociones; citan a las personas por su nombre, demuestran centrar la atención en estas antes que en cualquier otra cosa.

EJEMPLO
«¿Sabe, López?, quiero estar tranquilo, mi hijo Ricardo es pequeño, mi mujer Bárbara es algo nerviosa; por tanto, se lo ruego, no quiero problemas».

LENGUAJE DE LA ORGANIZACIÓN PERSONAS
Uso de pronombres personales, de los nombres de las personas, formulación de pensamientos, sentimientos, estados de ánimo:

➡ *esto es importante para nosotros, para ti, para los demás.*

COSAS
Quien utiliza este filtro parece distante, se concentra en productos, ideas y sistemas. Trata a las personas como cosas, pero sin maldad, es sólo un modo de gestionar las situaciones.

CÓMO RECONOCER LA ORGANIZACIÓN COSAS

Comunicación verbal: habla de procesos, sistemas, resultados, cosas; no cita a las personas salvo para considerarlas como cosas.

EJEMPLO
«¿Sabe?, quiero resultados, no palabras. El dinero no cae de los árboles y no tengo ninguna intención de perder el que he ganado hasta ahora. No quiero problemas».

LENGUAJE DE LA ORGANIZACIÓN COSAS
Uso de pronombres impersonales; referencia a cosas, hechos, situaciones, objetivos, dinero, gráficos, tendencias, resultados.

CATEGORÍA CONVENCIMIENTO

Tras haber extraído la información relativa al canal de convencimiento predominante (sistema de representación primario: visual, auditivo, cinestésico), es necesario saber cómo pueden utilizarse estos datos para activar el convencimiento. Con esta finalidad se han identificado cuatro filtros.

**Pregunta de extracción para la categoría convencimiento
(válida para los cuatro filtros)**

> *Sr. X, ¿cuánto debe [ver, escuchar, probar]
> esto para convencerse de que es lo que necesita?*

EJEMPLOS
El cliente necesita recibir datos un determinado número de veces para convencerse de la validez de algo o de alguien.

RESPUESTA TIPO

SX: Tres o cuatro veces como máximo.

LENGUAJE DEL CONVENCIMIENTO EJEMPLOS
Es conveniente seguir a un cliente con este perfil presentando ejemplos que apoyen el producto.

EJEMPLO
«Sr. X, por ejemplo [...] o bien otro ejemplo podría ser [...]».

AUTOMÁTICO
El cliente se centra en una determinada información (un comportamiento, una intervención, un discurso) y se convence de inmediato, basándose en la extrapolación subjetiva que realiza de esa información que ha escuchado.

Un cliente con este filtro se convence rápidamente con pocos datos: esté atento para no cometer errores en el primer momento. Los automáticos elaboran una representación interna muy rígida y difícilmente cambian de idea. Si observa que las cosas van mal desde el primer momento, podría ser conveniente abandonar, sin insistir más.

RESPUESTA TIPO

SX: Me basta una simple mirada [V] —lo siento así [C]—, me basta con la palabra [A].

LENGUAJE DEL CONVENCIMIENTO AUTOMÁTICO
➡ *Suponga que, con el beneficio de la duda.*

EJEMPLO
«Sr. X, si no queda satisfecho, ¡le devolvemos el dinero!».

CONSTANTE

El cliente nunca se convence del todo. Continuamente se despierta en él la necesidad de comprobar los datos recogidos con anterioridad para convencerse de nuevo. Suelen ser escépticos.

Utilice el lenguaje de influencia del filtro Referencia interna siguiendo el sistema sensorial predominante. Este tipo de cliente es el más difícil. Debe lograr constantemente que le escuche y le crea; su ciclo vital es muy rápido y podría darse el caso de encontrarse todavía en la fase 1, cuando pensaba ya haber superado la tarea más difícil.

RESPUESTA TIPO

SX: Depende..., debo valorarlo cada vez...

LENGUAJE DEL CONVENCIMIENTO CONSTANTE
➡ *¿Qué piensa?, ¿de acuerdo?, pruébelo, diariamente, cada vez que, constante.*

EJEMPLO
«Sr. X, le dejo el producto para que lo pruebe: verá [V] que, cuanto más lo use, más satisfecho quedará, ¿de acuerdo?».

DURACIÓN

El cliente necesita asimilar la información durante un tiempo determinado antes de que sus convicciones se consoliden.

RESPUESTA TIPO

SX: Un par de días.

LENGUAJE DEL CONVENCIMIENTO DURACIÓN
Haga el seguimiento de sus necesidades temporales. Insista en la característica del tiempo en relación con su producto: es el lenguaje que mejor se adapta a dichos clientes.

EJEMPLO
«Sr. X, créame, ha hecho una óptima compra: hablamos [A] dentro de un par de días para saber [A] cómo va».

LAB PROFILE
CARACTERÍSTICAS OPERACIONALES

CATEGORÍAS	FILTROS
• perspectiva	• particular-general
• estilo	• independiente-próximo-cooperativo
• organización	• personas-cosas
• convencimiento	• ejemplos-automático-constante-duración

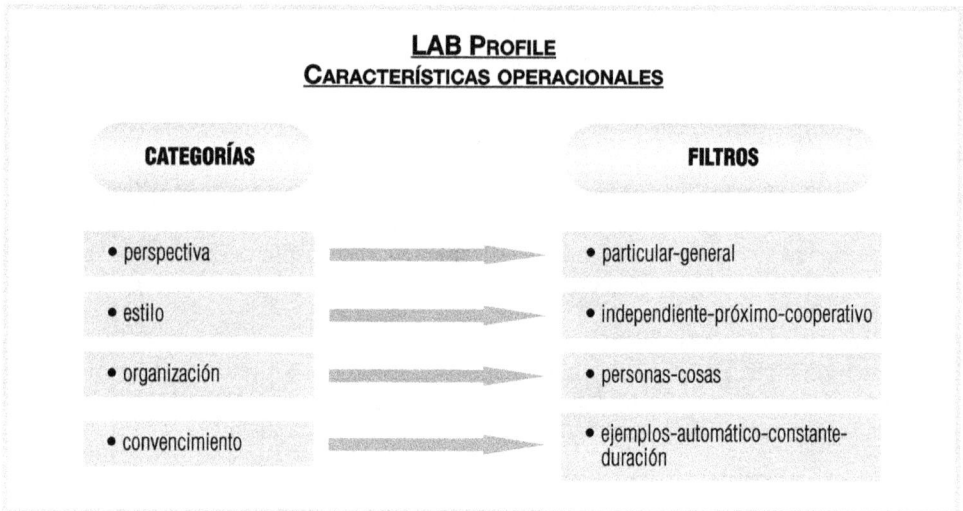

EJERCICIO AVANZADO N.º 12

EL VENDEDOR INMOBILIARIO

Se muestra a continuación un diálogo completo, con base sensorial, del que debe extraer las principales características personales. Imagínese en la fase 2, después de haber establecido un buen nivel de empatía. La limitación natural del ejercicio consiste en que es escrito y, por tanto, está desprovisto de la mayor parte de los niveles de la comunicación (PV-NV). Pero, dado que el buen vendedor es capaz de percibir los matices incluso en la lectura..., ¡estamos seguros de que conseguirá interesarse y divertirse tanto como nosotros!

Diálogo
Desea motivar a su interlocutor para comprar una segunda residencia en Menorca.

Ud.: Sr. X, ¿qué considera más importante al comprar una casa?
SX: Que sea acogedora y cómoda, que esté en el centro de la ciudad y esté reformada.
Ud.: ¿Por qué es importante que esté en el centro?
SX: Porque me encanta salir por la noche con mi mujer y mi hijo Ricardo, que todavía es pequeño, y no nos gusta que se nos haga tarde. Vivir en el centro significa, generalmente, tener la posibilidad de encontrarse con los amigos y poder ir a las mejores tiendas y a los locales más importantes. ¿O me equivoco?
Ud.: ¿Puedo preguntarle, Sr. X, cómo sabe que hizo una buena compra con la primera casa?
SX: Bien, lo discutí con mi mujer, lo meditamos un tiempo y, al final, llegamos a la conclusión de que la compra era adecuada. Si fue una buena compra o no, lo comprobamos con el paso del tiempo, al familiarizarnos con el barrio. Creo que es lo normal, ¿no?
Ud.: ¿Y por qué eligió Barcelona como ciudad para vivir?

SX: Porque aquí viven mis padres, mi familia. De hecho, mis ascendentes han vivido en Barcelona desde 1277: ¿después de ocho siglos tengo que cambiar yo las costumbres? Mi trabajo está en Barcelona, estoy acostumbrado a vivir en esta ciudad, no podría residir en ningún otro lugar.

Ud.: Bien. ¿Le puedo hacer otra pregunta, para conocerlo mejor? ¿Qué relación existe entre el lugar en el que ahora vive y el último donde residió?

SX: ¿Relación? Diría que no existe ninguna. Antes de casarme vivía en el otro extremo de la ciudad, pero en el fondo era lo mismo que vivir aquí. Quizás ahora estoy mejor porque he asociado mi propia familia con la nueva casa; por tanto, se ha producido un salto hacia delante, una especie de evolución. ¿Me explico?

Ud.: Se explica perfectamente Sr. X, ¡si supiera cómo lo comprendo! Una última cosa: visto que le gusta conversar de temas que van más allá de lo estrictamente comercial..., ¿cuánto tiempo necesita para convencerse de haber realizado una buena compra?

SX: En general, soy bastante instintivo y necesito poco tiempo, ¡si no hay de por medio tanto dinero como en este caso, se entiende!

Ud.: Ciertamente.

Ahora debe identificar el perfil personal, los valores, los criterios y el canal sensorial dominante (sistema sensorial primario). Escriba en la tabla una o más cruces (máximo tres en cada casilla) dependiendo del filtro identificado y de su frecuencia.

SISTEMA SENSORIAL **(V-A-C)**				
VALORES/CRITERIOS				
NIVEL **(Proactivo-reactivo)**				
DIRECCIÓN **(Hacia-lejos de)**				
REFERENCIA **(Interna-externa)**				
RAZONAMIENTO **(Opciones-procedimientos)**				
FACTORES DE DECISIÓN **(Semejanza-semejanza con excepciones-** **diferencia-semejanza con excepciones** **y diferencia)**				
PERSPECTIVA **(Particular-general)**				
ESTILO **(Independiente-cercano-cooperativo)**				
ORGANIZACIÓN **(Personas-cosas)**				
CONVENCIMIENTO **(Ejemplos-automático-** **constante-duración)**				

Nota: encontrará las soluciones en la pág. 187.

TEST N.º 7

USO DE LOS LAB PROFILE[37]

1. Rememore una situación de trabajo reciente vivida junto a otras personas (compañeros, jefe, cliente). Elija una imagen y concéntrese en ella durante algunos segundos, perfilando los detalles. ¿Qué aspecto de la escena le llamó más la atención?
(elija dos alternativas)
a. las personas
b. la duración de los hechos acaecidos
c. las acciones realizadas por las personas
d. los objetos presentes en el entorno
e. el lugar en el que ocurrió la escena
f. el motivo del encuentro

2. Observe esta imagen:

¿Cuál de las siguientes descripciones se aproxima más a lo que ha visto?
a. cuatro globos
b. cuatro globos diferentes
c. un globo blanco, uno rayado, uno gris y otro negro

3. Está desarrollando un trabajo importante. Le sucede a menudo:
a. que se distrae o se siente atraído, quizás involuntariamente, por lo que sucede a su alrededor (voces, ruido, etc.)
b. que se concentra de tal modo en lo que está haciendo que se aísla de todo cuanto le rodea y no percibe casi nada de lo que sucede en su entorno
c. que se mantiene suficientemente concentrado, y sólo le perturban los hechos especialmente llamativos

4. Durante un trato, es más probable que:
a. sea usted quien dé pie al diálogo, comenzando a hablar y manteniéndose atento para controlar la situación y dirigirla hacia su objetivo
b. deje hablar a su interlocutor participando en el diálogo sólo cuando él se lo permite, dejándole guiar la conversación
c. alterne la actitud pasiva con la de guía, intentando mantener un equilibrio entre ambas

---

37. Elaborado por Studio Pirovano Consulenti Associati para *Investire*, septiembre de 1999.

5. Está participando en una reunión de trabajo. Concéntrese en un momento específico de la misma y visualícelo.

¿Cuál de las siguientes descripciones correspondería mejor a lo que ha pensado?:

a. cada uno de nosotros propone soluciones posibles al problema, intercambiando opiniones con los demás

b. hablo con mi jefe y mis compañeros, que me van transmitiendo (o les doy) información

c. estamos discutiendo todos juntos para encontrar una solución común al problema objeto de la reunión

6. Está en el coche, en una calle principal de una gran ciudad. Debe visitar a un cliente que se encuentra a unos 5 km; le han aconsejado circular por la calle en la que se halla. En un determinado punto, encuentra un atasco de tráfico. ¿Qué hace?

a. permanece en la fila, esperando que la situación mejore

b. permanece en la fila y, cuando le es posible, avanza entre el tráfico, aunque a base de no respetar todas las normas

c. no soporta permanecer parado en la fila: toma un desvío e intenta llegar al domicilio del cliente por calles con menos tráfico, confiando en su sentido de la orientación

7. Quiere conseguir un cliente especialmente interesante. ¿En qué piensa cuando imagina la forma de despertar su interés?

a. piensa en lo que podría hacer para captar su atención, en cómo hará la primera llamada telefónica para obtener una primera cita, en cómo se desarrollará el primer encuentro, en cómo se vestirá, en qué tipo de producto sería conveniente sugerirle...

b. se imagina a usted y al cliente discutiendo juntos sobre la posibilidad de comprar el producto

c. lo ve ya en sus manos, confiando en su capacidad y muy satisfecho de su producto; se siente radiante por el éxito

8. Imagine su posible contexto vital dentro de cinco años.
Con más facilidad se ve:

a. pasando un tranquilo fin de semana en familia

b. viviendo tranquilamente en el campo, muy relajado

c. inmerso en la frenética vida de una gran ciudad

9. Piense en las razones por las que inició o está a punto de emprender su actividad laboral.

¿Qué le impulsa a llevarla a cabo?

a. debe salir necesariamente, no puede dejar de trabajar. No podría cambiar su ritmo, sus obligaciones: encontraría la desaprobación de su familia, de las personas que quiere

b. se organiza porque debe hacerlo todos los días: lo requiere su trabajo

c. tiene siempre muchas cosas que hacer, así que se proyecta hacia ellas imaginándolas y organizándolas mentalmente desde el momento en que se despierta por la mañana

10. Está desarrollando un proyecto que podría ser interesante o tener éxito. Le motiva más pensar en:

(continúa)

(continuación)

a. su satisfacción por un trabajo que ha despertado el interés de los demás
b. el juicio que, si es positivo, significará su éxito
c. su satisfacción personal por un trabajo que ha desarrollado bien

Una vez finalizado el test, compruebe la correspondencia entre sus respuestas y las puntuaciones de la siguiente tabla. Sume los puntos obtenidos en cada respuesta y analice el perfil al que pertenece.

Pregunta	a	b	c	d	e	f
1	3	2	2	1	1	3
2	1	2	3			
3	2	1	3			
4	2	1	3			
5	2	1	3			
6	1	2	3			
7	1	2	3			
8	2	1	3			
9	1	2	3			
10	3	2	1			
Total						

RESULTADO

De 11 a 18 puntos: con esta puntuación probablemente posee características individuales poco acordes con las más adecuadas que se requieren para desarrollar la profesión de vendedor.

La mayor parte de los elementos que caracterizan la actividad del vendedor no encuentran una exacta correspondencia con los filtros lingüísticos y de comportamiento extraídos del test que ha realizado.

Naturalmente, esto no significa que no pueda dedicarse a esta profesión, pero requerirá entonces un enorme esfuerzo y una gran capacidad de adaptación, no siempre espontánea, a situaciones que podrían solventarse mejor si dispusiese de una respuesta de carácter más desenvuelto, sincero.

Puede decirse, en resumen, que le gustaría ser vendedor hasta encontrar una ocupación que le satisficiera más...

De 19 a 26 puntos: se halla a medio camino: algunas de las aptitudes comprobadas corresponden con las del vendedor ideal, y demuestra una capacidad básica suficiente para afrontar con éxito la profesión; pero otros elementos revelan una polaridad (características antitéticas) respecto al perfil ideal.

Estas discrepancias deben considerarse como puntos a tener en cuenta, que podrían convertirse en factores negativos en algunos momentos críticos del desarrollo de la vida profesional.

A pesar de ello, podría pensar en lanzarse a desempeñar el trabajo de vendedor, esforzándose por imaginar a priori, con el mayor realismo posible, cómo podría llegar a modificar las aptitudes más críticas.

De hecho, con un buen trabajo de profundización y refinamiento de las características adecuadas a la actividad, las señales de alarma podrían desaparecer.

De 27 a 33 puntos: en conjunto muestra un perfil idóneo para desarrollar una actividad dinámica, como la del buen vendedor: se encamina hacia el objetivo con una gran capacidad para desempeñar el trabajo en equipo.

Puede trabajar en estructuras de grandes dimensiones, con aptitud para gestionar los imprevistos y disponibilidad real para la flexibilidad horaria.

Posee, en definitiva, las dotes fundamentales para el buen vendedor, y básicamente posee la capacidad para establecer empatía con el cliente, virtud que resulta indispensable para la creación del *rapport*.

Y esto garantiza la fidelización de los clientes, un factor que en la actualidad todo el mundo considera una señal de éxito en esta profesión.

EJERCICIO AVANZADO N.º 13

¿Es capaz de identificar qué perfiles hemos utilizado en el test?

LOS MOVIMIENTOS OCULARES (LEM)

Hasta ahora ha estudiado cómo leer al interlocutor mediante el uso de los LAB Profile, los valores y el sistema sensorial (V-A-C): ¿qué otro potente instrumento le ofrece la PNL para reducir al mínimo [lde] los errores de lectura y qué oportunidades le ofrece [hc], además [s/e], para que el Sr. X deje de ser [lde] un misterio?

En este apartado descubrirá que los ojos pueden desvelar los secretos del pensamiento: se dice que son el espejo del alma, y aquí comprobará que, en cierto sentido, esto es verdad.

Los micromovimientos que realizan los ojos, los LEM *(Lateral Eye Movements)*,[38] ofrecen muchas informaciones sobre el sistema de representación utilizado por nuestro interlocutor.

Según la dirección que adopta su mirada, podrá establecer con qué modalidad sensorial —visual, auditiva o cinestésica— accede a las experiencias que le está describiendo verbalmente. Como es natural, durante el discurso se activarán diferentes experiencias sensoriales en el individuo; por este motivo, siguiendo las variaciones de los movimientos oculares, podrá disponer del esquema completo de representación —la estrategia— utilizado inconscientemente por el interlocutor.

Dado que los LEM se suceden a gran velocidad, es necesario observar con mucha atención cuanto ocurre en el rostro del interlocutor y entrenarse para hacerlo en cualquier momento del diálogo.

Adentrémonos ahora en el análisis más detallado del significado que puede asumir cada uno de estos movimientos oculares, recurriendo, para conseguir mayor claridad, a algunos símbolos.

---

38. R. Bandler y J. Grinder, *La metamorfosi terapeutica*, Roma, 1980.

VC

Visual construido
Para el sujeto: ojos dirigidos hacia arriba y a la derecha.
Para quien observa: ojos dirigidos hacia arriba y a la izquierda.

Este movimiento indica que la persona está visualizando cosas que nunca había visto antes, es decir, está construyendo la imagen. El movimiento en esta dirección estimula el hemisferio cerebral dominante, el izquierdo.

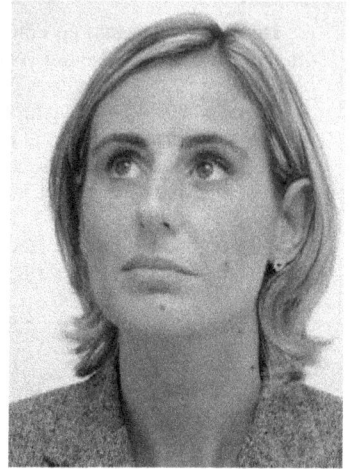

AC

Auditivo construido
Para el sujeto: ojos dirigidos hacia la derecha.
Para quien observa: ojos dirigidos hacia la izquierda.

Dicho movimiento indica la elaboración mental de un sonido que no se había escuchado previamente, su construcción. También ahora, como en el caso del visual construido, se accede al hemisferio dominante.

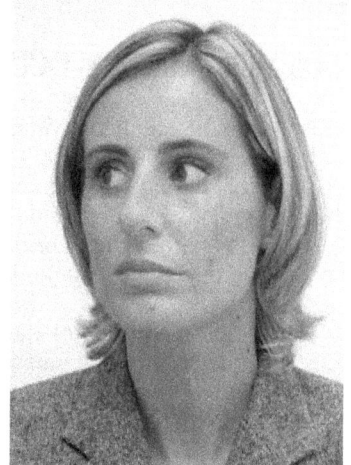

C

Cinestésico
Para el sujeto: ojos dirigidos hacia abajo y a la derecha.
Para quien observa: ojos dirigidos hacia abajo y a la izquierda.

Este movimiento significa que el sujeto está recordando o viviendo las sensaciones.

VR

> **Visual recordado**
> *Para el sujeto: ojos dirigidos hacia arriba y a la izquierda.*
> *Para quien observa: ojos dirigidos hacia arriba y a la derecha.*

Dicho movimiento estimula imágenes de hechos que han sucedido, reales, presentes en el hemisferio derecho. En la práctica, este movimiento se ocupa de llevar a la memoria cosas ya vistas.

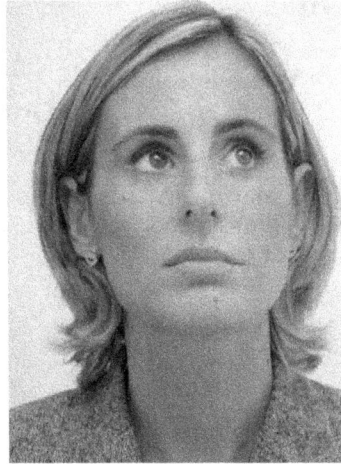

AR

> **Auditivo recordado**
> *Para el sujeto: ojos dirigidos hacia la izquierda.*
> *Para quien observa: ojos dirigidos hacia la derecha.*

Este movimiento indica que el sujeto está recordando voces o sonidos ya oídos anteriormente. El acceso auditivo en este caso es al hemisferio no dominante.

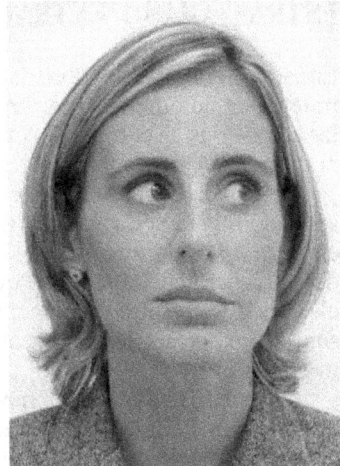

AD

> **Auditivo digital (diálogo interno)**
> *Para el sujeto: ojos dirigidos hacia abajo y a la izquierda.*
> *Para quien observa: ojos dirigidos hacia abajo y a la derecha.*

Este movimiento da a entender que el sujeto está hablando consigo mismo, está inmerso en un diálogo interior.

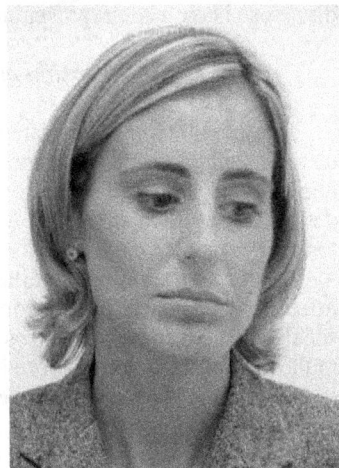

VD

Visual desenfocado
Mirada perdida hacia el frente.

Es el movimiento clásico de soñar despierto, durante el cual el sujeto se encuentra en un ligero estado de trance.

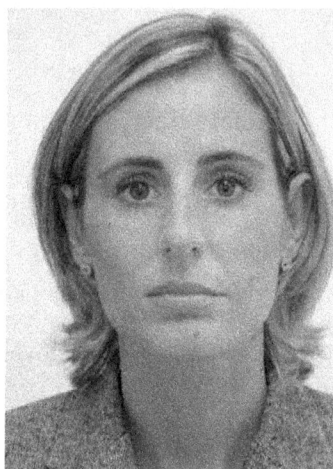

ESTRATEGIAS Y EXTRACCIÓN DE ESTRATEGIAS

En la primera parte del libro ha comprobado la importancia que tiene conocer la propia estrategia de automotivación.[39] Ahora le mostraremos que es igualmente necesario extraer las estrategias de compra del cliente para poder utilizarlas como instrumento para concluir el trato.

Ser capaz de leer a los otros requiere, en primer lugar, un desarrollado sentido de la observación. Para poder inducir a su interlocutor a atribuir valor y, por tanto, a reconocerse en lo que le está diciendo, es necesario que identifique rápidamente los esquemas de decodificación de la realidad que utiliza, de modo que pueda sintonizar eficazmente con él. Para ello, resulta fundamental poseer un agudo espíritu de observación (agudeza visual), para captar mejor las señales verbales y no verbales que revelan el mapa mental del interlocutor.

Retrocedamos por un momento. Cada comportamiento humano es producto de una determinada estrategia de elaboración de los datos internos ofrecidos por el sistema de percepción, es decir, por los cinco sentidos. Como ya sabe, cada sistema de percepción forma uno de representación (auditivo, visual, cinestésico). La estrategia es la manera en que los diversos sistemas de representación se disponen secuencialmente:

situación presente + recursos = situación deseada

Imaginemos que las estrategias están representadas por un teléfono y que los sistemas de representación son los números del teclado: así como marcando diferentes secuencias de números se contacta con personas y lugares distintos, también —ya sin metáfora— un orden diferente de la actividad de los sistemas de representación da lugar a comportamientos diversos.

Para acceder con más facilidad a un sistema de representación, adoptamos comportamientos capaces de influir sobre nuestro sistema nervioso, y que representan también señales de acceso para nuestros interlocutores: la observación de dichas señales les ofrece múltiples informaciones sobre la estrategia —la secuencia de la activación de los diferentes sistemas sensoriales— que estamos llevando a cabo.

39. Para una lectura exhaustiva, R. Bandler y J. Grinder, *La struttura della magia*, Roma, 1981.

Y, dado que todos tendemos a hacer las cosas de las que hablamos y al mismo tiempo hablamos de aquello que hacemos, deducimos que las señales de acceso serán tanto de carácter verbal como no verbal.

En lo que se refiere a las no verbales, son indicadores especialmente importantes de la actividad neurológica específica, precisamente, los movimientos oculares, es decir, los LEM (véanse las fotografías de las págs. 156-158: la mirada dirigida hacia arriba y a la izquierda permite un fácil acceso a la memoria visual, hacia arriba y a la derecha estimula la construcción de imágenes, etc.). También con frecuencia señalamos o tocamos involuntariamente los órganos del sentido que forman parte del canal de representación utilizado.

Las informaciones verbales y no verbales a que nos hemos referido son suministradas de forma espontánea por nuestros interlocutores, pero existe un procedimiento para obtener la información necesaria para identificar la secuencia de los sistemas de representación que constituyen una determinada estrategia; este procedimiento recibe el nombre de *extracción*.

Las estrategias se extraen mediante determinadas preguntas (las denominadas *preguntas de extracción*, que ya hemos utilizado varias veces) o mediante la atenta observación de nuestro interlocutor mientras realiza una tarea.

El trabajo de extracción de una estrategia puede facilitarse si se logra presentar y reproducir de alguna manera el contexto en el que esta actúa o formulando preguntas en relación con la experiencia de referencia (por ejemplo: «¿Se ha sentido en algún momento en plena posesión de sus recursos...?»).

Conocer profundamente las estrategias que las personas utilizan en sus procesos cognitivos resulta especialmente útil para adaptar el propio lenguaje (seguimiento profundo de estrategia) de manera que se obtiene el máximo impacto sobre el interlocutor.

EJEMPLO N.º 16

Después de una atenta observación llega a la conclusión de que su cliente potencial muestra la siguiente estrategia de motivación para la compra:

Ud.: Laura, ¿cómo decide qué vestido va a comprar?
Laura: Primero lo miro y me pregunto si le gustará a mi marido, después me lo pruebo para ver cómo me sienta y si me gusta, lo compro.

La secuencia de decisión para la compra en los movimientos oculares de Laura es:

VR: *visual recordado*   AD: *auditivo digital*   VC: *visual construido*   C: *cinestésico*

EJERCICIO N.º 34

OBSERVACIÓN DE LAS ESTRATEGIAS

Practique con la televisión poniendo el volumen al mínimo para facilitar la concentración. Algunos programas se caracterizan por el uso de primeros planos: agudice su canal visual y decodifique (extraiga) las estrategias de los personajes.

Recuerde que una estrategia, como los LAB Profile, está ligada al contexto de referencia; por tanto, hará estrategias de compra, de motivación, de éxito, etc. Además, las estrategias tienen un momento de inicio que se activa justo después de una pregunta, de manera que esté atento y diviértase.

Si se considera que la estrategia a la hora de decidir comprar sigue siendo la misma que durante otras compras, ¿qué sucedería si se intentara seguir la estrategia durante la presentación del producto? Este será el ejercicio que realizará en la fase 3, «Formulación adecuada de la oferta», pero en esta segunda fase, como ya se ha señalado anteriormente, nos ocupamos preferentemente de la lectura y adquisición de datos para realizar el seguimiento. En la próxima fase se divertirá aplicando todo cuanto ha observado, escuchado y percibido.

Continuaremos el camino hacia la fase 3 analizando un último instrumento de la PNL, muy importante y poderoso: los mecanismos de transformación y las preguntas de precisión (metamodelo).[40]

MECANISMOS DE TRANSFORMACIÓN LINGÜÍSTICA

¿Cómo podemos saber si el tema del que estamos hablando, y en referencia al cual damos por descontada una serie de informaciones que nos resultan obvias, se corresponde de manera exacta con la representación/mapa de nuestro interlocutor?[41] ¿Quién y qué nos garantiza, en definitiva, que estamos hablando la misma lengua, que estamos *sintonizados* en la misma frecuencia? ¿Cómo podemos evitar «hablar juntos» sin llegar a nada simplemente porque, en el fondo, no existe una comprensión mutua? La respuesta reside en la misma pregunta: ¡comunicar de manera precisa!

LENGUAJE AMBIGUO Y LENGUAJE PRECISO

Durante una conversación a menudo es necesario hablar de aquello que es importante para nosotros, de nuestros puntos de vista y experiencias, y establecer sobre todo ello interesantes intercambios con los demás. Pues bien, este hablar de cualquier cosa nos sitúa, evidentemente, en un nivel *meta-* (del griego *meta*, que significa «ir más allá, trascender») respecto al plano del contenido de la conversación. Cuando hablamos de estos aspectos, metacomunicamos sobre los valores, sobre los criterios y sobre las creencias que consideramos más íntimos.

Por este motivo, para investigar el mundo de los valores, criterios y creencias del interlocutor, debemos utilizar instrumentos *meta-*; en caso contrario, no nos situaríamos en el plano adecuado, y el intento resultaría infructuoso.

---

40. R. Bandler y J. Grinder, *La struttura della magia*, Roma, 1981.
41. N. Chomsky sobre los estudios de la gramática transformacional MIT, Nueva York, 1957.

Para hacerlo, aprovecharemos el lenguaje. Existen algunas consideraciones que hay que tener presentes para poder utilizar el lenguaje con eficacia:

➡ Todos nosotros, cuando hablamos, expresamos nuestra estructura superficial: es decir, aquella parte de la personalidad que emerge en estado consciente y que es racionalmente percibida, vivida y aceptada por la persona. El nivel del inconsciente emerge rara vez, desde el punto de vista lingüístico.

➡ Entre el nivel inconsciente (no puede expresarse con palabras) y el nivel consciente de la persona (expresable con palabras), el material diverso que constituye nuestra experiencia del mundo sufre diferentes transformaciones. Es como si fuese elaborado, distorsionado y seleccionado por el cerebro, que deja pasar al nivel consciente sólo una parte de la experiencia misma, además reelaborada.

➡ Dicha reelaboración consta de tres tipos de transformaciones, que condicionan nuestro modo de hablar y que pueden identificarse a través de este. Son:

• generalizaciones;
• cancelaciones;
• distorsiones.

GENERALIZACIONES

Se denominan *generalizaciones* todas las creencias que, cuando se expresan lingüísticamente, generan frases del tipo: «¡Todos los hombres, antes o después, traicionan a la mujer!». Más allá del significado, que en este momento no nos interesa, observamos que la estructura de esta frase contiene la palabra *todos*. Esto convierte la información en absoluta, aunque todos reconozcamos que nada puede ser absoluto, pero esto no se evidencia en el nivel lingüístico.

La misma consideración vale para las frases «Nadie me comprende» o «Nunca tenemos la posibilidad de hacer aquello que queremos»: en ambos casos, observamos la presencia de términos «absolutos» *(nadie, nunca)*, que otorgan a la frase validez en todos los casos posibles.

CANCELACIONES

Se denominan *cancelaciones* todas las omisiones generadas por el filtro de nuestro cerebro durante la reelaboración del pensamiento inconsciente. Dichas omisiones afloran, en el nivel lingüístico, en expresiones indeterminadas, vagas, como por ejemplo: «Sería conveniente que estudiases para el próximo examen» (¿a quién le conviene?), «Esta es la mejor elección» (¿con respecto a qué?), «Ayer me encontré muy mal» (¿física o emotivamente?).

La indeterminación es fruto de una especie de censura lingüística por parte del cerebro: no obstante, es interesante descubrir los motivos de dicha censura... Veremos cómo hacerlo.

DISTORSIONES

El cerebro no sólo cancela, sino que también distorsiona el material que llega desde el exterior, haciendo que el lenguaje sufra sus efectos. Es distorsión decir, por ejemplo, a una persona deprimida «Después de probar este pastel de chocolate, pronto te sentirás mejor»; se trata de una atribución arbitraria que quien habla dirige a quien escucha. No es completamente cierto que a aquella persona le suponga un beneficio probar el pastel, pues si el motivo de la depresión son los rollitos de su cintura o una cruel desilusión amorosa que le cierra el estómago, comer el pastel le provocará un efecto negativo. La distorsión, en este caso, se halla en el supuesto que condiciona a quien habla: la opinión personal atribuida al caso de otro individuo, es decir, la convicción de que «lo que es bueno —o conveniente— para mí, también lo es para ti».

Veamos otro ejemplo: «Si compras este coche, tendrás éxito». El mecanismo es del tipo causa-efecto: hacer A te permitirá lograr B (A causa B). Pero ¿de qué modo hacer A permite alcanzar B? Puede ocurrir que el nexo entre ambos términos no sea absoluto; incluso que ni siquiera exista. Establecer una relación precisa entre A y B, y extenderla al pensamiento de otra persona es sólo efecto de la propia distorsión, completamente subjetiva.

A continuación exponemos, de manera esquemática, los diferentes tipos de generalizaciones, cancelaciones y distorsiones, así como las respectivas preguntas antídoto, para esclarecer los mecanismos de pensamiento subyacentes que las han originado.

GENERALIZACIONES

Todos, ninguno, siempre, nunca, cada vez
Preguntas antídoto: «¿Todos? ¿Sin exclusión? ¿Siempre es así? ¿No le ha sucedido [lo contrario]?».

No puedo, no soy capaz
Pregunta antídoto: «¿Quién/qué se lo impide?».

Debo
Pregunta antídoto: «¿Qué sucedería si no...?».

CANCELACIONES

Nombres/verbos inespecíficos
Preguntas antídoto: «¿Qué entiende exactamente por...? ¿De qué manera exactamente...?».

Falta de punto de referencia
Pregunta antídoto: «¿Quién exactamente?».

Comparaciones incompletas
Pregunta antídoto: «¿Respecto a quién/qué, exactamente?».

Nominalizaciones
Preguntas antídoto: «¿Qué quiere decir para usted...? ¿De qué manera? ¿Con quién? ¿Quién y cómo?».

DISTORSIONES

Lectura del pensamiento
Pregunta antídoto: «¿Cómo lo sabe?».

Causa-efecto
Preguntas antídoto: «¿Cómo puede A causar B? ¿Alguna vez A no ha causado B?».

Equivalencia compleja
Preguntas antídoto: «¿De qué manera, precisamente, A significa B? ¿Alguna vez A ha significado algo diferente?».

En la siguiente tabla encontrará las transgresiones lingüísticas entre comillas y las preguntas de precisión (metamodelo) que las reestructuran. Las preguntas metamodelo son muy potentes, dado que ayudan al interlocutor a tomar conciencia de sus propias afirmaciones y permiten comprenderle antes de responder.

Generalizaciones	*Cancelaciones*	*Distorsiones*
Cuantificadores universales «Todos los vendedores son unos ladrones». *Preguntas antídoto*: «¿Todos sin excepción? ¿No se salva ninguno?».»	**Nombres y verbos inespecíficos, de significado indeterminado** «El producto no es conveniente para mí». *Pregunta antídoto*: «¿Puede especificar mejor en qué sentido?» = ¿conveniente económicamente o porque alguna ventaja/desventaja depende de un factor determinado?	**Lectura del pensamiento** «Sé qué piensa». *Preguntas antídoto*: «¿Cómo puede saberlo? ¿Cómo puede estar seguro?».
Operador modal de imposibilidad «Es imposible que logre cerrar la venta». *Pregunta antídoto*: «¿Qué le impide...?».	**Comparaciones incompletas** «El producto que tengo ya es el mejor». *Pregunta antídoto*: «¿Respecto a qué?».	**Causa-efecto** «Hacer A le permitirá B». *Pregunta antídoto*: «¿De qué manera A produce B?».
Operador modal de necesidad «Nunca debo ceder». *Pregunta antídoto*: «¿Qué sucedería si cediese?» (o bien: «¿Qué sucedería si no...?», si la frase fuese positiva).	**Falta de punto de referencia** «Se sabe que estas soluciones son equivocadas...». *Pregunta antídoto*: «¿Quién lo dice?».»	**Equivalencia compleja (o igualdad)** «¡La Bolsa es un juego de azar!». *Pregunta antídoto*: «¿En qué sentido?».

EJERCICIO AVANZADO N.º 14

Intente metamodelar el ejercicio del Sr. X y la casa de Menorca (véase el ejercicio avanzado n.º 12 en la pág. 150).

- ¿Cuántas generalizaciones ha hecho el Sr. X?
- ¿Cuántas cancelaciones?
- ¿Cuántas distorsiones?

Nota: encontrará las soluciones del ejercicio 12 en la pág. 186.

EJEMPLO N.º 17
EL DOCTOR BIANCHI (GB) Y EL PROMOTOR FINANCIERO ANTONIO VERDI (AV)
SEGUNDA PARTE

Retomamos la historia del doctor Bianchi y su promotor financiero comenzada en la fase de establecimiento de la relación. ¿Qué hará nuestro promotor durante esta fase central del trato? Lea de nuevo la primera parte en la pág. 117 observando la descripción de los movimientos oculares LEM; ahora ya es capaz de interpretarlos.

AV (sonriendo también y cruzando las piernas invirtiendo la posición): En el manual del buen promotor se dice que hay que hacer muchas preguntas al cliente para descubrir todo sobre él con el fin de poder sugerirle la mejor inversión o, podríamos decir, el mejor... cuidado... (evidencio con la mirada y con las manos la semejanza). A mí personalmente no me gusta demasiado...
(GB cruza las piernas, elevando la pernera del pantalón e invirtiendo la posición, con una mirada enigmática).

AV: Algunas preguntas, por el interés de ambos, debo hacérselas, cuando menos para descubrir la razón de nuestro encuentro (sonriendo irónicamente).

GB: Dígame, ¿quiere saber cuánto dinero tengo? ¿Cuánto dinero quiero invertir con usted? ¿Cuánto he invertido ya y en qué? (expresión a interpretar...).

AV: Oh... eso es lo que dice el manual del buen promotor (sonrisa). A mí me bastaría por ahora con tener una confirmación de las primeras (con los dedos indico dos): el doctor Rossi me dio su nombre porque ofrezco soluciones para ahorradores que disponen de liquidez, liquidez que, si se deja en la cuenta corriente, no rinde.

GB: ¡Dispongo (cruzando los brazos) de unos 180 000 euros!

AV (breve pausa y añado): ¡Muy bien! Creo que con esta cifra se puede hacer algo. Si le digo... riesgo... (subrayo con un lenguaje paraverbal adecuado). ¿Qué me responde? (lo miro fijamente a los ojos).

GB: ¿Riesgo? (estira un poco los brazos rascándose tras la oreja derecha mientras inspira y mira hacia abajo y a la derecha). El riesgo es algo que me asusta un poco (dirige la mirada hacia abajo y a la izquierda).

AV: ¿En qué sentido le asusta? (pausa) ¿Quizás ha sufrido algún contratiempo con alguna inversión... (agito la mano izquierda en señal de incertidumbre), por así decir..., poco saludable? (mirada interrogativa que invita a responder).

GB: Sí, he tenido miedo a perder demasiado (asiente con la cabeza y con la mirada) con una inversión de alto riesgo; ¿miedo, me pregunta? (se reanima mirando hacia abajo y a la izquierda y garabateando en una hoja con la pluma en la mano), miedo es la inestabilidad que te hace vivir mal... ¿no cree?

AV: Sí, estoy de acuerdo con usted, pero, dígame, ¿ha temido perder demasiado respecto a qué parámetro?

GB: ¡Respecto a todo lo que había invertido! Los derivados, el FIB 30... (mira hacia arriba alzando los brazos al cielo), las opciones sobre el índice... Había entregado el dinero para moverlo un poco aconsejado por un amigo, ¡pero el desplome a finales de abril me lo arrebató todo! (se encierra en sí mismo, mueve la cabeza en señal de rechazo sacudiéndose la manga de la chaqueta).

AV: Lo sé. Créame, aquel lunes 27 lo recordamos todos con gran pesar... (elevo la mirada hacia lo alto). ¡El mercado perdió casi el 6% en una tarde tras haber sufrido el jueves y el viernes una pérdida del 9%! (bajando un poco la voz). ¡No sucede todos los días, puede estar seguro, se trató de un hecho bastante excepcional!

(continúa)

(continuación)

GB: De acuerdo, lo comprendo, pero el dinero era mío (cruza los brazos invirtiendo la postura).

AV: ¿No sabía que podía perderlo todo con los derivados?

GB: ¡De ninguna manera! (mirada de enfado).

AV: Le garantizo que no se lo haré pasar mal proponiéndole transacciones en el FIB 30 (riendo).

GB: ¿Pero...? (con una mirada más tranquila y descruzando los brazos).

AV: Existen en el mercado fondos equilibrados muy interesantes que están dando buenos resultados (mostrando el folleto con los productos y los respectivos resultados). Vea, estamos especializados en este tipo de inversión. Somos un grupo presente en el territorio nacional desde hace más de 20 años (indicando la estructura de la empresa). ¿Qué piensa?

GB: Interesante..., pero ¿el coste?

AV: El coste es similar al de la competencia (muestro la tabla), pero le ofrecemos, en cambio, productos de altísima y probada calidad... (con voz decidida).

GB: Me parece un poco elevado.

AV: ¿Respecto a qué?, perdone.

GB: Respecto a los otros.

AV: ¿A los otros... qué... inversiones, líneas de producto, competidores? ¿Respecto a qué, exactamente?

GB: Respecto a lo que paga un conocido mío, por lo que recuerdo paga el XX (mira hacia el lado izquierdo).

AV: Eso es lo que le ha dicho y seguramente será cierto..., pero ¿le ha preguntado exactamente por los detalles del servicio, la comisión inicial, los switch internos para pasar de un fondo a otro, la asistencia mediante las tablas publicadas en nuestra página web? (mostrando cada vez las páginas del folleto).

GB: No..., bien... (se arregla la corbata y la camisa), no he profundizado..., pero, ¿sabe...?, siempre ha ganado en la Bolsa (extiende las manos afirmando).

AV: Siempre es una palabra rotunda, ¿sabe? Significa no perder nunca, nunca, nunca..., ni siquiera el lunes 27... (sonrío inclinando la cabeza para mostrar incredulidad).

GP: Bien..., siempre no..., quizá también él perdió, efectivamente (sonríe).

PALABRAS CLAVE

→ pirámide de las necesidades de Maslow
→ «el mapa no es el territorio»
→ preguntas abiertas y cerradas
→ LAB Profile: características motivacionales y operacionales
→ contexto de referencia
→ valores y criterios de satisfacción
→ lenguaje persuasivo
→ movimientos oculares (LEM)
→ estrategias
→ transgresiones lingüísticas: generalizaciones, cancelaciones y distorsiones
→ preguntas metamodelo

PREGUNTAS Y RESPUESTAS

P: ¿Cómo puedo utilizar la pirámide de Maslow en el proceso de la venta?
R: Saber que el cliente necesita satisfacer las necesidades según un orden jerárquico de importancia puede ayudarle a presentar su producto o servicio de manera que satisfaga dicha escala. Es una forma de continuar el seguimiento.

P: ¿Cuándo conviene utilizar preguntas abiertas?
R: Cuando se tiene tiempo para comprender al interlocutor y adquirir más datos durante la investigación de las necesidades; las preguntas abiertas también sirven para desbloquear una posible postura cerrada de la persona que se tiene en frente.

P: ¿Cuándo es preferible utilizar preguntas cerradas?
R: Cuando se desea vincular al interlocutor con una respuesta dicotómica, es decir, cuando se pretende que se decida por una u otra alternativa.

P: ¿Qué importancia tiene el contexto de referencia durante el análisis con los LAB Profile?
R: Cada perfil que se obtiene con el análisis del modelo LAB Profile podría ser completamente diferente al cambiar el contexto: una persona hacia en el trabajo podría ser muy lejos de en privado.

P: ¿Los perfiles LAB pueden cambiar con el tiempo para un mismo contexto?
R: Presumiblemente sí. La experiencia subjetiva, al evolucionar en el tiempo, condiciona también el modo de interpretación. Generalmente los filtros clave no deberían cambiar por cuanto contribuyen a definir nuestro carácter, pero determinados golpes que la vida nos depara podrían modificar la forma de seleccionar las informaciones.

P: ¿Cómo funciona el lenguaje persuasivo?
R: Se basa en un vocabulario estudiado para generar en quien lo escucha la activación de las palancas de motivación capaces de generar una acción que puede ser prevista.

P: ¿Qué nos dicen los LEM?
R: Nos ofrecen información sobre los procesos sensoriales que el cerebro de nuestro interlocutor activa en aquel preciso instante.

P: ¿Cómo puedo aprovechar los LEM durante la venta?
R: Aprender a leer los LEM del cliente permite extraer la estrategia para poder seguirla.

P: ¿Qué es una estrategia?
R: Es la secuencia interna de accesos sensoriales que el cliente activa cuando piensa en una determinada acción: compra, decisión, motivación, etc. Se supone que la misma secuencia se repite de manera idéntica cada vez que es necesario llevar a cabo la misma acción; por este motivo, el seguimiento de la estrategia es de carácter muy profundo.

P: ¿Qué se puede hacer si se observa una incongruencia entre lo que el interlocutor dice (predicados sensoriales) y los LEM?

R: El interlocutor seguramente ha activado una sinestesia. Para simplificar, se recomienda seguir los LEM. La PNL ha afrontado el caso hablando de *sistema de guía*, pero consideramos suficiente, para nuestros objetivos, limitar el análisis a cuanto hemos mencionado.

P: ¿Qué son las transgresiones lingüísticas?
R: Son transformaciones de la experiencia subjetiva (profunda) que se manifiestan a través de generalizaciones, cancelaciones y distorsiones que el interlocutor expone con palabras y frases.

P: ¿Podemos evitar transformar lingüísticamente la experiencia?
R: No.

P: ¿Cómo podemos actuar frente a las transgresiones expresadas por nuestro interlocutor?
R: Profundizando en el significado de lo que hemos escuchado mediante las preguntas de precisión (metamodelo) para reconstruir el significado original (oculto) del mensaje.

Capítulo 12

FASE 3: FORMULACIÓN ADECUADA DE LA OFERTA

Qué aprenderá en este capítulo

- Cómo poner en práctica las nociones aprendidas hasta ahora.
- Cómo presentar del mejor modo posible su producto.
- Cómo utilizar la multisensorialidad para implicar a su interlocutor.
- Cómo vencer a la competencia.

Su interlocutor interesado no podrá rechazar una oferta diseñada a medida (mediante el seguimiento) tras una calibración tan sofisticada como la que se ha llevado a cabo con los instrumentos de la fase 2. Ahora deberá utilizar bien el arte de la persuasión[42] (guía) y hacer irresistibles las motivaciones de compra.

Debe usar el lenguaje de influencia de los LAB Profile y adaptarlo al producto para hacerlo atractivo para el cliente; además, aprenderá a efectuar el seguimiento de la estrategia de compra.

EJERCICIO AVANZADO N.º 15

LA ESTRATEGIA DE LAURA

¿Cómo propondría a Laura, a quien encontramos en el ejemplo n.º 16 de la pág. 159, la compra de una hermosa joya?

Efectúe un seguimiento de su estrategia de compra ya extraída en la fase anterior y transcriba el texto.

Nota: hallará la solución en la pág. 187.

---

42. Para profundizar véase F. Pirovano, *La comunicazione persuasiva*, De Vecchi, Milán, 2001.

EJERCICIO AVANZADO N.º 16

EL COCHE DE LUCAS

Lucas, de 29 años, con novia, cocinero: sus características personales se incluyen en la tabla.

El peso de cada filtro viene dado por el número de asteriscos de cada casilla.

¿Cómo ofrecería a Lucas el coche que tiene en el concesionario para que se convierta en un auténtico *prospect*?

SISTEMA SENSORIAL *(V-A-C)*	70		30
VALORES/CRITERIOS	dinero, éxito, diversión, amistad, disponibilidad, confianza		
NIVEL *(Proactivo-reactivo)*	*	*	
DIRECCIÓN *(Hacia-lejos de)*	**		
REFERENCIA *(Interna-externa)*	*	**	
RAZONAMIENTO *(Opciones-procedimiento)*	**		
FACTORES DE DECISIÓN *(Semejanza-semejanza con excepciones-diferencia-semejanza con excepciones y diferencia)*		*	
PERSPECTIVA *(Particular-general)*	**		
ESTILO *(Independiente-próximo-cooperativo)*	***		
ORGANIZACIÓN *(Personas-cosas)*		***	
CONVENCIMIENTO *(Ejemplos-automático-constante-duración)*		**	

Nota: hallará la solución en la pág. 187.

EJERCICIO AVANZADO N.º 17

LA CARTERA DE BÁRBARA

Siguiendo la pauta del ejercicio de Lucas, le proponemos otro ejercicio, sin solución, para que adquiera más confianza con los instrumentos de seguimiento y guía orientados al producto.

Bárbara, 30 años, soltera, tiene 10 000 euros para invertir, gestiona una guardería junto con tres socias. ¿Cómo propondría a Bárbara un fondo equilibrado? Sus características personales aparecen en la siguiente tabla.

SISTEMA SENSORIAL *(V-A-C)*	50			50
VALORES/CRITERIOS	niños, serenidad, dinero, hacer el bien, ayudar a los demás, sinceridad			
NIVEL *(Proactivo-reactivo)*	*		*	
DIRECCIÓN *(Hacia-lejos de)*	*		**	
REFERENCIA *(Interna-externa)*	***			
RAZONAMIENTO *(Opciones-procedimiento)*	*		**	
FACTORES DE DECISIÓN *(Semejanza-semejanza con excepciones-diferencia-semejanza con excepciones y diferencia)*		**		
PERSPECTIVA *(Particular-general)*			**	
ESTILO *(Independiente-próximo-cooperativo)*				***
ORGANIZACIÓN *(Personas-cosas)*			***	
CONVENCIMIENTO *(Ejemplos-automático-constante-duración)*		*		*

EJERCICIO AVANZADO N.º 18

¿QUÉ PRODUCTO OFRECE?

Finalizamos el capítulo con un ejercicio, elaborado por Joseph O'Connor,[43] que le ayudará a centrar la atención en las diferentes características del producto/servicio. Recuerde que la flexibilidad es un requisito esencial para cualquier profesional de la venta.

---

43. J. O'Connor, R. Prior, *Successful selling with NLP*, Londres, 1995.

⇒ Haga una lista de las objeciones más frecuentes que los clientes le expresan sobre su producto.
⇒ Piense, con flexibilidad, en las características y ventajas de su producto:
 • ¿Qué problemas resuelve?
 • ¿Qué personas principalmente sufren dichos problemas?
 • ¿Quién no usaría nunca su producto?
⇒ ¿Qué características debería tener su cliente ideal?
⇒ Realice una descripción de su producto utilizando sobre todo:
 • términos preferentemente visuales;
 • términos preferentemente auditivos;
 • términos preferentemente cinestésicos.
 Prepare una presentación multisensorial (V-A-C).
⇒ Busque las semejanzas entre su producto y los de la competencia.
⇒ Busque las diferencias entre su producto y los de la competencia.

PALABRAS CLAVE

⇒ requisitos del producto
⇒ ventajas y desventajas principales
⇒ descripción multisensorial (V-A-C) del producto
⇒ comparación con los productos de la competencia

PREGUNTAS Y RESPUESTAS

P: ¿Qué importancia tiene conocer bien el propio producto?

R: ¡Muchísima! Conocer bien todas las características, tanto las positivas como las negativas, del propio producto permite guiar la comunicación persuasiva, perfectamente alineada con lo que se considera mejor para ofrecer al cliente, y ayuda a evitar tropiezos desagradables frente a las objeciones de este último.

P: ¿Qué característica debe poseer el buen vendedor cuando presenta su producto?

R: Elasticidad. Demostrar al cliente que su producto o servicio, desde múltiples facetas (motivo por el cual es necesario conocer bien el producto), corresponde exactamente a lo que tiene en mente, en realidad, es el secreto que convierte a un vendedor en un formidable motivador de compra.

P: ¿Por qué es necesario conocer los productos de la competencia?

R: Para hacer frente de la mejor manera posible a las posibles objeciones del cliente.

P: ¿Qué papel desempeña el modelo LAB Profile sobre el producto?

R: El papel del modelo LAB Profile es significativo: cada producto, como las personas, tiene su propio perfil LAB. Conseguir identificarlo ayuda a comprender muy bien cuál es el *target* natural al que hay que dirigir la promoción. El modelo LAB Profile también es muy importante en el ámbito de la selección de personal y el *marketing*.

CAPÍTULO 13

FASE 4: ANÁLISIS Y TRANSFORMACIÓN DE LAS OBJECIONES

QUÉ APRENDERÁ EN ESTE CAPÍTULO

• Cómo tratar las objeciones del cliente.
• Cómo convertir las objeciones en aliadas para cerrar el trato.

¡Bien! ¿Ha visto la importancia de efectuar el seguimiento y guiar a su *prospect*? Casi se ha transformado en un auténtico cliente, pero puede plantearle algunas objeciones que usted ha de saber afrontar.

¿Qué instrumentos tenemos a nuestra disposición esta vez? Por un lado, el *metamodelo*, que nos permite comprender mejor el significado que subyace en las objeciones, y, por otro, los *juegos de prestigio verbal*.

LAS OBJECIONES

¿Las objeciones del cliente son peligrosas enemigas o valiosas aliadas del vendedor?

Las objeciones forman parte natural de cualquier trato comercial. A menos que lo haga de mala fe, mediante las objeciones, el cliente solicita al vendedor más información sobre el producto o servicio.

El vendedor tradicional teme las objeciones del cliente: en algunos casos, las considera como críticas directas a su persona; en otros, el conocimiento incompleto de las características de su producto puede ponerlo en dificultades. De hecho, el temor a las objeciones está tan arraigado en algunos vendedores que, una vez han explicado las ventajas del producto, aturden a los clientes con una avalancha de palabras, confiando en que estos no les pregunten nada. Esta estrategia suele ser muy penalizada y a menudo acaba con una venta no lograda.

El vendedor irresistible, en cambio, seguro de su capacidad comunicativa y de la calidad de lo que propone, considera las objeciones del cliente una valiosa fuente de información para comprender mejor su mapa del mundo, sus necesidades y exigencias más profundas. ¿Cómo puede proponer lo mejor de su producto o servicio a un cliente si no ha comprendido qué es auténticamente importante para él?

En PNL la gestión óptima de las objeciones se realiza mediante los siguientes instrumentos:

➡ escucha activa;
➡ preguntas metamodelo (de precisión);
➡ reencuadre (o reestructuración).

¿Cuántas veces se ha concentrado tanto en el discurso que ha preparado sobre su producto que no ha escuchado las preguntas del cliente? ¿Ha prestado alguna vez más atención a la respuesta que dará a las objeciones que a la pregunta misma?

La primera regla para sacar partido de las objeciones del cliente consiste en comprender perfectamente su significado. No interrumpa a su interlocutor, deje que exprese sus objeciones de manera completa. ¿Qué palabras ha utilizado para solicitar más información? Tome nota mentalmente de ellas, esforzándose por recordar la secuencia exacta. A continuación, pregúntese si hay términos que pueden tener diferentes significados o que no ha comprendido del todo. En ese caso, antes de responder rápidamente, asegúrese de que el mensaje es claro. Podrá utilizar las preguntas metamodelo para establecer con el cliente una comunicación totalmente eficaz. ¿Existen distorsiones o cancelaciones? ¿Qué generalizaciones ha observado?

Una vez que haya escuchado con atención las objeciones del cliente y las haya metamodelado, el siguiente paso consiste en reenmarcarlas con el fin de transformarlas en valiosas aliadas para finalizar positivamente el trato.

REESTRUCTURACIÓN DE LAS OBJECIONES: LOS JUEGOS DE PRESTIGIO VERBAL

El vendedor irresistible reencuadra las objeciones del cliente y las transforma de instrumento de crítica en demostración de interés: si el cliente expone objeciones constructivas significa que se interesa por el producto o servicio.[44] Este simple pero eficaz cambio de perspectiva pone al vendedor en un estado de ánimo productivo, de curiosidad y deseo de comprender las razones del cliente. Su atención se centra en cómo utilizar dicho interés para concluir la venta. Para alcanzar este objetivo, utiliza los juegos de prestigio verbal, es decir, las catorce técnicas de reestructuración verbal que permiten tratar correctamente cualquier objeción, actuando sobre la estructura lingüística.

Los juegos de prestigio verbal fueron formulados por Robert Dilts tras haber modelado el lenguaje de algunos de los mejores comunicadores de la historia (Sócrates, Jesús, Gandhi...) y representan eficaces reestructuraciones del contexto y del contenido de las objeciones del cliente, a menudo expresadas con equivalencias complejas (A significa B) o relaciones causa-efecto (A causa B)...

El objetivo del juego no es atacar o humillar al cliente que plantea alguna objeción, sino ayudarle a ampliar y enriquecer su mapa del mundo para disponerlo a la compra.

Para cada juego de prestigio verbal se indicará la pregunta que le ayudará a efectuar la reestructuración, así como el objetivo y los presupuestos básicos de cada técnica de reencuadre.

---

44. R. Dilts, *Sleight of Mouth*, Capitolia (Ca), 1999.

Suponga que es un agente inmobiliario y que acaba de mostrar un apartamento a una joven pareja. El marido, a pesar de reconocer que la casa se adecua a lo que estaban buscando, ante su propuesta de cerrar el trato opone la fatídica objeción:

¡Esta casa es demasiado cara, no nos la podemos permitir!

A continuación, aprenderá cómo aplicar algunos juegos de prestigio verbal para superar este tipo de objeciones.

1. INTENCIÓN

➡ Pregunta: ¿cuál es la intención o finalidad positiva de esta objeción?
➡ Objetivo: dirigir la atención del cliente hacia la intención positiva que subyace en la propia objeción.
➡ Presupuesto: tras cada comportamiento existe una intención positiva. Es más sencillo responder a la intención positiva que al comportamiento problemático.
➡ Ejemplo: «¡Esta casa es demasiado cara, no nos la podemos permitir!».
➡ Reestructuración: «Valoro su deseo de gastar su dinero de la mejor manera (intención positiva). Veamos juntos por qué las ventajas de esta casa representan para usted y su mujer una óptima inversión».

2. REDEFINICIÓN

➡ Pregunta: ¿qué otras palabras con carácter más positivo pueden utilizarse en lugar de las de la objeción?
➡ Objetivo: desplazar la atención del cliente hacia palabras de significado similar, pero con connotaciones diferentes y más potenciadoras.
➡ Presupuesto: utilizando palabras diferentes a las de nuestro cliente se le induce a ampliar su mapa del mundo y a adoptar una perspectiva diferente frente a las objeciones.
➡ Ejemplo: «¡Esta casa es demasiado cara, no nos la podemos permitir!».
➡ Reestructuración: «¡Sí, es cierto, es una casa de excepcional valor! Veamos juntos cómo encontrar los recursos necesarios para afrontar esta óptima inversión».
«Esta casa es demasiado cara» se convierte en «Es una casa de excepcional valor» y «No nos la podemos permitir» se redefine como «óptima inversión».

3. CONSECUENCIAS

➡ Pregunta: ¿cuál es la consecuencia positiva de la objeción o de la generalización expresada en ella misma?
➡ Objetivo: dirigir la atención hacia un efecto diferente y positivo de la objeción conduce a un cambio de la objeción en sí misma.
➡ Presupuesto: se dirige la atención del cliente del presente al futuro.
➡ Ejemplo: «¡Esta casa es demasiado cara, no nos la podemos permitir!».
➡ Reestructuración: «Si no aprovecha ahora esta increíble oportunidad, puede que en el futuro no se le presente otra».

4. DE GENERAL A PARTICULAR

➡ Pregunta: ¿cuál es el elemento más pequeño de la objeción que tiene un significado más positivo respecto a la generalización contenida en la propia objeción?

⇒ Objetivo: fragmentar los elementos de la objeción en partes más pequeñas de manera que se debilite y limitar el contexto.

⇒ Presupuesto: rebajar el nivel lógico supone que la eficacia desmotivadora de la objeción se ve limitada a un ámbito específico.

⇒ Ejemplo: «¡Esta casa es demasiado cara, no nos la podemos permitir!».

⇒ Reestructuración: «¿Qué aspecto concreto de la inversión considera que no puede permitirse?».

5. DE PARTICULAR A GENERAL

⇒ Pregunta: ¿cuál es el mayor elemento de la objeción que tiene un significado positivo respecto a la generalización contenida en la propia objeción?

⇒ Objetivo: generalizar un elemento de la objeción y situarlo en una clasificación más amplia y positiva que la objeción misma.

⇒ Presupuesto: elevar el nivel lógico hacia un contexto más amplio redimensiona la eficacia de la objeción.

⇒ Ejemplo: «¡Esta casa es demasiado cara, no nos la podemos permitir!».

⇒ Reestructuración: «Todas las compras importantes de nuestra vida nos hacen reflexionar. Una vez tomada la decisión, sin embargo, comenzamos inmediatamente a disfrutar los beneficios».

6. ANALOGÍA

⇒ Pregunta: ¿qué hay análogo a la objeción pero con una connotación más positiva?

⇒ Objetivo: desplazar la atención del cliente hacia algo parecido a la objeción.

⇒ Presupuesto: desplazarse lateralmente en el mismo nivel lógico hacia algo parecido a la objeción enriquece la perspectiva y crea una mayor disponibilidad a superar dicha objeción.

⇒ Ejemplo: «¡Esta casa es demasiado cara, no nos la podemos permitir!».

⇒ Reestructuración: « La casa de los sueños es como un puerto para el marinero: aunque los problemas que deba afrontar sean grandes, siempre tendrá un lugar seguro al que regresar. ¿Cuánto vale para vosotros la seguridad?».

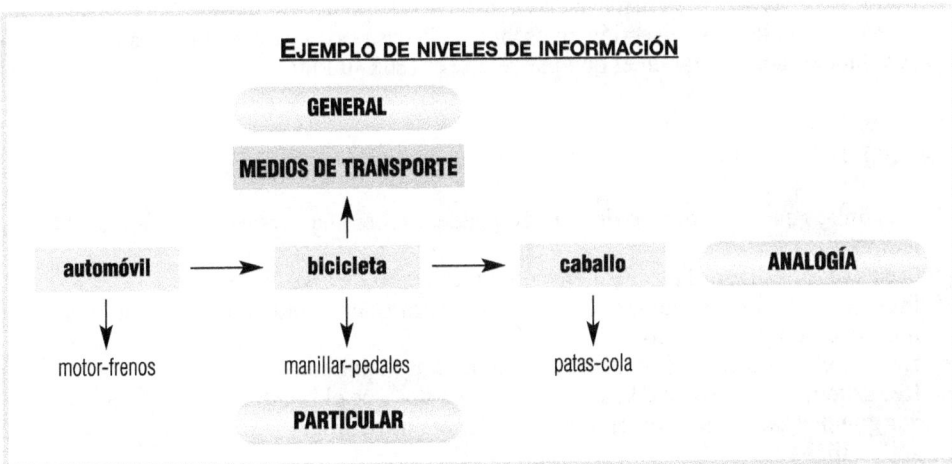

EJEMPLO DE NIVELES DE INFORMACIÓN

El gráfico de la página anterior puede ayudarle a comprender mejor tres juegos de prestigio verbal: de general a particular, de particular a general y analogía. Partiendo del ejemplo de la bicicleta, si piensa en otros medios de transporte, pensará por analogía en el automóvil y el caballo. Si desea situarse en un nivel más general, se puede decir que la bicicleta, el automóvil y el caballo, aun siendo muy diferentes, tienen una característica en común: todos son medios de transporte (de particular a general). En cambio, si desea desplazarse de lo general a lo particular, cada medio de transporte podría describirse a partir de sus componentes específicos, que lo convierten en único.

7. CAMBIO DE MARCO

➡ Pregunta: ¿cuál es el marco temporal (corto plazo/largo plazo), el número de personas (grupos grandes/grupos pequeños), la perspectiva (amplia/estrecha) que pueden cambiar el contenido de la objeción por algo más positivo?

➡ Objetivo: considerar las objeciones desde un nuevo marco temporal, a través de las opiniones de muchas o pocas personas o desde una perspectiva diferente, consigue que el cliente considere de una forma distinta y más constructiva su objeción.

➡ Presupuesto: ampliar o reducir el marco y situar la objeción en un sistema más amplio presupone una reconsideración del carácter negativo de la objeción misma.

➡ Ejemplo: «¡Esta casa es demasiado cara, no nos la podemos permitir!».

➡ Reestructuración: «¡Ahora le puede parecer una inversión costosa, pero dentro de algunos años creerá que es una de las mejores compras que haya hecho jamás! Todas las casas de esta zona han aumentado su valor un 50 % en los últimos diez años».

8. OTRO RESULTADO

➡ Pregunta: ¿qué otro resultado puede resultar más estimulante que el de la propia objeción?

➡ Objetivo: desplazar la atención hacia un resultado diferente al expresado en la objeción.

➡ Presupuesto: centrar la atención sobre un objetivo diferente al considerado presupone un cambio radical de la percepción de las objeciones por parte del cliente.

➡ Ejemplo: «¡Esta casa es demasiado cara, no nos la podemos permitir!».

➡ Reestructuración: «La cuestión no es tanto si la casa es o no demasiado cara, sino si representa el mejor lugar en el que puede crecer feliz su familia».

9. MODELO DEL MUNDO

➡ Pregunta: ¿qué otro modelo del mundo puede ofrecer una perspectiva diferente a la objeción?

➡ Objetivo: considerar las objeciones desde un punto de vista diferente.

➡ Presupuesto: el mapa del mundo no es el territorio; cada individuo posee un mapa del mundo único y específico.

➡ Ejemplo: «¡Esta casa es demasiado cara, no nos la podemos permitir!».

➡ Reestructuración: «Desde la antigüedad sabemos que el hombre está dispuesto a realizar grandes sacrificios con el objetivo de encontrar el mejor alojamiento para que viva su familia».

10. ESTRATEGIA REALISTA

⇒ Pregunta: ¿qué percepción del mundo es necesaria para construir esta objeción? ¿Cómo percibe el cliente el producto para haber formulado dicha objeción?
⇒ Objetivo: valorar la objeción teniendo en cuenta que los clientes parten de ideas y pensamientos diferentes a los del vendedor, diferencias que se expresan en las objeciones.
⇒ Presupuesto: cada persona posee una determinada estrategia que le permite distinguir entre realidad y fantasía, entre lo que le es conveniente y lo que no.
⇒ Ejemplo: «¡Esta casa es demasiado cara, no nos la podemos permitir!».
⇒ Reestructuración: «¿Cómo han llegado a la conclusión de que esta casa es demasiado cara para ustedes? ¿Cómo saben que no pueden permitírsela?».

11. EJEMPLO CONTRARIO

⇒ Pregunta: ¿qué excepciones se pueden encontrar a la regla que expresa la objeción?
⇒ Objetivo: encontrar un ejemplo o una excepción a la regla que contradiga la generalización contenida en la objeción.
⇒ Presupuesto: si existen excepciones a la regla, significa que el contenido de la objeción no está confirmado de manera absoluta y, por tanto, la fuerza de la objeción se reduce.
⇒ Ejemplo: «¡Esta casa es demasiado cara, no nos la podemos permitir!».
⇒ Reestructuración: «He conocido a muchas parejas que, como ustedes, en un primer momento consideraban que no podían permitirse la inversión. Después, reflexionando sobre cómo eliminar gastos superfluos, han encontrado los recursos necesarios para cerrar el trato».

12. JERARQUÍA DE VALORES

⇒ Pregunta: ¿qué valor no considerado todavía es potencialmente más importante que el expresado en la objeción?
⇒ Objetivo: reconsiderar la objeción incidiendo sobre los valores más profundos del cliente.
⇒ Presupuesto: cada objeción corresponde a un valor, cada cliente posee su jerarquía específica de valores.
⇒ Ejemplo: «¡Esta casa es demasiado cara, no nos la podemos permitir!».
⇒ Reestructuración: «¿No cree que es más importante garantizar el bienestar y la seguridad de las personas que queremos que ahorrar algún dinero?».

13. BUMERÁN

⇒ Pregunta: ¿cómo se puede valorar la objeción basándose en la generalización contenida en la misma?
⇒ Objetivo: valorar la objeción de acuerdo con los valores expresados en la misma de manera que resulte evidente la debilidad intrínseca.
⇒ Presupuesto: devolver el carácter negativo de la objeción hacia la misma hace surgir una paradoja (efecto bumerán).
⇒ Ejemplo: «¡Esta casa es demasiado cara, no nos la podemos permitir!».
⇒ Reestructuración: «¿Cuál será el coste de pensar que la casa es demasiado cara? ¿Puede permitirse pensar que no puede permitírsela?».

14. OBJECIÓN A LA OBJECIÓN

➥ Pregunta: ¿qué objeción a la objeción puede cambiar y enriquecer el significado?
➥ Objetivo: formular una objeción nueva a la anterior de manera que sea posible enriquecerla y cambiarla.
➥ Presupuesto: pasando de una objeción a otra, el cliente adquiere nuevos datos que reducen la eficacia de su propia objeción.
➥ Ejemplo: «¡Esta casa es demasiado cara, no nos la podemos permitir!».
➥ Reestructuración: «¿Podría ser que el único motivo por el que piensa que no es capaz de permitirse esta casa sea porque no confía en su capacidad para cerrar buenos tratos?».

EJEMPLO N.º 18
LA EFICACIA DE LOS JUEGOS DE PRESTIGIO VERBAL

Para demostrarle con un último ejemplo la eficacia de los juegos de prestigio verbal, imagine que trabaja en una tienda de hi-fi y televisores, y que ha dedicado un cuarto de hora a mostrar a una potencial cliente las ventajas de un determinado modelo de televisor que está en oferta. Aunque la cliente parece bastante convencida, le expone la siguiente objeción:

No puedo decidir ahora yo sola si compro el televisor,
antes tengo que hablar con mi marido.

En primer lugar, observe que, desde el punto de vista lingüístico, la objeción se presenta como una relación causa-efecto (A causa B): el hecho de que la cliente deba hablar de la compra con su marido (A) provoca que no pueda decidir ahora la compra (B).

Una vez comprendido esto, podrá utilizar uno de los siguientes juegos de prestigio verbal para debilitar esta objeción y convencer a la cliente para que efectúe rápidamente la compra.

➥ Intención: «Valoro la consideración que tiene hacia su marido. Si compra ahora el televisor, ¿qué beneficios obtendría su marido?».

➥ Redefinición: «Comprar algo a la persona a la que se quiere puede ser una buena ocasión para darle una sorpresa».

➥ Consecuencia: «Como le he dicho, este televisor está en oferta: si no se decide ahora, seguramente perderá una gran oportunidad».

➥ De general a particular: «¿Sobre qué aspecto específico de la oferta no ha tomado todavía una decisión? ¿Qué quiere discutir exactamente con su marido?».

➥ De particular a general: «Toda buena elección que hacemos aporta beneficios a las personas que viven con nosotros».

➥ Analogía: «El asunto que le propongo es como un tren que pasa una sola vez en la vida: suba ahora a este tren y también su marido estará orgulloso de esta elección».

➡ Cambio de marco: «De aquí a unas noches, cuando usted y su marido disfruten de las ventajas de tener en casa el nuevo televisor, la compra de hoy le parecerá la mejor de todos los tiempos».

➡ Otro resultado: «La cuestión no es tanto escuchar la opinión de su marido como decidirse ahora por una compra realmente beneficiosa. Analicemos las ventajas que tendrá al comprar este televisor...».

➡ Modelo del mundo: «¡Un experto en televisores no tendría ninguna duda de que la compra que le estoy proponiendo es un auténtico negocio!».

➡ Estrategia realista: «¿Qué le hace pensar que no puede decidirse ahora? ¿Cómo ha llegado a la conclusión de que debe hablar antes con su marido?».

➡ Ejemplo contrario: «¿Su marido ha comprado alguna cosa sin preguntarle antes? ¿Ha comprado usted alguna vez algo de lo que esté muy satisfecha, sin haber preguntado a su marido?».

➡ Jerarquía de valores: «¿Cree que es más importante retrasar la decisión de compra o pasar una agradable velada con su marido frente el televisor?».

➡ Bumerán: «¡Piense en los inconvenientes de no decidir comprar ahora el televisor!».

➡ Objeción a la objeción: «Quizá cree que no puede comprar ahora un televisor porque no es una persona apta para los negocios. ¡Hoy es la ocasión para convencerse de lo contrario!».

Aunque durante la actividad diaria de venta no se utilizan la totalidad de los juegos de prestigio aplicados a la misma objeción, esfuércese para familiarizarse con todos ellos. Más tarde, dependiendo de su sensibilidad, será capaz de elegir qué juegos de prestigio puede aplicar en función de las objeciones y características del cliente.

Cuando conozca bien los juegos de prestigio verbal y sepa utilizarlos para debilitar las objeciones que con más frecuencia le plantean sus clientes, estará preparado para dos mejoras posteriores. La primera es la capacidad de aplicar los juegos de prestigio en tiempo real, en el momento en que el cliente formula la objeción. La segunda, que demostrará su confianza en la reestructuración de las objeciones, es la capacidad para aplicar dos o más juegos de prestigio diferentes a la misma objeción de cliente. En ese momento preciso tendrá la certeza de ser capaz de transformar las objeciones de temidas enemigas en valiosas aliadas para concluir las ventas.

PALABRAS CLAVE

➡ reestructuración de las objeciones
➡ juegos de prestigio verbal

PREGUNTAS Y RESPUESTAS

P: ¿Qué tipo de objeciones existen y cómo se afrontan?

R: Existen objeciones emotivas típicas del inicio de la relación que se superan mediante una adecuada construcción de la empatía. La sintonía limita el deseo que tiene el interlocutor de defenderse. Existen además las objeciones de «reacción», que surgen para reaccionar frente a un recuerdo que preocupa: se superan con las preguntas metamodelo y los juegos de prestigio verbal. Por último, se encuentran las objeciones técnicas, que se superan con explicaciones más detalladas.

P: ¿Cómo puedo saber qué juego de prestigio es mejor utilizar?

R: Un poco de práctica le ayudará a identificar cuál es el más adecuado en cada situación.

Capítulo 14

FASE 5: CIERRE DEL TRATO

QUÉ APRENDERÁ EN ESTE CAPÍTULO

- Cómo inducir el sentido de posesión en el cliente.
- Cómo interpretar las señales de agrado y rechazo de su interlocutor.
- Cómo cerrar eficazmente cualquier trato.

Finalmente ha alcanzado la etapa con la que concluye el viaje, ¡que a menudo es considerada por los vendedores como la más temible! En la primera parte del libro ya ha visto que el temor al rechazo, a la fatídica palabra no, es uno de los más arraigados y difíciles de superar.

La mayor parte de los textos tradicionales dedicados a la venta tratan la fase del cierre del trato con gran énfasis, exponiendo una serie de técnicas para convencer al cliente a dar el paso final. Aunque pueda parecer paradójico, en este libro las páginas dedicadas al cierre del trato son las menos numerosas, y ello se debe a una consideración simple: la conclusión del acuerdo es la consecuencia natural de un trato desarrollado con éxito.

Las más refinadas técnicas de convencimiento resultan ineficaces si no se ha conseguido comprender previamente el mapa del mundo del interlocutor. Los profesionales de la venta saben que el cierre del trato es el epílogo natural de las fases descritas en este libro. Tras mostrar el estado de ánimo más adecuado para encontrarse con el cliente, ha logrado establecer con él, gracias al seguimiento, una relación de confianza, que es el requerimiento fundamental para cualquier trato comercial.

Una vez roto el hielo, ha identificado las auténticas necesidades del cliente (pirámide de Maslow) y, gracias a la contribución de los LAB Profile, posee un retrato de su interlocutor basado en sus características motivacionales y operacionales. La atenta observación de los movimientos oculares, junto con la eficacia de las preguntas de precisión (metamodelo), le ha ofrecido todos los datos necesarios para conocer la estrategia de compra del Sr. X. Conoce muy bien las características de su producto o servicio y las ventajas que tiene respecto a la competencia; además, no le resulta difícil presentarlo al cliente actuando sobre los criterios de satisfacción de sus valores más importantes. Su habilidad para reenmarcar (juegos de prestigio verbal) le ha permitido transformar finalmente las objeciones del cliente en valiosas aliadas para cerrar el trato. Llegados a este punto, le presentamos una técnica muy eficaz para hacer que el cliente disfrute por anticipado las ventajas de su oferta.

SEGUIMIENTO FUTURO

Proponga al cliente que se imagine en el futuro, cuando ya haya comprado el producto o servicio que le ofrece, y haga que describa las ventajas de esta anticipación de la posesión en términos multisensoriales.

¿Qué ve (V)? ¿Qué escucha (A)? ¿Cómo es su diálogo interior (Ad)? ¿Qué emociones positivas experimenta (C)?

Cuanto más logre implicar el cliente en el seguimiento futuro, tanto mayor será la probabilidad de que considere natural la compra.

Por tanto, para amplificar la sensación positiva de la posesión anticipada, puede utilizar un lenguaje que haga referencia explícita a las submodalidades del filtro sensorial al que el cliente da preferencia, extraído a partir de la observación atenta de sus movimientos oculares. Mientras el cliente piensa en las ventajas que el producto aportará a su vida, podrá calibrarlo para obtener, de su lenguaje no verbal, las señales de agrado o de posible rechazo. Se trata de señales muy rápidas y no siempre fáciles de captar, que revelan importantes aspectos del mapa del mundo del cliente. Su gran importancia para la venta radica en el hecho de que no son controlables y a menudo el cliente no es consciente de que las está emitiendo.

MICROSEÑALES DE AGRADO Y DE RECHAZO

Observando a su interlocutor podrá comprender, y a menudo anticipar, su estado de ánimo en función de lo que está sucediendo en torno a él. Las microseñales son movimientos imperceptibles para quien los realiza, pero identificables para usted, observador atento y preparado.

Los gestos, sobre todo los faciales, pueden manifestar agradecimiento, rechazo o simples descargas de tensión. Las microseñales son expresiones físicas que anticipan la manifestación verbal: por esta razón son tan importantes cuando se trata de comprender a quien tenemos enfrente. Analicémoslas con cierto detalle.

SEÑALES DE AGRADO

Se relacionan sobre todo con la boca, una conocida zona erógena. Todos los gestos que comportan una aproximación hacia nosotros son generalmente señales de agrado por cuanto, de manera instintiva, nos acercamos a aquello que nos causa placer, y no al contrario.

La zona de la boca es especialmente adecuada para señalar el agrado de algo que está sucediendo, de un pensamiento o de un mensaje recibido.

Las señales más típicas son:

→ tocarse los labios con el dedo;
→ humedecerse los labios;
→ mordisquearse el labio.

SEÑALES DE RECHAZO

Se sitúan básicamente en la nariz y su contorno. Opuesto al agrado, el rechazo se manifiesta apartando las cosas de uno mismo.

Las señales más típicas son:

→ limpiarse el entorno de la nariz;
→ frotar la nariz con el dedo;
→ tocarse levemente la punta de la nariz con el dedo;
→ sacudir la manga de la chaqueta.

El buen vendedor, que, durante el seguimiento futuro, observa las señales de agrado que emite el cliente, comprueba inmediatamente la causa y la valora con una sonrisa de consenso. Amplifica de este modo el agrado y lo utiliza como atajo para concluir el trato (espejo).

En cambio, si durante el seguimiento futuro el cliente mostrase algún gesto de rechazo, pregúntese inmediatamente si dicha señal ha sido generada por lo último que le ha dicho, o no. Si la respuesta es afirmativa, retome el discurso amortiguando lo que acaba de decir con frases del tipo: «En otros términos es como si se dijese...»; exprese entonces de manera más suave lo que ya sabe. De este modo podrá restablecer el *rapport* y la empatía con el cliente.

CIERRE DEL TRATO

Si tras el seguimiento futuro su cliente ha manifestado evidentes señales no verbales de agrado o ha conseguido identificar y transformar las posibles manifestaciones de rechazo, estará preparado para recoger los frutos de cuanto pacientemente ha sembrado. El buen vendedor efectúa el cierre de la venta de manera muy simple: se lo pide al cliente.

Esta petición se produce después de haber repasado las ventajas y haber demostrado al cliente que el producto es el único que, en ese momento, puede satisfacer plenamente sus necesidades y valores más profundos.

No añada nuevas informaciones que podrían confundir al cliente: formule la petición expresando gran coherencia entre los aspectos verbal, no verbal y paraverbal, y espere entonces confiado la respuesta del cliente, ¡que no puede ser sino positiva!

EJEMPLO N.º 19
EL DOCTOR BIANCHI (GB) Y EL PROMOTOR FINANCIERO ANTONIO VERDI (AV)
TERCERA PARTE

Para finalizar veamos cómo acaba la aventura del promotor financiero y el doctor Bianchi.

(La enfermera llama a la puerta para informar de que se marcha).
AV: Muy bien, doctor, capto la sugerencia de su enfermera y creo que ya le he pedido mucho..., sobre todo en términos de tiempo (sonriendo).
GB: No..., imagínese..., al contrario... (sonríe).
AV (sonriendo a mi vez): Su «al contrario» me hace pensar que el fondo YYY ha sido de su agrado... (asiente con un imperceptible paso de la lengua por el labio).
GB: Efectivamente..., creo que casi me ha convencido.
AV: ¿Qué debería suceder para suprimir el «casi»? (sonriendo con ironía).
GB: No sé..., deme una última razón para suscribir el fondo (sonríe irónico).

(continúa)

(continuación)

AV: Intente imaginarse a sí mismo en este momento: han pasado seis meses y yo le estoy comentando el resultado positivo de su inversión: ¿puede hacerlo?

GB: Mmm... Pues sí... es curioso (sonríe satisfecho).

AV: Bien, ¿no es esto lo que quería? Sin miedo, poco riesgo... En suma, ¡una inversión saludable (remarcando con la comunicación paraverbal el término) y el paciente está a salvo! (mirada irónica y persuasiva mostrando el formulario).

GB: ¿Dónde debo firmar? (tomando la pluma con la mano).

(Rellena el formulario y firma).

AV: Doctor (alargando la mano para la despedida), ha sido un auténtico placer conocerlo y conversar con usted.

GB: El placer ha sido mío (sonríe), salude de mi parte a Stefano Rossi, si lo ve antes que yo...

AV: ... En caso contrario, haga lo mismo, ¿no? (con una risa común dirigiéndose hacia la salida).

PALABRAS CLAVE

➡ seguimiento futuro
➡ señales de agrado
➡ señales de rechazo
➡ coherencia de los niveles de comunicación

PREGUNTAS Y RESPUESTAS

P: ¿Por qué el cliente que ya se ha decidido plantea objeciones durante el cierre, cuando todo parecía finalizado?

R: Porque necesita reafirmación. Refuerce las razones que han facilitado el consenso e insista sobre las ventajas, repasando brevemente la pirámide de Maslow.

P: ¿El cliente puede controlar las microseñales?

R: No, duran demasiado poco.

P: ¿Para qué sirve el seguimiento futuro?

R: Para sentir con antelación las ventajas que obtendrá con la compra del producto o servicio que se le ofrece.

CONCLUSIÓN

Un primer e indispensable atributo del buen vendedor, o, como diría Frank Bettger, del vendedor maravilloso, es la fe, es decir, la confianza intensa, total, inquebrantable, apasionada en el resultado de su propio esfuerzo. El buen vendedor sabe que antes o después lo conseguirá y que cada «no» es simplemente un nuevo punto de partida; cada fracaso momentáneo, una experiencia de la que aprender y extraer una ventaja.

> *Durante la sequía y la depresión que afectaron a los estados del sur en el verano de 1936, Billy Graham, apenas finalizados los estudios superiores, vendía cepillos de dientes Fuller puerta a puerta en ambas Carolinas. El responsable de zona estaba sorprendido por el número de cepillos que Billy había vendido en pocas semanas... No comprendía cómo un solo ser humano había podido vender tantos en tan poco tiempo. Billy lo explicaba así: «Me convencía el producto. La venta de aquellos cepillos se había convertido para mí en una causa a la que dedicarme. Pensaba que todas las familias tenían derecho a poseer su cepillo Fuller... La sinceridad es el ingrediente más importante para vender cualquier cosa». Los regalaba a su novia y se lavaba él mismo los dientes con los cepillos Fuller con tanta frecuencia y entusiasmo que se produjo una gingivitis.*
>
> *El código del alma*, de James Hillman.

Recuerde que *con-vencer* al cliente significa «vencer con él»: un trato comercial sólo concluye positivamente cuando todas las partes obtienen beneficio. Nos despedimos, por tanto, con la confianza de que la aplicación de las técnicas de programación neurolingüística que ha aprendido se convierta realmente en un instrumento práctico para su mejora personal y la de sus capacidades como vendedor: esta es la verdadera esencia de saber vender en el tercer milenio.

¡Buen trabajo!

SOLUCIÓN DE LOS EJERCICIOS AVANZADOS

RESPUESTA A LA PREGUNTA DE LA PÁG. 124
En la imagen pueden identificarse dos cabezas de mujer, una anciana y una joven: la anciana está de perfil; la cabeza girada de la joven
forma el perfil de la mujer anciana.

SOLUCIÓN AL EJERCICIO AVANZADO N.° 12 DE LA PÁG. 150
Ud.: Sr. X, ¿qué considera más importante al comprar una casa?

SX: Que sea **acogedora** y **cómoda** [cancelaciones = adjetivos inespecíficos], que esté
en el centro de la ciudad y esté reformada.

Ud.: ¿Por qué es importante que esté en el centro?

SX: Porque me encanta salir por la noche con mi mujer, mi hijo Ricardo, que todavía
es pequeño y no nos gusta que se nos haga tarde. **Vivir en el centro significa** [distor-
sión = equivalencia compleja], generalmente, tener la posibilidad de encontrarse con los
amigos, de ir a las **mejores** [cancelación = comparación incompleta] tiendas y a los locales **más importantes** [cancelación = comparación incompleta]. ¿O me equivoco?

Ud.: ¿Puedo preguntarle, Sr. X, cómo sabe que hizo una buena compra con la primera
casa?

SX: Bien, lo **discutí** [cancelación = verbo inespecífico] con mi mujer, lo **meditamos un
tiempo** [cancelación = verbo inespecífico] y, al final, llegamos a la conclusión de que la
compra era **adecuada** [cancelación = adjetivo inespecífico]. Si fue una buena compra o no,
lo comprobamos con el paso del tiempo, al familiarizarnos con el barrio. Creo que es lo
normal, ¿no?

Ud.: ¿Y por qué eligió Barcelona como ciudad para vivir?

SX: Porque aquí viven mis padres [distorsión = causa-efecto], mi familia. De hecho,
mis ascendentes han vivido en Barcelona desde 1277: ¿después de ocho siglos tengo que
cambiar yo las costumbres? Mi trabajo está en Barcelona, estoy acostumbrado a vivir en
esta ciudad, **no podría residir** [generalización = operador modal de imposibilidad] en
ningún [generalización = cuantificador universal] otro lugar.

Ud.: Bien. ¿Le puedo hacer otra pregunta, para conocerlo mejor? ¿Qué relación existe
entre el lugar en que ahora vive y el último donde residió?

SX: ¿Relación? Diría que no existe ninguna. Antes de casarme vivía en el otro extremo de la ciudad, pero en el fondo era **lo mismo** [cancelación = inespecífico] que vivir aquí.
Quizás ahora estoy mejor porque he asociado mi propia familia **con la nueva casa; por tanto** [distorsión = causa-efecto] se ha producido **un salto hacia delante**, una especie de **evolución** [cancelación = nombre inespecífico]. ¿Me explico?

Ud.: Se explica perfectamente Sr. X, ¡si supiera cómo lo comprendo! Una última cosa
¿cuánto tiempo necesita para convencerse de haber realizado una buena compra?

SX: En general, soy bastante **instintivo** [cancelación = adjetivo inespecífico] y necesito poco tiempo, ¡si no hay de por medio tanto dinero como en este caso, se entiende!
Ud.: Ciertamente.

SOLUCIÓN DEL EJERCICIO AVANZADO N.º 15 DE LA PÁG. 168

«Estimada señora, mire qué maravillosos reflejos [visual retardado] tiene este collar de

SISTEMA SENSORIAL (V-A-C)			*	**
VALORES/CRITERIOS	acogedora, cómoda, en el centro de la ciudad y reformada			
NIVEL (Proactivo-reactivo)	*		**	
DIRECCIÓN (Hacia-lejos de)			*	
REFERENCIA (Interna-externa)			***	
RAZONAMIENTO (Opciones-procedimiento)	**			
FACTORES DE DECISIÓN (Semejanza-semejanza con excepciones-diferencia-semejanza con excepciones y diferencia)	*	*		
PERSPECTIVA (Particular-general)	*		*	
ESTILO (Independiente-próximo-cooperativo)			*	
ORGANIZACIÓN (Personas-cosas)	***			
CONVENCIMIENTO (Ejemplos-automático-constante- duración)	*		*	

brillantes: ¿no es espléndido [visual]? Si se está preguntando [auditivo interno] si la adquisición que le propongo realmente le conviene, imagine [visual construido] el collar combinado con su mejor vestido, y la sensación que experimentará [cinestésico] será la mejor confirmación de lo adecuado de la compra».

SOLUCIÓN DEL EJERCICIO AVANZADO N.º 16 DE LA PÁG. 169

«[...] Mire [visual], Lucas, el coche que podría [opciones] adaptarse a su caso es un modelo [cosas] nuevo [diferencia], llamativo [criterio diversión], de interior cómodo [cinestésico], juvenil y atractivo [opciones]. Usted me parece un muchacho dinámico [proactivo], deportivo [cinestésico] [criterio diversión] y que sabe lo que hace [cosas] [valor éxito] [referencia interna]. Se nota que no tarda en decidirse [automático]. ¡Aproveche esta espléndida [visual] ocasión [cosas] [hacia]! Puede confiar [valor confianza] [referencia externa] en esta marca [cosas] que necesita muy poco mantenimiento [cosas]. Podrá gozar [cinestésico] con plena autonomía [independiente] de las fantásticas prestaciones [cosas]. Decídase ahora [hacia], ¿qué espera [reactivo]? ¡Ahora o nunca! [automático]».

BIBLIOGRAFÍA

ALSCHITZ, J., *La grammatica dell'attore*, Milán, 1998.

ANDREAS, S. y C. FAULKNER, *NLP: the new technology of achievement*, Londres, 1996.

BAGLEY, D. S. y E. J. REESE, *Oltre la vendita*, Milán, 1994.

BANDLER, R., *Usare il cervello per cambiare*, Roma, 1986.

BANDLER, R. y R. GRINDLER, *La struttura della magia*, Roma, 1981.

BANDLER, R. y J. LA VALLE, *Persuasion Engineering*, Capitola (California), 1996.

BARKER, C., *Giochi di teatro*, Roma, 2000.

BETTGER, F., *Il venditore meraviglioso*, Milán, 1954.

BIDOT, N. y B. MORAT, *Ottanta giorni per capirsi*, Milán, 1994.

BURGOOM, J. K., BULLER, D. y W. G. WOODALL, *Nonverbal Communication*, s.l., Estados Unidos, 1995.

CARROLL, L., *Alicia en el país de las maravillas*, Madrid, 2007.

CHARVET, S. R., *Words that change minds*, 2.ª ed., Dubuque (Iowa), 1997.

COVEY, S. R., *I sette pilastri del successo*, Milán, 2001.

CUDICIO, C., *Convincere per vendere meglio*, Milán, 1995.

DE MELLO, A., *Messaggio per un'aquila che si crede un pollo*, Casale Monferrato, 1995.

DILTS, R., *Leadership e visione creativa*, Milán, 1998.

— *Sleight of Mouth*, Capitola (California), 1999.

DILTS, R., GRINDER, J., BANDLER, L. C. y J. DELOZIER, *Programmazione Neurolinguistica*, Roma, 1982.

ENGEL, G. y J. ARTHUR, *The NLP personal profile guidebook*, Denver (Estados Unidos), 1996.

ERICKSON, M. H., ROSSI, E. L., y S. I. ROSSI, *Tecniche di suggestione ipnotica*, Roma, 1979.

FISHER, M., *Il milionario*, Milán, 2001.

GRANATA, G., *PNL*, Milán, 1999.

HALL, E. T., *La dimensione nascosta*, Milán, 1978.

HALL, L. M. y B. G. BODENHAMER, *Figuring out people*, Nueva York, 1997.

HILLMAN, J., *Il codice dell'anima*, Milán, 1997.

HOGAN, K., *Talk your way to the top*, Gretna (Estados Unidos), 2000.

JAMES T. y W. WOODSMALL, *La ristrutturazione dell'esperienza temporale*, Roma, 2001.

KOZICKI, S., *Saper convincere, negoziare, comunicare*, Milán, 1999.

LAKIN, D., *The unfair advantage*, Wheaton (Estados Unidos), 2000.

LANKTON, S., *Magia pratica*, Roma, 1989.

MAJELLO, C., *L'arte di comunicare*, Milán, 1995.

MANDINO, O., *Il più grande venditore del mondo*, Milán, 2001.

MASLOW, A., *Motivation and Personality*, Nueva York, 1954.

MERLEVEDE, P., *Seven steps to Emotional Intelligence*, s.l., Reino Unido, 2001.

MORGEN, S. D., *Sales on the line*, Portland (Estados Unidos), 1993.

MORRIS, D., *L'uomo e i soui gesti*, Milán, 1982.

O'CONNOR, J. e I. MCDERMOTT, *Practical NLP for managers*, Londres, 1996.

— *The Art of Sistems Thinking*, Londres, 1997.

O'CONNOR, J. y R. PRIOR, *Succesful selling with NLP*, Londres, 1995.

O'CONNOR, J. y J. SEYMOUR, *Introducing NLP*, Londres, 1990.

— *Training with NLP*, Londres, 1994.

PADRINI, F., *Il linguaggio segreto del corpo*, Milán, 1994.

PIROVANO, F., *La comunicazione persuasiva*, Milán, 2001.

ROBBINS, A., *Come migliorare il proprio stato mentale, fisico e finanziario*, Milán, 1994.

— *Come ottener il meglio da sé e dagli altri*, Milán, 2000.

SENGE, P., *La quinta disciplina*, Milán, 1992.

SILVANO, M., *Vendita in azione*, Milán, 2000.

WATZLAWICK, P., *La pragmatica della comunicazione umana*, Roma, 1971.

— *La realtà della realtà*, Roma, 1976.

WOODSMALL, M. y W. WOODSMALL, *People Pattern Power*, s.l., Estados Unidos, 1998.

WOODSMALL, W., *Metaprograms*, Estados Unidos, 1988.

ÍNDICE

SEGUNDA PARTE: LA RELACIÓN CON EL CLIENTE

Contenido del CD

TIEMPO TOTAL: 74 minutos

www.ingramcontent.com/pod-product-compliance
Lightning Source LLC
Chambersburg PA
CBHW051117200326

41518CB00016B/2534